KRAUL, SCHMETTERLING, RÜCKEN, BRUST

DIE GEHEIMNISSE DER TOPSCHWIMMER

EDITION SWIM

SHEILA TAORMINA

KRAUL, SCHMETTERLING, RÜCKEN, BRUST

DIE GEHEIMNISSE DER TOPSCHWIMMER

Übersetzt aus dem amerikanischen Englisch
von Rebekka Raphael

spomedis

Für Vincent de Maio, Kathleen Jeffs und alle Schwimmer
des Clovis Swim Teams in Clovis, New Mexico.
Es hat Spaß gemacht, euch beim Schwimmen zu beobachten,
wie ihr bewusst und zielgerichtet trainiert.
Und Caffè Latte mit dreifachem Espresso mit euch zu trinken,
hat auch viel Spaß gemacht!

MIX
Papier | Fördert gute Waldnutzung
FSC® C106855

Die Originalausgabe erschien 2014 unter dem Titel „Swim Speed Strokes for Swimmers and Triathletes: Master Butterfly, Backstroke, Breaststroke, and Freestyle for your Fastest Swimming" bei VeloPress, 3002 Sterling Circle, Suite 100, Boulder, CO 80301-2338, USA. www.velopress.com

Bibliografische Information der Deutschen Nationalbibliothek
Die Deutsche Nationalbibliothek verzeichnet diese Publikation in der Deutschen Nationalbibliografie; detaillierte bibliografische Daten sind im Internet über http://dnb.dnb.de abrufbar.

Dieser Titel erschien bis zur 2. Auflage bei spomedis GmbH
4. Auflage

ISBN 978-3-95590-060-1

Übersetzung: Rebekka Raphael
Layout und Satz: Anne-Christin Schröter
Fotos: Daniel Smith; Abb. 4.8 und Abb. 7.1: Indiana University, Counsilman Center for the Science of Swimming
Druck und Bindung: Print Consult GmbH, München
Printed in Slovakia

Delius Klasing Verlag GmbH, Siekerwall 21, D-33602 Bielefeld
Tel.: 05 21 / 559-0, Fax: 05 21 / 559-115
E-Mail: info@delius-klasing.de
www.delius-klasing.de

INHALT

EINLEITUNG

Haben Sie schon einmal von der 10.000-Stunden-Regel gehört? Sie besagt, dass man 10.000 Stunden an Übungszeit benötigt, um eine komplexe Aufgabe zu beherrschen. Wenn Sie also über 50 Wochen in einem Jahr jede Woche 20 Stunden üben, benötigen Sie zehn Jahre, um auf 10.000 Stunden zu kommen. Nach zehn Jahren sollten – oder könnten – Sie ein Profi auf jedem Gebiet sein. Diese Theorie hat Malcolm Gladwell in seinem Bestseller *Überflieger: Warum manche Menschen erfolgreich sind – und andere nicht* aufgestellt und bekannt gemacht.

Gladwell führt zahlreiche Beispiele für diese Regel an. Er weist zum Beispiel darauf hin, dass die Beatles in den frühen 1960er-Jahren in Deutschland über 1.200 Auftritte innerhalb von fünf Jahren hatten und so ihre Gesamtspielzeit auf über 10.000 Stunden erhöhten, bevor sie auch weltweit den Durchbruch schafften. Der Microsoft-Gründer Bill Gates hatte als Schüler an seiner High School Zugang zum Computerraum und verbrachte dort Stunden – mindestens 10.000 – mit dem Programmieren. Des Weiteren erzählt Gladwell in seinem Buch von Meistern des Schachs und professionellen Violinisten, die ebenfalls so viel Zeit mit Üben verbracht haben.

Die Forschungen des Psychologen K. Anders Ericsson von der Florida State University zum Thema Kompetenz bilden die Grundlagen für Gladwells Buch. Er erklärt jedoch, dass es nicht einfach nur ausreicht, Stunden zu sammeln, um sich Fähigkeiten anzueignen. Vielmehr beherrscht man eine komplexe Aufgabe – sei es einen Golfschläger richtig zu schwingen, Klavier zu spielen, Chirurg, Lehrer oder Buchhalter zu werden – durch, wie Ericsson es nennt, *bewusstes Üben*. Man muss sich mit sehr strukturierten Tätigkeiten beschäftigen und Aufgaben lösen, die speziell dafür konstruiert sind, seine Leistung zu verbessern. Anders gesagt, Profis kommen nicht einfach nur zum Training und arbeiten Bewegungsabläufe ab, sie verstehen vielmehr ihr Fachgebiet und üben zielgerichtet.

Leistungsschwimmen gehört definitiv zu den komplexen Sportarten. Die Arme ziehen in der Vortriebsphase unter Wasser nach hinten und werden in der Erholungsphase über Wasser nach vorn geführt. Zudem müssen der Beinschlag und die Rumpfbewegung auf den Armzug abgestimmt ausgeführt werden, und zwischendurch muss man auch noch den Kopf zur Seite drehen, um zu atmen. Sollte Ihnen jetzt die 10.000-Stunden-Regel Kopfzerbrechen bereiten, beruhigt es Sie vielleicht, dass es sich hierbei um eine *Verallgemeinerung* handelt (es gibt viele Beispiele, bei denen ein Expertenniveau in weniger als 10.000 Stunden erreicht wurde) und nicht um eine 10.000-Stunden-oder-niemals-Regel. Ein hohes Kompetenzniveau kann nach 3.500 bis 6.000 Stunden Übungszeit erreicht werden, und auch innerhalb von 1.000 bis 2.000 oder weniger Stunden können wir ziemlich gut in komplexen Aufgaben werden.

Der Schlüssel und die wichtigste Bedingung sind laut Ericssons Forschungen bewusste und zielgerichtete Übungen.

Was bedeutet bewusstes Training im Schwimmsport? In erster Linie bezieht es sich auf die richtige Technik und die saubere Ausführung der Bewegungsabläufe. Als Schwimmer ist man den Gesetzen der Physik und der Strömungslehre im Wasser gnadenlos ausgeliefert. Die schnellsten Schwimmer bewegen sich auf eine bestimmte Art und Weise durch das Wasser – und das aus gutem Grund, denn die Gesetze der Natur verlangen es so. Kraft, Schnelligkeit und Ausdauer benötigen ein Fundament aus richtiger Technik.

Die richtige Technik ist das große Rätsel im Schwimmsport. Der Großteil findet unter Wasser und zudem unter unserem Körper statt. Somit ist es vom Beckenrand oder von der Zuschauertribüne fast unmöglich zu sehen, was im Wasser passiert. Selbst wenn man unter Wasser einen anderen Schwimmer beobachtet, kann man die Bewegungsabläufe nicht auf einen Blick erfassen. Um sie zu verstehen, muss man die Abläufe verlangsamen und in Einzelteile zerlegen.

MEINE 10.000 STUNDEN

Nach dem Lesen des Buches *Überflieger: Warum manche Menschen erfolgreich sind – und andere nicht* von Malcolm Gladwell war ich neugierig darauf, auszurechnen, wie viele Stunden ich bis zu meiner ersten Olympiateilnahme im Wasser verbracht hatte. Zu meiner Überraschung stellte ich fest, dass die Rechnung genau aufging. Meiner Rechnung legte ich 50 Trainingswochen pro Jahr zugrunde und kam auf folgendes Ergebnis:

Altersklasse	Stunden pro Woche	Stunden pro Jahr	Gesamtstunden
6–10	4	200	1.000
11–15	10	500	2.500
16–25	15	750	7.500
26–27,5	20	1.000	1.500
			Gesamtergebnis: 12.500

16 Jahre: erste Qualifikation für die US-Junioren-Meisterschaften (nach etwa 4.000 Trainingsstunden).
17 Jahre: erste Qualifikation die für US-Meisterschaften (nach etwa 5.000 Trainingsstunden).
18 Jahre: erste Finalteilnahme bei den US-College-Meisterschaften (nach 5.750 Trainingsstunden).
21 Jahre: Teilnahme an der Studenten-WM für das US-Team (nach etwa 8.000 Trainingsstunden).
27 Jahre: erste Olympiateilnahme für das US-Team (nach etwa 12.000 Trainingsstunden).

Ich habe jede dieser Trainingsstunden genossen (na gut, *fast* jede Stunde).

Ich bin James „Doc" Counsilman für seine Pionierarbeit auf dem Gebiet der Unterwasserfotografie sehr dankbar. Schon vor über 60 Jahren fotografierte er die Unterwasserphase von Olympiasiegern. Seine Schwarz-Weiß-Fotos hatten auch einen großen Einfluss auf mein Verständnis der richtigen Technik und lüfteten viele Geheimnisse der einzelnen Bewegungsabläufe unter Wasser. Ich möchte das gleiche für Schwimmer unserer Tage ermöglichen. Ich möchte, dass Sie sehen können, was die besten Schwimmer der Welt unter Wasser machen. Als zielstrebiger Schwimmer werden Sie in der Lage sein, die perfekte Technik von Topschwimmern mithilfe von Bildern der entscheidenden Bewegungsabläufe bewusst zu übernehmen.

Vom ersten Tag dieses Projekts an war ich der Meinung, dass nur die Beatles und der Bill Gates des Schwimmsports die Technik für Sie als Leser demonstrieren könnten: *Jedes Kapitel stellt mindestens einen Weltrekordhalter und/oder Olympia-Medaillengewinner vor und wird durch Fotos von Mitgliedern der US-amerikanischen Nationalmannschaft und College-Schwimmern unterstützt.* Warum ist es so wichtig, dass die weltbesten Schwimmer ihren Schwimmstil präsentieren? Außer dem nahe liegenden Grund, dass ihre erstklassige Art sich zu bewegen einfach inspirierend ist, gibt es viele technische Gründe:

- → Die besten Schwimmer der Welt machen wenige technische Fehler. Schwimmen ist ein dreidimensionaler Sport, der zusätzlich zu seitlichen und Längskomponenten auch senkrechte Komponenten hat und somit viel Raum für mögliche Fehler bietet. Obwohl auch die besten Schwimmer nicht frei von Fehlern sind, arbeiten sie jedoch auf allen drei Ebenen nahezu perfekt. Aus der technischen Perspektive sehen Sie also das Beste, was der Schwimmsport zu bieten hat.

- → Die besten Schwimmer der Welt haben außerdem ein sehr gutes Wassergefühl. Das Wasser zu fühlen oder zu „halten", um einen Widerstand zu spüren und den Körper im Wasser vorwärts zu bewegen, ist entscheidend für den Erfolg im Schwimmen und ist gleichzeitig schwierig zu erfassen und anzuwenden. Auch Trainer sind gespalten, ob es möglich ist, das Wassergefühl zu lehren. Von ganzem Herzen glaube ich, dass man Wassergefühl lehren kann, und ich weiß um den Einfluss, den gute Fotos haben können, dieses abstrakte Konzept verständlich zu machen. Ich habe darauf geachtet, dass die Bewegungsabläufe in diesem Buch aus verschiedenen einzigartigen Winkeln dargestellt werden, um Ihnen als Leser einen Einblick in diese geheimnisvolle Welt zu geben.

- → Die besten Schwimmer der Welt bewegen sich vorwärts und sind dabei gleichzeitig effizient. Jeder Einsatz, der einen Schwimmer im Wasser vorwärts bewegt, ist mit einer geistigen Rückmeldung verknüpft, die es ihm erlaubt, die Strömung um ihn herum zu fühlen und den dadurch verursachten Widerstand zu minimieren. Auf den Fotos werden Sie die Kunst des gesteigerten Vortriebs bei minimiertem Wasserwiderstand zu bestimmten Momenten der Bewegungsabläufe erkennen.

- → Letztendlich bewegen sich die besten Schwimmer der Welt athletisch im Wasser. Die zwei Kriterien, die ich anwende, um die Athletik eines Schwimmers zu messen, sind *Körperspannung* und *Timing*.

- *Körperspannung.* Topschwimmer haben bei jedem Armzug und Beinschlag einen bestimmten Grad an Muskelspannung in Armen, Beinen und Rumpf. Sie sind dabei weder zu steif noch zu locker. Die Fotos, die eine gute Körperspannung darstellen, sind meine persönlichen Favoriten.

- *Timing.* An dieser Stelle möchte ich ein Loblied auf Aristoteles singen, der einmal gesagt hat: „Das Ganze ist mehr als die Summe seiner Teile." Jedes *Teil* des Schwimmzugzyklus – der Armzug, der Beinschlag und die Rumpfbewegung – ist für sich eine einzigartige und kraftvolle Bewegung, doch es ist das Zusammenspiel dieser Bewegungsabläufe als *Ganzes*, das dem Zugzyklus einen explosiven kraftvollen Kick verleiht. Die besten Schwimmer der Welt können die Bewegungsabläufe richtig koordinieren und zeitlich aufeinander abstimmen, sodass ihre athletischen Fähigkeiten in dieser Hinsicht beachtet, analysiert und übernommen werden sollten.

Die Fotos sind ohne Frage das Hauptmerkmal dieses Buches und sind fast aussagekräftig genug, um auch ohne Text auszukommen. Doch es gibt zwei weitere Aspekte in diesem Buch, von denen ich glaube, dass sie Ihnen eine bewusste und hingebungsvolle Trainingsmentalität vermitteln können: Die Wissenschaft und die Schwimmdaten.

Das Buch beginnt mit einem Überblick über die Wissenschaft des Schwimmens. Ich habe Verständnis dafür, dass die meisten Leser kein Buch lesen, um etwas über die wissenschaftlichen Zusammenhänge zu lernen. Sie sind kompliziert, langatmig und zugegebenermaßen langweilig. Doch beim Durcharbeiten dieses Themas in den letzten Jahren habe ich festgestellt, wie eng die Physik – hauptsächlich die Konzepte der Strömungslehre – mit der Lehre der Bewegungsabläufe im Schwimmen verknüpft ist. Wenn es also eine Möglichkeit gibt, die Grundlagen auf eine Art und Weise zu vermitteln, die Sie nicht verschreckt, sollte dies auch getan werden. Ich habe mir größte Mühe gegeben, die Wissenschaft des Schwimmens so zusammenzufassen und zu präsentieren, dass sie für Sie als Leser leicht zu verstehen ist. Ich bin überzeugt davon, dass man als Schwimmer vom Verständnis der Physik im Wasser profitieren kann.

Schwimmdaten sind ein weiterer Aspekt, der in diesem Buch im Vordergrund steht. Sie verraten, wie gut ein Schwimmer Mechanik und Technik in Geschwindigkeit und Leistung übertragen kann. Schwimmdaten beinhalten nicht einfach nur die gestoppte Zeit am Ende einer Distanz, sondern sie erfassen viele Details wie die Anzahl der Züge, die ein Schwimmer über eine bestimmte Distanz macht oder mit welcher Frequenz er diese Züge macht. Somit sind Schwimmdaten eine perfekte Ergänzung der technischen Analyse, weil sie ein objektives Maß der Effizienz der Technik darstellen.

In Interviews mit Topschwimmern für dieses Buch habe ich herausgefunden, dass 90 Prozent von ihnen Schwimmdaten erklären und in Bezug zu ihrer Leistung setzen können. Dieser hohe Prozentsatz beweist für mich, dass das Verständnis dieses Hilfsmittels in engem Zusammenhang mit den Ergebnissen auf Topniveau steht. Kapitel 4 geht auf das Erfassen und Nutzen von Schwimmdaten ein, und die Kapitel über Schmetterling, Rücken, Brust und Kraul beinhalten Tabellen mit Schwimmdaten von Topschwimmern.

Ein weiterer roter Faden durchzieht dieses Buch, er offenbarte sich mir im Verlauf der Arbeit: Die Ähnlichkeit des Vortriebs in den einzelnen Lagen.

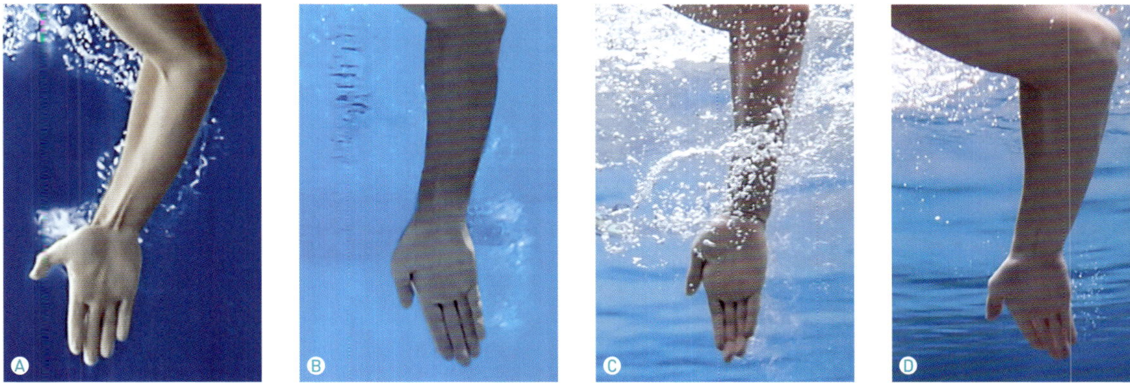

Wer weiß es? Welche Lage wird hier jeweils beim Wasserfassen während des Armzugs dargestellt?*

Mein erstes Buch, *Kraulschwimmen wie die Profis*, legte den Fokus ausschließlich auf das Kraulschwimmen und die wesentlichen Merkmale des Unterwasserarmzugs – auf die man nicht verzichten kann, wenn man schneller schwimmen möchte. Ich wusste bereits, dass die wesentlichen Merkmale des Kraulschwimmens ebenfalls in den anderen Lagen unverzichtbar und präsent sind, doch war ich über das Ausmaß schockiert. Meine Absicht war es, die entscheidenden Merkmale der Bewegungsabläufe unter Wasser zu fotografieren, sodass Schwimmer mit diesem Buch von den Ikonen des Schwimmsports lernen können. Nach jeder Fotosession lud ich die Fotos auf meinen Computer und entdeckte die auffällige Ähnlichkeit zwischen den einzelnen Lagen. Ich vergrößerte die Aufnahmen und betrachtete nur einen Arm während einer bestimmten Phase des Armzugs – und merkte, dass die Abläufe nicht nur ähnlich, sondern voneinander nicht zu unterscheiden waren.

Damit Sie verstehen, was ich meine, hier ein kleiner Test: Jede der vier Lagen – Schmetterling, Rücken, Brust und Kraul – ist in der folgenden Abbildung dargestellt. Jedes Foto zeigt das Wasserfassen während des Zugzyklus. Die abgebildeten Arme gehören Weltrekordhaltern. Keines dieser Bilder ist gestellt, alle sind natürlich. Können Sie die Fotos den einzelnen Lagen zuordnen?

Wie ist es gelaufen? Kein einfacher Test, oder? Hätte ich die Fotos zuordnen sollen, wüsste ich nicht, wie ich abgeschnitten hätte. Es ist verdammt schwierig! Machen Sie sich keine Gedanken über Ihr Ergebnis. Wichtig ist, dass Sie durch dieses Beispiel nachvollziehen können, wie das Üben der Technik einer Lage auch die anderen positiv beeinflusst. Ich hoffe, Sie somit im Training motivieren zu können.

Viele Schwimmer glauben, dass sie nur eine oder vielleicht zwei Hauptlagen haben. Der Großteil der Triathleten bleibt dem Kraulschwimmen treu, und viele Leistungsschwimmer ordnen sich im Training am Ende ihrer Gruppe ein, wenn im Trainingsplan eine Serie ihrer schwächeren Lage auftaucht. Sie kommen schnell zu der Ansicht: *Ich bin einfach nicht*

**Anmerkung: Das Foto für Rücken wurde gedreht, aber nicht weiter modifiziert.*
Antworten: A: Rücken B: Kraul C: Brust D: Schmetterling

talentiert für diese Lage, warum also sollte ich sie trainieren?.

Die heimliche Botschaft dieses Buchs lautet, dass das Trainieren der Nebenlagen mehr Vorteile hat, als Sie glauben mögen. Bedenken Sie die folgende Feststellung eines Triathleten, der im Winter 2014 bei mir einen Kurs zum Rückenschwimmen gemacht hat:

Mich hat verblüfft, dass ich mit dem Lernen des richtigen Wasserfassens im Rückenschwimmen ENDLICH auch herausgefunden habe, wie das Wasserfassen im Kraulschwimmen funktioniert. Wer hätte nach all den Jahren gedacht, dass ich mich auf den Rücken drehen muss, um die wichtigste Phase des Kraularmzugs zu verstehen?

Anstatt nur beim Lockerschwimmen Rücken zu schwimmen, trainiert dieser Triathlet es mittlerweile bewusst.

Lassen Sie uns anfangen. Schauen wir, was Topschwimmer unter Wasser machen. Es gibt eine Menge zu analysieren und zu lernen. Verdauen Sie das Gelernte, nehmen Sie es mit ins Wasser und bedenken Sie, dass 30 Minuten *bewusstes* Training mehr bringen als drei Stunden Baden.

1 DAS WARUM VERSTEHEN

Der Schwimmsport profitiert ungemein von den Erkenntnissen einiger Pioniere. Sie haben einen Großteil ihrer Arbeit in die Untersuchung wissenschaftlicher Gesetze gesteckt, die erklären, wie sich der menschliche Körper in einem flüssigen Medium – nämlich Wasser – effektiv vorwärts und durch dieses Medium hindurch bewegt. Durch ihre Arbeit wird nahezu jede Bewegung, die man auf den Abbildungen in diesem Buch erkennen kann, logisch und nachvollziehbar. Auch wenn ihre Erkenntnisse noch nicht alle Fragen eindeutig beantworten können, versteht die Schwimmgemeinde bereits besser, *warum* eine gute Schwimmtechnik so entscheidend ist. Warum bewegen sich Schwimmer im Wasser auf ganz bestimmte Art und Weise vorwärts? Ist dieses Wissen Voraussetzung dafür, effektiver schwimmen zu können?

Ich bin davon überzeugt, dass ein Sportler das Warum hinter einer technischen Ausführung seines Sports verstehen muss, um ein besserer Athlet zu werden. Trainingseinheiten bekommen durch solche Erkenntnisse eine besondere Bedeutung. Die Anweisungen des Trainers erscheinen plötzlich relevant und nicht mehr willkürlich. Ebenso decken Bilder, die auf den ersten Blick vielleicht von visuellen Hilfestellungen überflutet erscheinen, die vorher nicht beachtete Wissenschaft und Kunst der Schwimmtechnik auf.

Solange es noch offene Fragen und laufende Diskussionen zum Thema effektiven Vortriebs im Wasser gibt, wollen wir zunächst einen Blick auf das werfen, was bereits herausgefunden wurde. In diesem Kapitel möchte ich auf die komplexeren wissenschaftlichen Zusammenhänge verzichten und mich auf einzelne interessante Aspekte konzentrieren, die zu einem besseren Verständnis unseres Sports verhelfen und sich direkt auf das tägliche Schwimmtraining anwenden lassen. In meinem ersten Buch *Kraulschwimmen wie die Profis* habe ich bereits die meisten dieser wissenschaftlichen Konzepte vorgestellt, möchte sie jedoch in diesem Buch ausführlicher untersuchen (ich verspreche Ihnen jedoch aufzuhören, bevor Sie völlig verwirrt sind!). Die Abbildungen in den nachfolgenden Kapiteln demonstrieren die Schwimmtechnik aus nie zuvor veröffentlichten Betrachtungswinkeln. Mithilfe dieser Fotos und den wissenschaftlichen Erkenntnissen werden Sie als Schwimmer ein viel besseres Verständnis für die Beherrschung dieses komplexen Sports entwickeln.

DIE WISSENSCHAFT DES SCHWIMMENS

Da Schwimmen im Wasser stattfindet, und wir wissen wollen, wie wir uns effektiver im Wasser fortbewegen können, ist es sinnvoll, zunächst das Element Wasser etwas genauer zu analysieren und uns zu fragen, was Wasser eigentlich genau ist und wie es sich verhält.

Wasser ist augenscheinlich eine Flüssigkeit. Nicht so offensichtlich ist jedoch, dass, obwohl Flüssigkeiten keine Feststoffe sind, sie dennoch ein Volumen und eine Masse haben können.

Betrachten wir zunächst das **Volumen** etwas genauer: Zwei Stoffe können niemals zeitgleich denselben Raum einnehmen. Springt man zum Beispiel in ein bis zum Rand mit Wasser gefülltes Schwimmbecken, läuft es über, da man mit dem Wasser nicht gleichzeitig denselben Raum einnehmen kann. Das Wasser wird verdrängt und tritt über den Beckenrand. Auf einer Physik-Website heißt es: „Flüssigkeiten sind freundlich; sie geben ihren Raum im Vergleich zu Feststoffen relativ leicht auf. Flüssigkeiten machen den Weg frei, wenn man sie fragt" (physics.org).

Befassen wir uns nun mit der **Masse**. Jeder Geschwindigkeitsänderung setzt ein Körper einen Widerstand entgegen, nämlich seine Masse. Stellen Sie sich vor, Sie wollten einen schweren Schrank verschieben. Der Schrank verharrt im Ruhezustand an seinem Platz auf dem Fußboden. Gemäß der Definition von Masse behält er diesen Zustand, solange keine Kraft auf ihn ausgeübt wird. Wenn Sie versuchen, den Schrank zu verschieben (und somit seinen Bewegungszustand zu ändern), müssen Sie eine große Kraft aufbringen. Die Masse des Schranks setzt der Geschwindigkeitsänderung einen Widerstand entgegen. Ähnlich verhält es sich bei der Masse von Wasser. Es setzt einer Geschwindigkeitsänderung einen Widerstand entgegen.

Folglich können wir Wasser als Masse mit bestimmten vorhersehbaren Eigenschaften bezeichnen. Wir wissen, dass sich Wasser bewegen lässt, und wir wissen außerdem, dass es dabei einen Widerstand aufbaut. Mit diesem Wissen können wir uns effektiver im Wasser fortbewegen. Lassen Sie uns noch einen Schritt weiter gehen, um mehr über Vortrieb und Widerstandskräfte zu erfahren. Nur so lernen wir auch, wie wir besser *mit* dem Wasser arbeiten können, um unsere Schwimmleistung zu optimieren.

In Studien über die Antriebskraft werden die Strömung und die Widerstandskräfte von Flüssigkeiten untersucht. Sie basieren auf den Grundlagen der *Strömungslehre*, die das Verhalten von Flüssigkeiten in Bewegung, genauer gesagt das Verhalten von Flüssigkeiten, die an Körpern vorbeiströmen, untersucht. Da ein Schwimmer ein Körper ist, an dem Wasser vorbeiströmt, ist die Strömungslehre ein Bereich, der den Schwimmsport direkt betrifft.

Falls Sie sich intensiver mit wissenschaftlicher Schwimmliteratur beschäftigen, werden Sie vermehrt auf Terminologie und Bezüge zur Aerodynamik, der Lehre von strömender *Luft* (zum Beispiel bei Flugzeugen), stoßen. Lassen Sie sich nicht verwirren; Luft ist ebenfalls ein Fluid und die Aerodynamik ein Teilgebiet der Strömungslehre*. Viele Theorien über die Strömungslehre wurden aus Ansätzen der Aerodynamik übernommen und umgekehrt. Auch

**Zu den Fluiden zählen neben Flüssigkeiten auch Gase und Luft. Die Strömungslehre, auch Fluidmechanik genannt, ist der Überbegriff, der mehrere Teilgebiete wie die Hydrodynamik, Aerodynamik und Gasdynamik vereint. Der Begriff Hydrodynamik ist zwar treffender in Bezug auf den Schwimmsport, weil sich Schwimmer im Wasser fortbewegen, da die Hydrodynamik jedoch ein Teilgebiet der Strömungslehre ist, findet man in der Literatur beide Begriffe.*

die Wissenschaft im Schwimmsport zieht das Beispiel eines fliegenden Flugzeugs heran. Viele Konzepte über die Antriebskraft im Schwimmen sind einfach zu abstrakt, und Flugzeuge sind für jeden greifbarer.

Lassen Sie uns gemeinsam in die Strömungslehre eintauchen, um diese Zusammenhänge besser zu verstehen und so schneller im Wasser zu werden. Die Grundlagen führen uns zunächst zu den Theorien über die Antriebskraft, die bereits seit Jahrzehnten innerhalb der Schwimmgemeinde diskutiert werden. Schon das Grundverständnis der nachfolgenden Konzepte wird es Ihnen ermöglichen, Diskussionen über die Antriebskraft zu folgen oder aktiv zu gestalten und, was viel wichtiger ist, zu verstehen, warum Sie im Wasser vorwärts kommen.

ZWEI BEGRIFFE, DIE JEDER SCHWIMMER VERSTEHEN SOLLTE

Zwei Konzepte bestimmen 90 Prozent der Theorie und Diskussionen über den Vortrieb im Schwimmen. Sie sind ebenfalls wichtig, um die Prozesse der Aerodynamik und des Fliegens zu verstehen. Es handelt sich um die *Strömungs-* beziehungsweise *Wasserwiderstandskraft* und um die *Auftriebskraft*.

Der **Strömungswiderstand** lässt sich auf unterschiedliche Art und Weise beschreiben:

- → Der Strömungswiderstand ist der Widerstand eines Fluids, das verdrängt wird.
- → Der Strömungswiderstand ist die Kraft an einem Körper, die er seiner Bewegung durch ein Fluid entgegensetzt.
- → Der Strömungswiderstand ist die Kraft, die parallel (hier: frontal) zu der Strömungsrichtung eines Fluids wirkt.

Jede dieser Definitionen bekräftigt die Vorstellung, dass Körper einer Geschwindigkeitsänderung entgegenwirken. Sie mögen es nicht, bewegt zu werden, also halten sie dagegen. Diese Annahme gilt auch für Wasser. Wenn wir uns im Wasser bewegen, wirkt uns ein Widerstand entgegen: Der sogenannte Wasserwiderstand.

Die meisten Schwimmer haben bereits selbst erfahren, dass der Wasserwiderstand unsere Vorwärtsbewegung verlangsamt. Wenn wir uns im Wasser fortbewegen, wollen wir natürlich so wenig wie möglich frontalen Wasserwiderstand spüren.

In diesem Buch gehen wir ausschließlich auf den *Form-* oder *Druckwiderstand* ein, da er den größten Effekt auf unsere Schwimmtechnik hat, auch wenn es weitere Widerstandsarten gibt. Der *Reibungswiderstand* wird im Kasten auf Seite 18 erklärt. Ihm wird zwar große Bedeutung im Schwimmsport beigemessen, er hat jedoch keinen Einfluss auf unsere Technik.

Der Formwiderstand steht in Beziehung zur Form des Körpers, der sich durch das Fluid bewegt. Je größer der Körper, desto größer die Oberfläche und desto größer der Widerstand, der ihm im Vergleich zu einem kleineren Körper mit entsprechend kleinerer Oberfläche entgegenwirkt. Diese Tatsache erklärt, warum sich Schwimmer stromlinienförmig von der Wand abstoßen und dabei ihre Angriffsfläche so klein wie möglich „formen", um den Wasserwiderstand zu minimieren.

Somit ist der Wasserwiderstand ein nachvollziehbares Konzept. Doch vergessen Sie nicht, dass er *parallel zur Strömungsrichtung eines Fluids wirkt*. Wenn wir später die Auftriebskraft erläutern, wird diese Annahme noch einmal wichtig sein.

Also glauben Sie nicht, dass der Wasserwiderstand bloß eine schlechte Kraft ist, die uns daran hindert, vorwärts zu kommen. Denn tatsächlich ist er genau das Gegenteil, nämlich einer der besten Freunde des Schwimmers: Eine Antriebsquelle, und nach Meinung vieler die entscheidende Antriebsquelle für den Vortrieb im Wasser.

Um diesen Zusammenhang besser nachvollziehen zu können, sollten wir Newton und sein Drittes Gesetz dazu holen. Das Dritte Newtonsche Gesetz bedeutet zusammengefasst: „Jeder Aktion wirkt eine gleich große Reaktion entgegen."

Verknüpft man nun das Wissen über die Wirkung des Wasserwiderstands mit dem Dritten Newtonschen Gesetz, entsteht folgendes Szenario: Drückt ein Schwimmer das Wasser mit seiner Hand und seinem Unterarm nach hinten, ist deren Oberfläche demselben parallelen frontalen Wasserwiderstand ausgesetzt, der auch der Vorwärtsbewegung entgegenwirkt. Dieser Wasserwiderstand ist jetzt nutzbringend, weil er es dem Schwimmer ermöglicht, sich vom Wasser abzudrücken. Somit bewegt sich der Schwimmer vorwärts, indem er das Wasser nach hinten drückt.

Der **Reibungswiderstand** ist eine weitere Widerstandskraft, die uns beim Schwimmen beeinflusst. Sie wird verursacht, wenn ein Fluid an einer Oberfläche – oder unserer Haut – vorbeiströmt. An einer rauen Oberfläche entsteht mehr Reibungswiderstand als an einer glatten Oberfläche. Um den Reibungswiderstand im Wasser zu minimieren, rasieren sich viele Schwimmer die Beine und Arme oder tragen enge Schwimmanzüge.

Folglich hat der Begriff *Widerstand* im Schwimmen je nach Kontext unterschiedliche Bedeutungen. Er beschreibt sowohl Kräfte, die die Vorwärtsbewegung erschweren als auch solche, die quasi als Abdruckfläche für das Vorwärtskommen dienen. Hat man erst einmal erkannt, dass sich dasselbe Wort auf beide Konzepte bezieht, bestimmt der jeweilige Kontext, was gemeint ist.

Abbildung 1.1 veranschaulicht noch einmal, wie uns die Widerstandskraft im Wasser sowohl bremsen als auch vorwärts bringen kann.

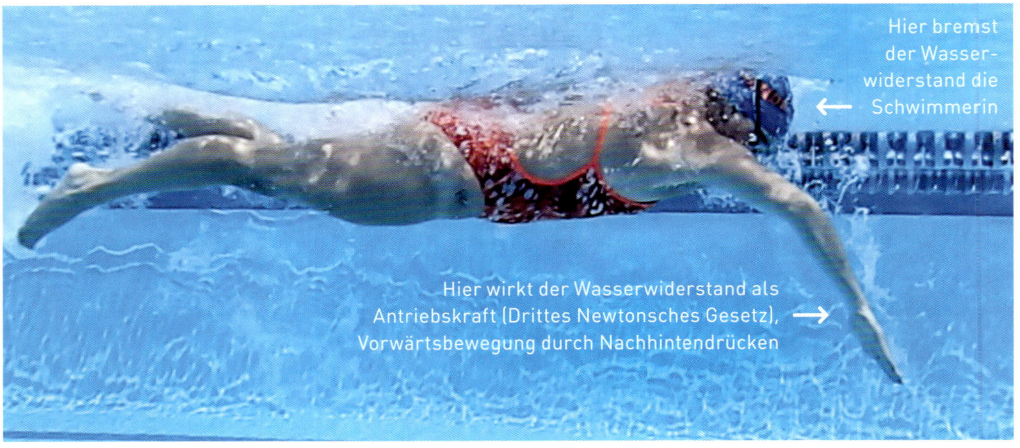

Abb. 1.1 Der Wasserwiderstand ist die Kraft, die einem Schwimmer sowohl entgegenwirkt und ihn bremst als auch Abdruckfläche für den Vortrieb sein kann.

Neben der Widerstandskraft beeinflusst eine weitere Größe den Vortrieb im Wasser: Der **Auftrieb.** Er bietet die einzige Möglichkeit, uns aus eigener Kraft im Wasser fortzubewegen.

Das Prinzip des Auftriebs ist leicht zu verstehen, wenn wir ein Beispiel heranziehen, das jedem geläufig ist, nämlich den Vergleich zum Fliegen. Ein fliegendes Flugzeug kann sich jeder bildlich vorstellen. Hat man erst einmal verstanden, wie der Auftrieb beim Flugzeug funktioniert, kann man seine Rolle auch beim Unterwasserarmzug besser begreifen.

Mithilfe der Auftriebskräfte kann ein Flugzeug vom Boden abheben. Die Physik hinter dem eigentlichen Prozess ist ziemlich kompliziert, aber lassen Sie mich zwei grundlegende Bedingungen der Auftriebskraft auf den Armzug beim Schwimmen übertragen. Die eine ist die Ausrichtung beziehungsweise die Neigung der Tragflächen. Damit Auftriebskräfte wirken können, müssen die Tragflächen während der Startphase in einem bestimmten Winkel angestellt beziehungsweise geneigt werden. In der Physik wird dieser Winkel *Anstellwinkel* genannt.

Die zweite Bedingung für den Auftrieb liegt in den unterschiedlichen Druckverhältnissen ober- und unterhalb der Tragflächen. Der Luftdruck unter den Tragflächen ist größer als der Druck über den Tragflächen. Diese sind so konstruiert, dass die Luft über den Tragflächen schneller strömt und somit ein geringerer Druck erzeugt wird, während die Luft unter den Tragflächen langsamer strömt und der erzeugte Druck entsprechend größer ist. Das Gesetz, das den Zusammenhang zwischen Luftgeschwindigkeit und Druck beschreibt, wird Satz von Bernoulli genannt. Er besagt, dass ein Geschwindigkeitsanstieg in einem strömenden Fluid immer von einem durch dieses Fluid ausgelösten Druckabfall begleitet wird und andersherum. Wir wollen uns gar nicht mit den Zusammenhängen hinter Bernoullis Gesetz beschäftigen, wichtig ist nur zu wissen, dass der Druck unter der Tragfläche größer als der über ihr ist.

Mit dem Wissen über die zwei grundlegenden Bedingungen für den Auftrieb können wir nun die Auftriebskraft an sich genauer betrachten. Die Auftriebskraft ist die Kraft, die *senkrecht* zur Anströmrichtung steht, während der Wasserwiderstand *parallel* zu ihr wirkt.

Um uns davon ein genaueres Bild machen zu können, nehmen wir noch einmal das Beispiel des Auftriebs bei Flugzeugen. Beschleunigt das Flugzeug auf der Startrampe, zirkuliert Luft unter- und oberhalb der Tragflächen bei unterschiedlicher Geschwindigkeit, wodurch unter den Tragflächen der Druck zunimmt. Die Auftriebskräfte entstehen, sobald ein Druckunterschied entsteht. Die entstehende Kraft unter den Tragflächen sorgt für den Auftrieb. Die nach oben gerichtete Kraft an der Unterseite der Tragflächen wirkt senkrecht zur Anströmrichtung und zur Flugrichtung. Luft strömt um die Tragflächen und fördert den Auftrieb. Dennoch ist die Auftriebskraft zu schwach, um die Gewichtskraft des Flugzeugs zu überwinden; es wird zusätzlicher Auftrieb benötigt. Jetzt kommt der Anstellwinkel hinzu, seine Größe bestimmt nämlich die Auftriebskraft. Um die Gewichtskraft des Flugzeugs zu überwinden, müssen die Tragflächen in einem bestimmten Winkel angestellt werden. Indem der Pilot über Kontrolleinrichtungen die Nase des Flugzeugs nach oben zieht, erhöht er den Anstellwinkel der Tragflächen und somit auch den Auftrieb. Als Passagier an Bord einer Maschine kann man in dieser Startphase spüren, wie die Tragflächen die Luft „fassen“. Es wirken große Kräfte, die das Flugzeug vom Boden abheben lassen.

Lassen Sie uns diese Erkenntnisse über Auftriebskräfte in der Luft ins Wasser übertragen.

Auch Schwimmer erzeugen im Wasser einen Auftrieb, der sie jedoch nicht nach oben, sondern vorwärts bewegt. Obwohl der Begriff Auftrieb eine Aufwärtsbewegung impliziert, kann diese Kraft einen Körper in alle Richtungen bewegen. Vergessen Sie nicht, dass die Auftriebskraft senkrecht zur Anströmrichtung wirkt und sie somit von ihrer Richtung abhängt (oder andersherum von der Richtung, in die der Körper durch das Wasser strömt).

Bei einem Flugzeug kann man die Richtung, in die die Luft um die Tragflächen strömt, leicht nachvollziehen, da diese waagerecht zum Flugzeugkörper angebracht sind. Im Wasser können wir unsere Hände und Arme mit den Tragflächen eines Flugzeugs vergleichen. Somit sind sie die Körperteile, die eine Auftriebskraft erzeugen, jedoch während der Antriebsphase des Unterwasserarmzugs senkrecht ausgerichtet sind. Also müssen wir uns noch einmal die räumlich gedrehte Ausrichtung in Erinnerung rufen. Wichtig ist zu erkennen, welchen Weg der Arm nehmen muss, und zu wissen, wie das Wasser am Arm vorbeiströmt und in welche Richtung die Auftriebskraft wirkt.

Ein gutes Beispiel, den Weg des Unterwasserarmzugs nachzuvollziehen, bietet eine bekannte technische Übung: Paddeln oder auch Scheibenwischer genannt. Mithilfe dieser Übung kann der Schwimmer fühlen, wie er sich ausschließlich mithilfe der Auftriebskraft im Wasser fortbewegt.

In Abbildung 1.2 ist das Paddeln dargestellt. Diese technische Übung kann in verschiedenen Varianten ausgeführt werden, wobei die häufigste Armposition jedoch die direkt vor dem Kopf ist.

Beim Paddeln werden Hand und Unterarme senkrecht angestellt und die Innenflächen seitlich nach außen und innen bewegt und seitlich gegen das Wasser gedrückt. Der Druck erfolgt nicht nach hinten, sodass die Vorwärtsbewegung nicht durch die Wasserwiderstandskraft entsteht. Der Wasserwiderstand wirkt seitlich auf die Extremitäten, welche in entgegengesetzter Richtung zueinander arbeiten und ihn so aufheben, um nicht zur Seite abzudriften. Achten Sie bei der Ausführung dieser Übung stets auf einen korrekten Anstellwinkel. Auf den Innenflächen von Hand und Unterarm

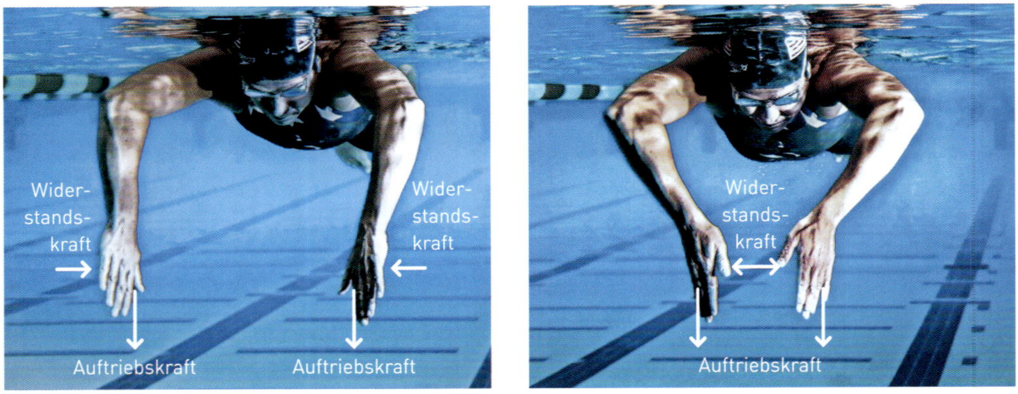

Abb. 1.2 Mithilfe des Paddelns erfährt der Schwimmer eine Vorwärtsbewegung ausschließlich durch Auftriebskräfte. Widerstandskräfte heben sich auf, da die Armbewegung in entgegengesetzte Richtungen nach außen und innen ausgeführt wird. Die Auftriebskräfte wirken senkrecht und sorgen so für die Vorwärtsbewegung des Schwimmers.

sollten Sie sowohl bei der Auswärts- als auch bei der Einwärtsbewegung den Druck auf das Wasser spüren, um auf der Innenfläche einen größeren Druck als an der Außenseite zu erzeugen. Anstellwinkel und Druck sind unsere zwei Voraussetzungen für den Auftrieb im Wasser. Die Auftriebskraft wirkt senkrecht zu den seitlich wirkenden Widerstandskräften und drückt von der Unterseite auf Hand und Unterarm (Innenfläche), um den Schwimmer vorwärts zu bewegen.

Jeder, der diese Übung schon einmal ausprobiert hat, weiß, dass sie nicht die schnellste Art der Fortbewegung im Wasser darstellt, sondern eine eher langsame Variante ist. Augenscheinlich ist die Auftriebskraft nicht die größte Antriebskraft im Wasser. Wahrscheinlich wird man mit dem Paddeln nicht viele Wettkämpfe gewinnen, dennoch dient es wie viele andere technische Übungen auch dazu, sich ein Element des Unterwasserarmzugs genauer vor Augen zu führen und es isoliert zu üben. Jede Form des Hin- und Herbewegens (außer rückwärtsgewandte Bewegungen) kann wie beim eigentlichen Unterwasserarmzug in die rückwärtsgewandte Zugphase (Vortrieb durch Widerstand) eingebaut werden.

Aus der parallel wirkenden Widerstandskraft und der senkrecht wirkenden Auftriebskraft ergibt sich eine **resultierende Kraft**. Sie entsteht, wenn mehrere Kräfte, die auf einen Körper wirken, zusammengefasst werden. Nehmen wir zwei Personen, die versuchen, einen Schrank zu verschieben. Schiebt eine Person von einer Seite und die andere aus einem leicht veränderten Winkel, ergeben beide Kräfte eine resultierende Kraft, die den Schrank in eine Richtung bewegt. Ist eine der beiden Personen stärker als die andere, hat ihre Kraft einen größeren Einfluss auf die Richtungsänderung des Schranks.

Beim eigentlichen Unterwasserarmzug tauchen Hand und Unterarm vor dem Kopf des Schwimmers ein und ziehen bis zur Hüfte durch das Wasser hindurch (beim Brustschwimmen bis vor die Brust), nach hinten gerichtete Widerstandskräfte sind also definitiv im Spiel. Da Schwimmen ein dreidimensionaler Sport ist, kann man beim Durchziehen förderliche paddelartige Bewegungen zur Seite oder nach unten machen und so Auftrieb erzeugen. Wasserwiderstand und Auftriebskräfte existieren nebeneinander und bilden eine resultierende Kraft, wie die Unterwasserphase von Topschwimmern eindeutig zeigt.

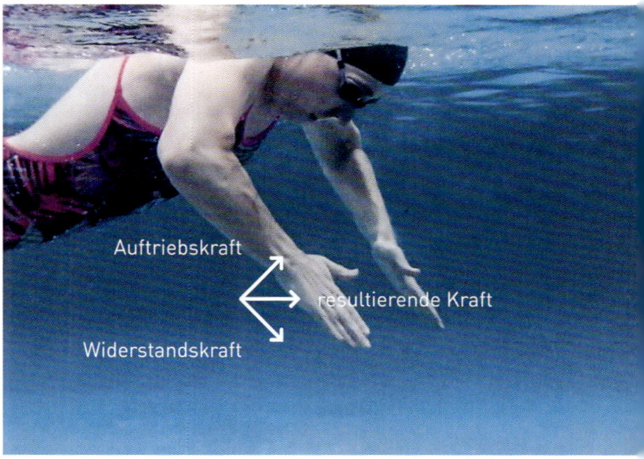

Abb. 1.3 Weltrekordhalterin Ariana Kukors nutzt für die Vorwärtsbewegung beim Schmetterlingsschwimmen Widerstands- und Auftriebskräfte.

In Abbildung 1.3 sieht man die aktuelle Weltrekordhalterin über 200 Meter Lagen, Ariana Kukors, in einer sehr vortriebsorientierten Phase während des Schmetterlingsarmzugs. Wie durch die Pfeile dargestellt, wirken Widerstands- und Auftriebskräfte gleichzeitig und bilden eine resultierende, vorwärts gerichtete Kraft. Achten Sie auf die leichte Neigung (Anstellwinkel) von Hand und Unterarm.

Ariana dreht ihre Hände und Arme nach innen (seitliche Ebene) in Richtung Körpermittellinie, während sie in dieser Phase des Armzugs das Wasser gleichzeitig nach hinten drückt. So wirkt neben der Widerstandskraft auch eine Auftriebskraft. Ohne diese Neigung beziehungsweise den „Anstellwinkel“ und die Seitwärtsbewegung (Paddeln) könnte hier keine Auftriebskraft generiert werden.

Doch *wie groß* ist die Kraft, die Ariana durch das nach hinten gerichtete Durchziehen (Wasserwiderstand) im Vergleich zum Hin- und Herrudern (Auftrieb) in dieser Phase des Armzugs erzeugt? Genau hier beginnt die Diskussion um den effektiven Vortrieb im Wasser.

Mittlerweile wird weithin akzeptiert, dass sowohl Widerstands- als auch Auftriebskräfte während des Unterwasserarmzugs wirken. Die Diskussion um die Antriebskräfte konzentriert sich eher auf die Rolle, die sie jeweils spielen oder spielen sollten, und welche der Kräfte die dominantere ist. Sollte man sich auf das nach hinten gerichtete Durchziehen konzentrieren, um vornehmlich Widerstandskräfte zu erzeugen, oder eher rudernde Seitwärtsbewegungen ausnutzen, um größere Auftriebskräfte zu generieren? Die Antwort ist von großer Bedeutung, denn sie gibt uns vor, wie wir unsere Arme am besten durch das Wasser führen.

Im nächsten Abschnitt möchte ich verschiedene Antriebstheorien betrachten, die sich in den letzten Jahrzehnten durchgesetzt haben. Schauen Sie sich die Fotos in diesem Buch ganz genau an und achten Sie auf Details wie den Anstellwinkel oder Armbewegungen, die Ihnen vorher vielleicht nicht aufgefallen wären. Wenn Sie das *Warum* des Vortriebs verstanden haben, wird es sich positiv auf Ihren Unterwasserarmzug auswirken.

THEORIEN ÜBER DIE ANTRIEBSKRAFT IM WASSER

Der Wasserwiderstand ist alles

Bis in die 1960er-Jahre gab es keinen Zweifel daran, dass es das Dritte Newtonsche Gesetz und der Wasserwiderstand sind, mithilfe derer wir uns im Wasser fortbewegen. Alle Schwimmtrainer waren sich darüber einig, das Konzept des Auftriebs existierte damals im Schwimmsport noch gar nicht. Trainer brachten ihren Athleten bei, Arme und Hände wie ein Paddel zu benutzen und das Wasser während des Unterwasserarmzugs geradlinig nach hinten zu drücken. Jede Abweichung vom direkten und geraden Weg nach hinten wurde als fehlerhafte Technik angesehen, da der Schwimmer das Dritte Newtonsche Gesetz nicht korrekt anwendete.

Diese Ausführung des Unterwasserarmzugs bedeutete jedoch, dass der Schwimmer ausschließlich in eine Richtung arbeiten und jegliche Seitwärtsbewegungen (nach innen und außen wie beim Paddeln) vermeiden sollte, um den Körper nicht aus der Vorwärtsbewegung zu bringen. Das Grundsatzprinzip des Dritten Newtonschen Gesetzes hinter dieser Überlegung hat durchaus Sinn.

Das Problem war nur, dass die weltbesten Schwimmer nicht so schwammen.

Doc Counsilman und die Auftriebskraft

James „Doc“ Counsilman hat vielleicht nicht die gesamte Schwimmwelt auf den Kopf gestellt, aber zumindest um 90 Grad gedreht, als er in den frühen 1970er-Jahren den Begriff der Auftriebskraft und ihre Bedeutung für den Vortrieb im Schwimmsport einführte.

Counsilman war ein bekannter Schwimmtrainer an der Indiana University. Seine Schwimmmannschaft gewann sechsmal die Meisterschaften der National College Athletic Association (NCAA). Außerdem bereitete er als Cheftrainer die US-amerikanische Herrenmannschaft auf die Olympischen Spiele von 1964 und 1976 vor. Er ist der einzige Schwimmtrainer in der Geschichte, dessen Schwimmer bereits Weltrekorde über jede Strecke gehalten haben. Nicht nur in jeder Lage – über *alle Strecken*. Counsilmans Karriere begann in der Newtonschen Ära der Schwimmtheorie der späten 1940er-Jahre. Zu jener Zeit war er als Doktorand und Assistenztrainer an der University of Iowa tätig, wo er 1948 eine Methode entwickelte, mit der er den Unterwasserarmzug von Schwimmern mithilfe eines speziellen Unterwasserbehälters fotografieren konnte. Eines seiner ersten Fotomotive war der Schwimmer Walter Ris.

*Ich fotografierte den Olympiasieger Walter Ris über die 100 Meter Freistil. Seinen Unterwasserarmzug führte er mit einem angewinkelten Ellenbogen aus. Der Weg seines Armes folgte eher einem ovalen Zugmuster. Ich änderte seine Technik, woraufhin Walter mit gestrecktem Arm langsamer schwamm. Ich sagte: „Irgendetwas stimmt hier nicht.“ Ich war damals ziemlich dumm. Ich brauchte 20 Jahre, um den Satz von Bernoulli auf den Unterwasserarmzug anzuwenden.** („Doc“ Counsilman, 2004)

Schon bald knipste Counsilman mit seinen Kameras weitere Schwimmer, und seine Aufnahmen bewiesen, dass die besten Schwimmer den Arm eben nicht gestreckt nach hinten führten, wie es damals gelehrt wurde, sondern auch Bewegungen zur Seite und nach unten einbauten. Genau so, wie es zuvor Walter Ris tat.

In den frühen 1970er-Jahren, 20 Jahre nach Counsilmans ersten Erkenntnissen, stellte er seine Ergebnisse der Schwimmgemeinde vor. Er zeigte Fotos der rudernden Unterwasserphase der besten Schwimmer (in allen vier Lagen) – viele von ihnen waren aus seinem Schwimmteam der Indiana University, darunter auch Marc Spitz. Er erklärte auch, warum die besten Schwimmer ihren Unterwasserarmzug so ausführten.

Seiner Meinung nach hatte das Dritte Newtonsche Gesetz bezogen auf den Schwimmsport seine Grenzen. Sobald der Schwimmer Druck auf das Wasser ausübt, um es nach hinten zu drücken, fängt das Wasser an sich zu bewegen, und wenn es einmal in Bewegung ist, bietet es dem Schwimmer weniger Widerstand. Eigentlich müsste das „Paddel“ des Schwimmers immer schneller nach hinten drücken, um mit dem bewegten Wasser mithalten zu können. Eine zunehmende Beschleunigung in diesem Maße wäre nach Counsilman jedoch kräftezehrend und ineffektiv für den Schwimmer gewesen.

Er glaubte, dass das Dritte Newtonsche Gesetz zwar hilfreich sei, um Wasser über kleine Abschnitte wegzudrücken, nicht jedoch über die gesamte Länge des Unterwasserarmzugs. Weiter erklärte er, dass der Schwimmer sein „Paddel“ auch seitlich, unter- oder oberhalb des nach hinten weisenden Weges ziehen müsse, um Wasser zu finden, das sich entweder langsamer bewegt oder sogar „ruhig“ ist, um dann erneut und effektiv das Dritte Newtonsche Gesetz anwenden zu können.

Dieser Teil seiner Erläuterung war für andere Schwimmtrainer leicht nachzuvollziehen, denn sie beinhaltete die bereits bekannte Aktion-Reaktion-Theorie. Der zweite Teil

Zur Erinnerung: Der Satz von Bernoulli erklärt die Auftriebskraft von Flugzeugen sowie den Zusammenhang zwischen der Luftgeschwindigkeit und dem Luftdruck.

sorgte jedoch für Aufregung innerhalb der Schwimmgemeinde. Nicht nur, dass Counsilman behauptete, ein rudernder Unterwasserarmzug wäre notwendig, um immer wieder nach „ruhigem" Wasser zu suchen; diese Bewegung sollte sogar eine Antriebsenergie erzeugen, die womöglich größer war als die der Widerstandskraft nach Newton. Gleichzeitig erklärte er erstmalig in der Geschichte des Sports überhaupt der Schwimmwelt den Satz von Bernoulli und brachte diesen mit der Antriebskraft in Zusammenhang. Sein erster veröffentlichter Artikel zu diesem Thema erschien 1970 („The Application of Bernoulli´s Principle to Human Propulsion in Water").

Seine Theorie wurde in Schwimmerkreisen als der sogenannte *S-Zug* bekannt. So wie ein Boot mit Propellerantrieb schneller ist als ein Paddelboot, so schwimmt auch ein Schwimmer, der seine Arme wie einen Propeller (in einer S-Kurve) durch das Wasser führt, schneller als einer, der sie wie ein Paddel geradlinig nach hinten drückt.

Counsilmans Entdeckung brachte Bewegung in die Schwimmwissenschaft und veränderte den Schwimmsport enorm. Die frühe Widerstandstheorie war veraltet, und die Auftriebstheorie eroberte das Schwimmtraining der 1970er-Jahre. Fortan bauten Schwimmer kurze rudernde vertikale und Seitwärtsbewegungen in ihren nach hinten gerichteten Unterwasserarmzug ein.

Cecil Colwin und die Strudel-Theorie

Doc Counsilmans Erkenntnisse über die Auftriebskraft sorgten nicht nur für eine weltweite Technikumstellung unter Wasser; er war auch der Erste, der zeigte, welch entscheidende Rolle die Wissenschaft spielte, um Schwimmtechnik zu verstehen und zu lehren. Sein Buch *The Science of Swimming* (1968) sorgte für großes Interesse an der Strömungslehre und löste eine Welle neuer Forschungen aus, die bis heute anhält.

Auch Cecil Colwin, quasi Counsilmans Pendant der südlichen Hemisphäre, war inspiriert und tauchte in neue Untersuchungen ein. In den 1950er- und 60er-Jahren brachen seine Schwimmer in Südafrika Weltrekorde und gewannen olympische Medaillen. Wie auch Counsilman glaubte er, dass der Armzug von Schwimmern nicht einfach einer geraden Linie, sondern einem kurvenförmigen Weg folgen sollte. Er unterstützte auch die Theorie der Auftriebskraft, teilte jedoch einen Teil dieser Erklärung nicht: Während Flugzeuge und Propeller Auftriebskräfte in einem gleichmäßig strömenden Fluid erzeugen (ihre Tragflächen sind fest am Flugzeug montiert und die Propellerblätter in einem bestimmten Anstellwinkel fest verschweißt, sodass die Luft gleichmäßig vorbeiströmt), ändert sich die Bewegung der Hand und des Unterarms des Schwimmers ständig in einem ungleichmäßig strömenden Fluid. So kam Colwin zu der Auffassung, dass die Auftriebskräfte durch Schwimmer nicht in gleichem Maße wie durch fixierte Tragflächen oder Propeller von Flugzeugen erzeugt werden.

Colwins Neugierde, mehr über die Erzeugung von Auftriebskräften im Wasser zu erfahren, war der Auslöser für weitere Studien über die Nutzung der Flügel von Vögeln und Insekten sowie der Flossen von Säugetieren. Wie bereits Counsilman kam auch er zu der Erkenntnis, dass die Auftriebskraft den Vortrieb im Schwimmen bestimmt, verglich die Krafterzeugung jedoch eher mit dem natürlichen als dem technischen Fliegen.

Er erklärte, dass beim Schlagen der Flügel eines Vogels Druckunterschiede entstehen und so Luft um die Flügel zirkuliert. Dadurch entstehen Strudel – ein Strudel ist eine Flüssigkeitsmasse, die um eine Achse rotiert –, und genau diese, die Flüssigkeitsströmung überlagernden Verwirbelungen, erzeugen Auftriebs- und somit Antriebskräfte.

Laut Colwin erzeugen die seitlichen und diagonalen Bewegungen der Hand und des Unterarms des Schwimmers ebenfalls einen Druckunterschied. Ähnlich wie bei den Flügeln von Vögeln werden dadurch Verwirbelungen um Hand und Arm ausgelöst. Diese Zirkulation ruft *Strudel* hervor, die eine Auftriebskraft generieren und somit für den Vortrieb im Wasser sorgen.

Colwin lehrte seine Schwimmer „Gestalter der Strömung" zu werden. In jeder Phase, in der die Hand ihre Richtung ändert, wird der Strudel um sie herum abgestoßen, und beim Fassen angrenzenden Wassers entsteht ein neuer. Er warnte davor, die Strudel nicht zu schnell oder willkürlich abzustoßen, um die Energie nicht unnötig zu verschwenden.

Man kann die Strudel im Wasser erkennen, wenn bei hoher Geschwindigkeit im Wasser Luft in den Armzug gelangt. Anhand der Strudel, die ein Schwimmer erzeugt, erkannte Colwin, wie effizient die Unterwasserphase war. Ein vorzeitiges Abstoßen der Strudel war für ihn Zeichen dafür, dass die Hände beziehungsweise Handgelenke zu steif waren oder die Bewegungsrichtung zu schnell geändert wurde. Er wies außerdem darauf hin, dass Strudel ebenso während des Beinschlags um die Füße herum ausgelöst und am Ende des „Kicks" abgestoßen werden.

Somit stimmte Colwin mit Counsilman bezüglich des kurvenförmigen Armzugmusters überein, ermunterte Schwimmer jedoch, ihren Unterwasserarmzug nicht „mechanisch" auszuführen, sondern das Wasser zu fassen und es zu fühlen. Colwin pflegte häufig zu sagen: „Lass dich nicht von einem Propeller oder einer Tragfläche inspirieren, sondern nimm die Natur zum Vorbild und fühle die Strömung."

Ernie Maglischo und der Wasserwiderstand

Sowohl Cecil Colwin als auch Doc Counsilman behaupteten, dass der Vortrieb beim Schwimmen durch die Auftriebskraft bestimmt wird, wenn auch mit unterschiedlichen Theorien (Counsilman und der Satz von Bernoulli, Colwin und die Strudel-Theorie). Ernie Maglischo – Doktor der Leistungsphysiologie sowie renommierter Schwimmtrainer, dessen Collegemannschaften 13 NCAA-Titel gewannen – war ebenfalls der Überzeugung, dass die Auftriebskraft entscheidend für den Vortrieb im Wasser ist, zumindest zeitweise. Unterwasseraufnahmen von Eliteschwimmern zeigten, dass ihr Armzug hauptsächlich seitlich und senkrecht anstatt nach hinten gerichtet verläuft, was für die Ausnutzung der Auftriebskraft spricht. Maglischo veröffentlichte Bücher im Einklang mit Counsilmans Ansicht, die den Satz von Bernoulli und den genauen Anstellwinkel der Hand herausstreichen, um wie beim Propeller bei jedem Armzug maximale Auftriebskraft zu erzeugen.

Weitere Studien folgten in den 1990er-Jahre, wobei zwei Ergebnisse einen Schatten auf die Stichhaltigkeit des Bernoulli-Prinzips und der durch die Auftriebskraft bestimmten Antriebstheorie warfen. Zum einen kam heraus, dass der Satz von Bernoulli gar nicht auf den menschlichen Schwimmantrieb angewendet werden konnte, da das „Paddel" eines Schwimmers weder entsprechend geformt noch glatt genug ist (wie es Flügel oder Tragflächen sind), um an der Oberfläche eine Grenzschicht aufzuweisen. Eine Grenzschicht ist eine dünne fluiddynamische Schicht an der Körperoberfläche, um die das Fluid strömt und die Voraussetzung für den Satz von Bernoulli ist. Zum anderen belegten komplexere Studien (in Computersimulationen wurden Hand- und Gipsmodelle in verschiedenen Anstellwinkeln ausgewertet), dass die Widerstandskräfte und nicht die Auftriebskräfte die gesamte Unterwasserarmzugphase bestimmten.

Auch Maglischo fing noch einmal von vorn an, um seine Untersuchungen und Ergebnisse zu überarbeiten. Zunächst überprüfte er den S-Zug und fragte sich, ob er weiterhin notwendig war, wenn doch der Satz von Bernoulli die Auftriebskraft des Armzugs nicht weiter begründen konnte und tatsächlich der Wasserwiderstand für Vortrieb sorgte. Sollten Schwimmer sich vielleicht doch auf das geradlinige Hindurchziehen des Arms konzentrieren? Während seiner Untersuchungen des Zugmusters entdeckte Maglischo, wie auch zuvor Counsilman, dass Schwimmer die Vortriebskraft effektiver einsetzen können, wenn sie dem bewegten Wasser ausweichen und „ruhiges" Wasser suchen. Da ein kurvenförmiger Weg länger als ein geradliniger ist, stellte sich dieser wie bereits dargestellt als vorteilhafter heraus. Somit kann die Antriebskraft über eine längere Strecke und über einen längeren Zeitraum während jedes Armzugzyklus eingesetzt werden.

Als er feststellte, dass das kurvenförmige Zugmuster berechtigte Vorteile hatte, nahm Maglischo die neuen widerstandsdominanten Untersuchungsergebnisse unter die Lupe, um herauszufinden, welche Bedeutung sie für das Zugmuster haben. Wenn der Widerstand den Armzug bestimmte, was Maglischo mittlerweile aufgrund seiner Untersuchungen glaubte, mussten Schwimmer sich nicht mehr um den präzisen Anstellwinkel und die damit verbundene vergrößerte Auftriebskraft kümmern. Vielmehr sollten sie sich auf das nach hinten gerichtete Durchziehen konzentrieren und dabei Auftriebskraft und Neigung lediglich nutzen, um Hand und Unterarm entsprechend über angrenzende Wasserflächen auf den längeren Weg zu führen, wo die Widerstandskraft effektiver eingesetzt werden kann.

Obwohl mit dem Satz von Bernoulli nun nicht mehr der Schwimmantrieb erklärt werden konnte, machte Maglischo deutlich, dass dennoch eine Auftriebskraft während der Armzugphase unter Wasser existieren kann und auch existiert: Sie wird einfach durch den nötigen Druckunterschied ausgelöst, wenn die Handinnenfläche beziehungsweise Armunterseite auf das Wasser drückt und so einen größeren Druck als auf der Handrückenseite erzeugt.

In *Swimming Fastest* (2003) erklärt Maglischo, warum es so entscheidend ist, die Konzepte von Auftrieb und Wasserwiderstand sowie ihre Bedeutung zu verstehen:

> *Schwimmer bewegen sich mithilfe einer Kombination aus Auftriebs- und Widerstandskräften im Wasser vorwärts. Sie werden sich vielleicht fragen, warum es so wichtig ist zu wissen, welche der beiden einen stärkeren Einfluss hat: Weil sie folglich den Vortrieb überwiegend bestimmt. Ist die Auftriebskraft die Kraft mit größerem Einfluss, sollten sich Schwimmer mit langen rudernden, propellerartigen und minimal rückwärtsgewandten Zügen im Wasser fortbewegen. Ist jedoch, wie ich glaube, die Widerstandskraft größer, sollte man während der Antriebsphase des Armzugs im Wasser den vollen Einsatz in die rückwärtige Richtung legen. (Maglischo 2003, 22)*

Seine Untersuchungsergebnisse überzeugten Maglischo davon, dass sich Schwimmer auf die rückwärtsgewandte Dimension konzentrieren sollten. Er stellte aber ebenso klar, dass sie nicht zur Mechanik des gestreckten Arms der 1960er-Jahre zurückkehren sollten:

„Schwimmer führen den Arm nicht gestreckt durch das Wasser nach hinten. Vielmehr drücken sie es weg, während sie diagonal durch das Wasser ziehen“ (Maglischo 2003, 33).

Wie Maglischo in seinem Buch erklärt, ist die durch einen diagonalen Zug erzeugte Kraft geringfügig kleiner, als wenn Arm und Hand zu 100 Prozent nach hinten durchziehen und zu 100 Prozent das Wasser nach hinten drücken. Dieser Unterschied sei jedoch unwesentlich und werde durch den längeren Weg des Armzugs wieder kompensiert. Weiter betonte er, dass beim geradlinigen Hindurchziehen eine hohe Umschlagsgeschwindigkeit notwendig sei (um mit dem sich bewegenden Wasser mithalten zu können), die für den Schwimmer ineffizient ist.

Nach jahrzehntelangen Untersuchungen und einer Leidenschaft, das Herzstück des Vortriebs im Wasser zu erforschen, kam Maglischo zu dem Ergebnis, dass man das Wasser auf einem kurvenförmigen oder diagonalen Weg vorwiegend in eine nach hinten gerichtete Richtung drücken sollte.

Die vier in diesem Kapitel dargestellten Antriebstheorien waren zu unterschiedlichen Zeiten während der vergangenen Jahrzehnte maßgebend. Zwei davon – nämlich Cecil Colwins Strudel-Theorie und Ernie Maglischos Widerstands-Theorie – sind es auch heute noch. Während beide unterschiedlicher Meinung sind, was Auftrieb und Wasserwiderstand betrifft und was den Vortrieb mehr beeinflusst, sind sich beide einig darüber, dass der wichtigste Aspekt für Schwimmer darin besteht, sich das S-Zug-Muster klarzumachen und bewusst zu trainieren.

Das Zugmuster von Topschwimmern ist in den nachfolgenden Kapiteln auf zahlreichen Unterwasseraufnahmen zu erkennen. Ich hoffe sehr, dass die wissenschaftlichen Erkenntnisse Sie dazu inspirieren, sich im Schwimmtraining auf Ihre Hand- und Armposition, den richtigen Anstellwinkel sowie das Zugmuster zu konzentrieren, um die Gesetze des Wassers zu verstehen, denn Ihr Unterwasserarmzug hängt von ihnen ab.

2 ÜBER DAS AUSSEHEN UND DAS FÜHLEN VON AUFTRIEB UND WASSERWIDERSTAND

Um Ihnen ihre tatsächliche Präsenz im Wasser deutlich zu machen, wurden die Begriffe Auftrieb und Wasserwiderstand bereits im vorangehenden Kapitel erklärt. Es ist nicht übertrieben zu behaupten, dass das Leistungsschwimmen durch diese zwei Konzepte definiert wird und wir ohne sie nur im Wasser treiben würden. Doch zu wissen, dass es Auftrieb und Wasserwiderstand gibt, ist nur der Anfang. Jetzt kommt der Moment, in dem wir wissen wollen, wie sie aussehen und, mindestens ebenso wichtig, wie sie sich beim Schwimmen anfühlen.

Herauszufinden, wie diese Kräfte aussehen, erfordert eine genaue Betrachtung des Zugmusters und der Eigenschaften der Antriebskräfte – nämlich des Armzugs und des Beinschlags. Dieses Kapitel konzentriert sich auf den Armzug, da er der komplexeste Teil des Zugzyklus ist. Der Beinschlag, ebenfalls eine wichtige Vortriebsquelle, wird zusammen mit einem weiteren Hauptbestandteil, der Rumpfbewegung, im nachfolgenden Kapitel behandelt.

Zunächst werden wir den Armzug in den vier Lagen nebeneinander betrachten, bevor wir im weiteren Verlauf des Buches auf die einzelnen Lagen in jeweils einem Kapitel für sich eingehen werden. Beim Vergleich der vier Lagen werden die relevanten Vortriebseigenschaften deutlich. Während Schmetterling, Rücken, Brust und Kraul von oben betrachtet einzigartig sind, teilen alle vier Lagen unter Wasser dieselben Vortriebseigenschaften. Das müssen sie auch, schließlich werden alle von der Auftriebskraft und dem Wasserwiderstand gesteuert.

Zu wissen, wie sich beide Kräfte anfühlen, erfordert die Betrachtung eines etwas abstrakteren Konzepts, das Schwimmer als „Wassergefühl" bezeichnen. Das Konzept Wassergefühl ist so abstrakt, dass Schwimmtrainer es oftmals damit erklären, dass die besten Schwimmer „eins mit dem Wasser werden". Das gewisse Etwas, das diese Schwimmer zu ihrem Vorteil nutzen, macht dabei den Unterschied im Wasser aus. Ihre Züge wirken flüssig und leicht, wenn sie durchs Wasser ziehen. Am Ende dieses Kapitels werden wir dieses gewisse Etwas definieren. Es ist nicht abstrakt und auch nicht nur bloßes Talent. Man kann es lernen. Unsere Untersuchungen zur Strömungslehre und zur Zugmechanik zeigen, was Schwimmer für das gewisse Etwas in ihrem Schwimmzug benötigen.

DER ARMZUG

Einen mechanisch fehlerfreien Armzug zu entwickeln, erfordert mehr Konzentration als jeder andere Bestandteil des Zugzyklus. Der Armzug ist die einzige Phase, in der die Bewegung auf allen drei Ebenen koordiniert werden muss – seitlich, senkrecht und längs. In den anderen Teilen des Zugzyklus – dem Beinschlag und der Rumpfbewegung – arbeitet der Schwimmer nur auf zwei Ebenen. Damit soll nicht behauptet werden, dass die Ausführung auf zwei Ebenen einfach wäre; besonders wenn man bedenkt, dass die gesamte Bewegungsausführung während eines vollen Zugzyklus koordiniert werden muss. Dennoch stellt der Armzug besondere Ansprüche an den Schwimmer. *Anmerkung:* Der Brustbeinschlag ist dreidimensional und wird im Kapitel Brust ausführlich behandelt.

Der kurvenförmige Weg

Um den Armzug zu verstehen, müssen wir zunächst das Konzept, das wir in den Vortriebstheorien als *kurvenförmigen Weg* oder auch als *hauptsächlich rückwärts gerichtete Bewegung* beschrieben haben, betrachten. Auch wenn sich die Theorien darin unterscheiden, ob der Armzug von der Auftriebskraft oder dem Wasserwiderstand bestimmt wird, ist man sich seit den 1960er-Jahren einig, dass die Topschwimmer das Wasser nicht gerade nach hinten drücken, sondern einem kurvenförmigen Weg folgen. Die besten Schwimmer führen den Arm dabei über alle drei Ebenen.

Zusammenfassend können wir sagen, dass ein kurvenförmiger Weg aus zwei Gründen vorteilhaft ist:

- Er ermöglicht es Schwimmern von bewegtem Wasser in eine angrenzende Schicht

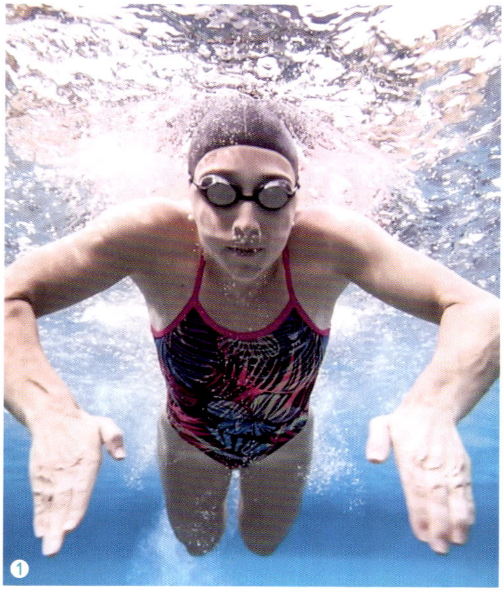
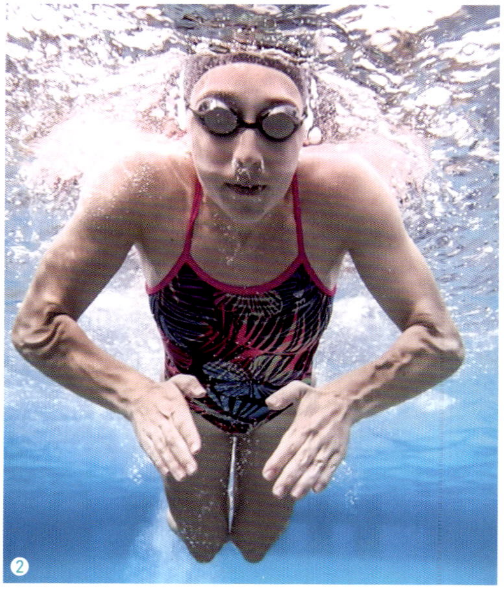

Abb. 2.1 Ariana Kukors dreht ihre Hände und Unterarme während der nach hinten gerichteten Bewegung des Armzugs beim Schmetterlingsschwimmen leicht nach innen. Achten Sie auf den Druck, der an ihren Unterarmen in der rechten Abbildung entsteht. Während sie auf Wasser auf der angrenzenden Ebene stößt und somit ihre Vorwärtsbewegung verlängert, verliert sie niemals die Verbindung zu den Auftriebs- und Widerstandskräften.

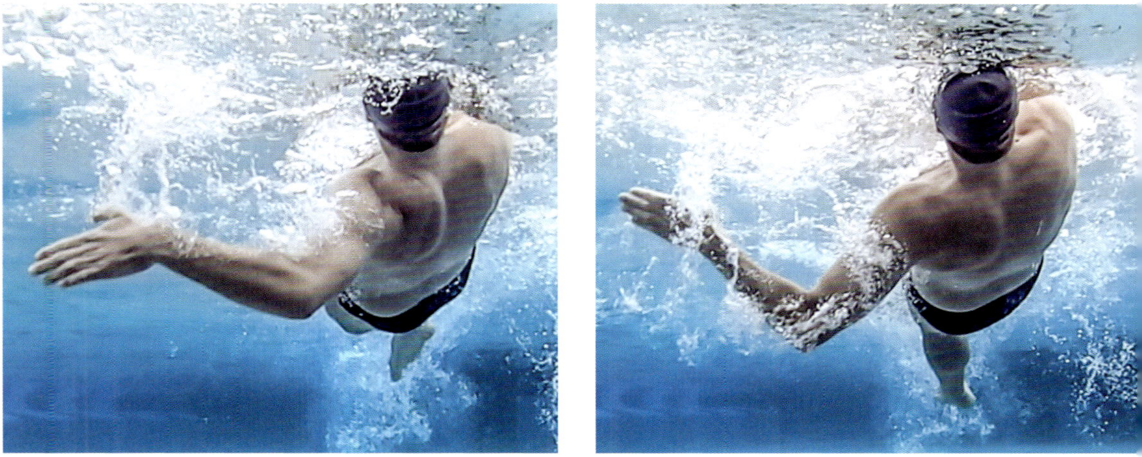

Abb. 2.2 Der Weltrekordhalter Aaron Peirsol dreht seine Hände und Unterarme während des Armzugs beim Rückenschwimmen leicht nach innen. Beachten Sie die nach hinten gerichtete Arm- und Handstellung in beiden Abbildungen. Hand und Unterarm von Topschwimmern sind während der gesamten Zugausführung hauptsächlich nach hinten gerichtet. Selbst wenn sie die Wasserebene wechseln, drücken sie das Wasser nach hinten.

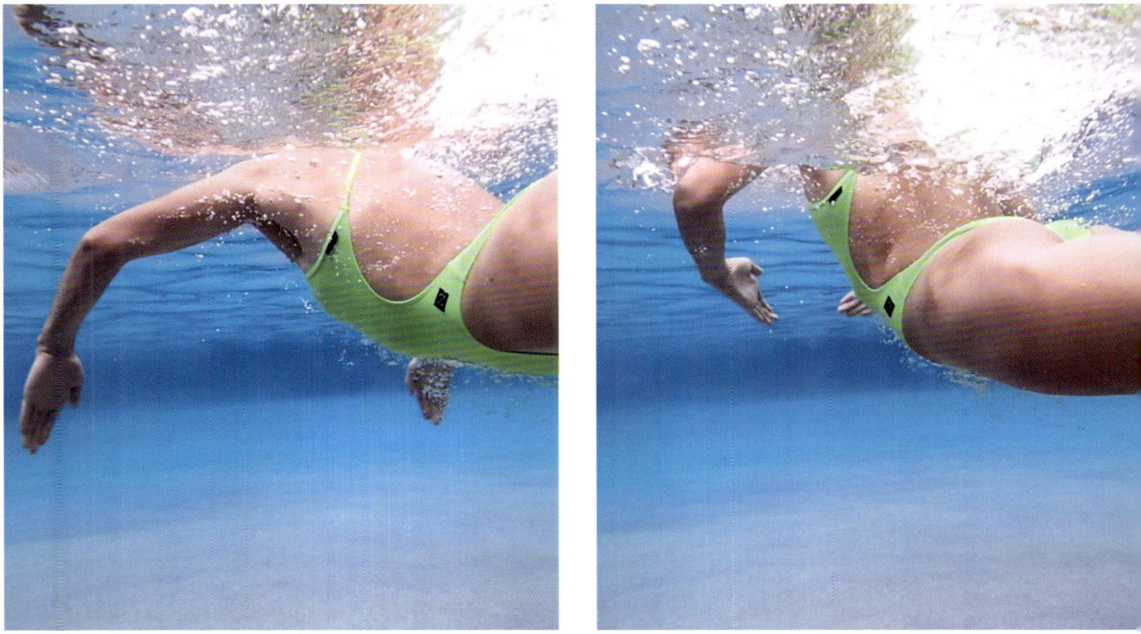

Abb. 2.3 Die Weltrekordhalterin Rebecca Soni dreht ihre Hände und Unterarme während der rückwärtsgewandten Bewegung des Brustarmzugs leicht nach oben und innen. Um eine Vorwärtsbewegung zu erreichen, nutzt sie alle drei Ebenen im Wasser.

„ruhigen“ Wassers auszuweichen und so die Kraft effektiver einzusetzen.

→ Die Vortriebskraft kann über eine längere Strecke und über einen längeren Zeitraum während jedes Armzugzyklus eingesetzt werden, da Hand und Arm einen längeren Weg ausführen als bei einem geradlinigen Weg.

Doch wie genau sieht die Bewegung aus, wenn Hand und Arm auf eine angrenzende Ebene „ruhigen“ Wassers ausweichen und dabei einen längeren Weg während der nach hinten gerichteten Bewegung ausführen? Die folgenden Abbildungen zeigen den kurvenförmigen Weg des Unterwasserarmzugs anhand der vier verschiedenen Lagen.

DIE DREI PHASEN DES ARMZUGS

Topschwimmer nutzen bei jedem Zug den dreidimensionalen Raum unter Wasser aus. Ihr Armzug folgt einer *kurvenförmigen Bewegung nach hinten*. Die wichtige Frage lautet: Wie viele Kurven oder Richtungsänderungen machen sie während eines kompletten Zugzyklus?

Topschwimmer machen während eines Unterwasserarmzugs zwei Richtungsänderungen. Zwei sind viele. Das Wasser setzt dem Schwimmer zunächst einen Widerstand entgegen, bevor es uns aus dem Weg geht und wir auf neuen Wasserwiderstand stoßen. Beachten Sie, dass es beim Brustschwimmen nur einen Vortrieb auslösenden Richtungswechsel gibt, denn Hände und Arme ziehen nicht bis zur Hüfte durch.

Diese Richtungswechsel erfolgen an konkreten Punkten während der Unterwasserphase eines Zugzyklus. Der erste Wechsel erfolgt im ersten Drittel des Zugs, der zweite im zweiten Drittel. Wenn wir wissen, an welcher Stelle die Richtungswechsel auftreten, können wir den Armzug in drei unterschiedliche Phasen einteilen und ihre Merkmale genauer untersuchen (wobei es beim Brustschwimmen nur die beiden ersten Phasen gibt). Auch wenn ich hier von *Phasen* spreche, stellen Sie sich den Armzug bitte nicht als in drei separate Abschnitte aufgeteilt vor. Der Bewegungsablauf eines komplet-

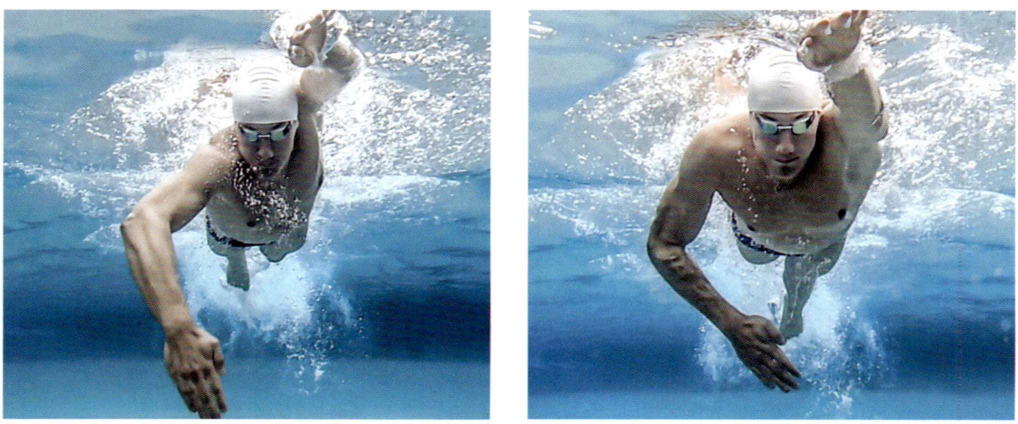

Abb. 2.4 Der Olympiasieger Peter Vanderkaay führt seine Hand beim Kraularmzug unterhalb seines Körpers über einen kurvenförmigen statt geradlinigen Weg nach hinten. Beachten Sie die nach hinten gerichtete Arm- und Handstellung in beiden Abbildungen.

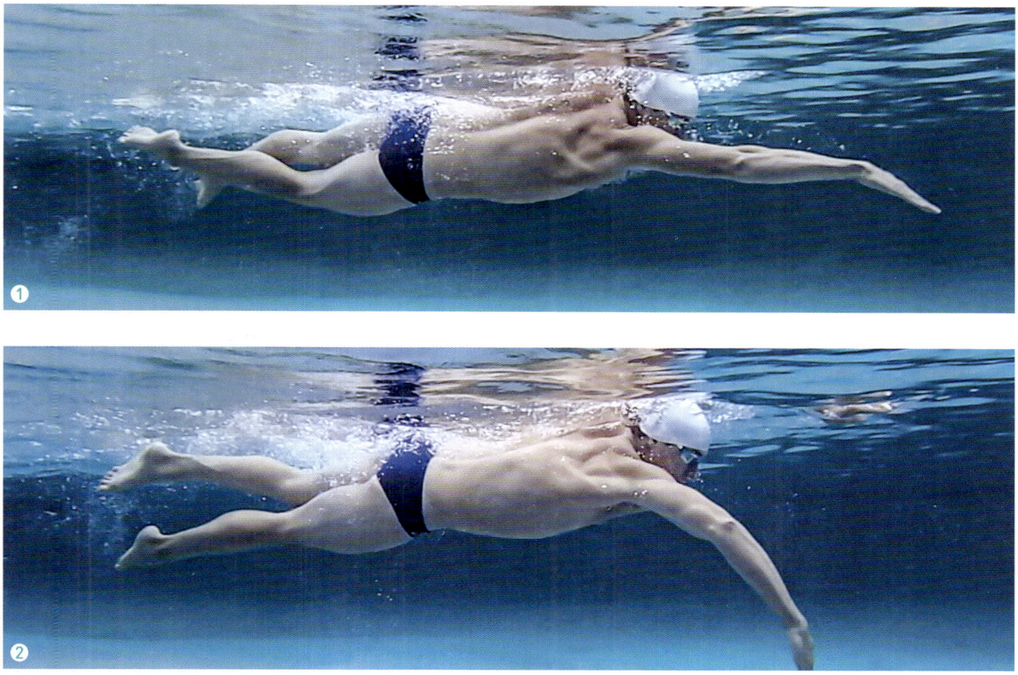

Abb. 2.5 Peter Vanderkaay schiebt sein Schulterblatt von der Streckung (1) bis zum Wasserfassen (2) nach vorn. Wie im unteren Bild zu sehen, verlängert er seinen Vortriebsweg, wenn er seine Hand gegen die Schwimmrichtung nach hinten anstellt, sie sich aber gleichzeitig noch vor seinem Kopf befindet.

ten Armzugs ist flüssig, die Richtungswechsel gehen nahtlos ineinander über.

Die drei Vortrieb bringenden Unterwasserphasen sind das Wasserfassen, die Diagonal- und die Abschlussphase.*

Das Wasserfassen

Mit dem Wasserfassen wird jeder neue Zugzyklus eingeleitet. Dabei taucht der Schwimmer seine Hand vor dem Kopf ein und verdrängt das Wasser, indem er die Auftriebskraft und den Wasserwiderstand für die Vorwärtsbewegung nutzt. Das Wasserfassen verdient eine besondere Aufmerksamkeit, da sich der Schwimmer in einer herausfordernden Position befindet. Denn nur in dieser Antriebsphase des Zugzyklus befindet sich die Hand vor dem Kopf.

Für das Wasserfassen sind gute Beweglichkeit und Kraft gefragt. Selbst Topschwimmer, die das Wasserfassen bereits in Perfektion beherrschen, absolvieren keine Trainingseinheit, ohne diese Armzugphase immer wieder zu üben und zu optimieren.

Das Wasserfassen wird eingeleitet, indem der Schwimmer seinen Arm nach der Rückholphase vor seinem Kopf ins Wasser eintaucht. Um möglichst weit vor dem Kopf einzutauchen, muss die obere Rückenmuskula-

*Die Streckung während eines Armzyklus – wenn Hand und Arm vor dem Kopf ins Wasser eintauchen, um einen neuen Zyklus einzuleiten – und die Rückholphase über Wasser nach Beendigung des Unterwasserarmzugs werden in den Kapiteln über die jeweiligen Lagen behandelt.

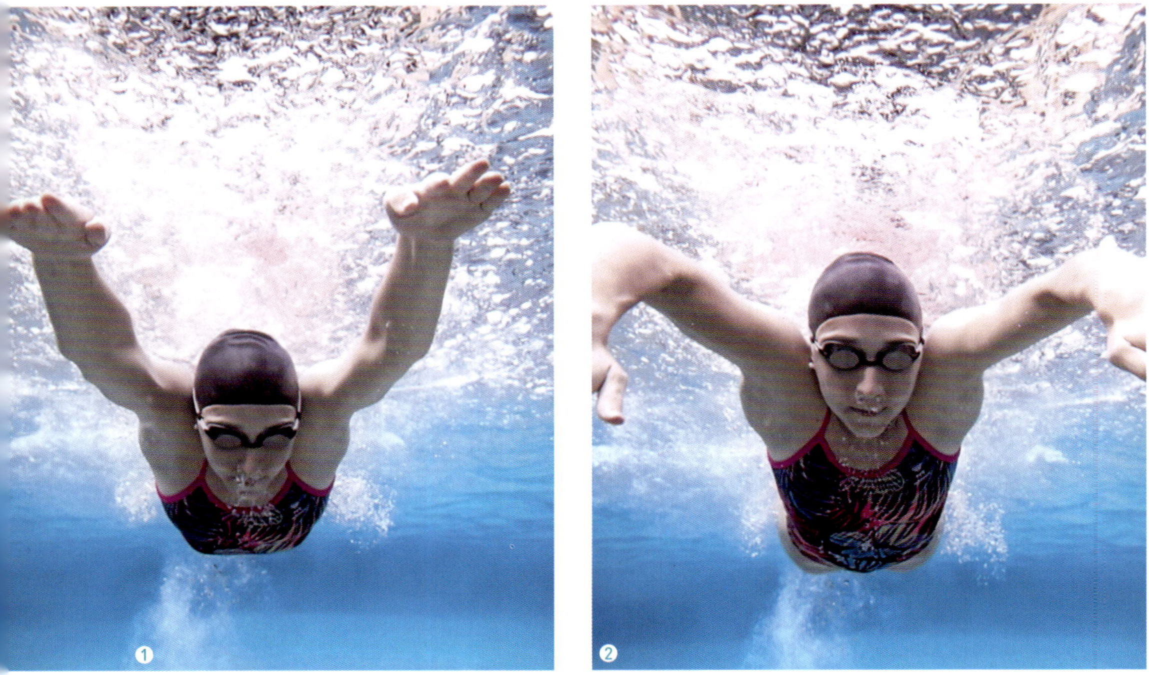

Abb. 2.6 Beim Schmetterlingsschwimmen schiebt Ariana Kukors ihre Schulterblätter in der Streckung (1) und beim Wasserfassen (2) nach vorn. Je weiter sie ihre Hände und Unterarme vor dem Kopf platzieren kann, desto länger ist auch der Zugweg in der Antriebsphase.

tur das Schulterblatt nach vorn schieben. In Abbildung 2.5 wird deutlich, wie das Schulterblatt von Peter Vanderkaay während der Streckung und des Wasserfassens arbeitet.

Um von der Streckung im oberen Bild in die nach hinten gerichtete Vortriebsphase (Wasserfassen mit gebeugtem Arm) im unteren Bild zu gelangen, müssen drei wesentliche Aspekte beachtet werden: Eine leichte Rotation des Oberarms, eine Seitwärtsbewegung des Oberarms auf Schulterbreite und eine sukzessive Beugung des Ellenbogens. Diese Aspekte wollen wir nun näher betrachten.

Während der Rotation dreht der Oberarm leicht nach außen, wobei der Ellenbogen nach *oben* zeigt (beim Rückenschwimmen zeigt der Ellenbogen nach vorn). Das hohe Anstellen des Ellenbogens ist der Schlüssel zum perfekten Wasserfassen. Es bezieht sich nicht so sehr auf die tatsächliche Höhe des Ellenbogens im Wasser, sondern auf die nach oben (nach vorn beim Rückenschwimmen) gerichtete Beugung des Ellenbogens. Im oberen Bild ist deutlich zu erkennen, wie das Ellenbogengelenk während der Streckung zur Seite zeigt, während es

Achten Sie beim Trainieren des Wasserfassens darauf, den Oberarm nur so weit nach außen zu führen, wie ihre Kraft es zulässt, ohne dabei die Schulter zu überlasten. Sie können sich zwar Topschwimmer zum Vorbild nehmen, doch passen Sie die Armführung beim Wasserfassen Ihrem individuellen Trainingszustand an.

im unteren Bild beim Wasserfassen nach oben gerichtet ist. Für die Aktivierung des kräftigen Latissimus im oberen Rücken ist die Rotationsbewegung ausschlaggebend.

Außerdem muss der Oberarm während des Übergangs von der Streckung in die Anstellphase weiter als schulterbreit nach außen geführt werden.

Ist der Oberarm weit von der Schulter entfernt, hat man ausreichend Kraft, um den Auftriebs- und Widerstandskräften zu begegnen. Wie groß diese Entfernung ist, variiert je nach Schwimmlage und individueller Vorliebe. Das Ziel sollte sein, genau die Entfernung zwischen Schulter und Oberarm zu finden, bei der die Kraft im Arm und im oberen Rücken am größten ist und gleichzeitig koordiniert werden kann, ohne dass das Schultergelenk überlastet wird.

Die angestellte Armposition ist das auffälligste Merkmal beim Wasserfassen. Im Verlauf der Seitwärtsbewegung auf Schulterbreite und der Rotationsbewegung wird der Ellenbogen *sukzessive* (nicht abrupt) gebeugt, wobei Hand und Unterarm nach hinten gegen die Schwimmrichtung angestellt werden, um Wasser fassen zu können.

Diese Phase erfordert höchste Konzentration und Beweglichkeit sowie spezifische Kraft in Schulterblatt und Oberarm zur Ausführung einer nicht alltäglichen Bewegung. Bei regelmäßigem und bewusstem Training ist sie dennoch umsetzbar. Nachfolgend eine kurze Zusammenfassung der vier Bestandteile für das richtige Wasserfassen in allen vier Lagen:

- Das Schulterblatt sorgt für eine aktive Streckung des Arms vor dem Kopf.
- Durch die Rotation im Oberarm wird der Ellenbogen leicht nach oben gedreht (beim Rückenschwimmen nach vorn).
- Der Oberarm wird auf Schulterbreite nach außen geführt.
- Der Arm wird dabei sukzessive im Ellenbogen gebeugt.

Die nachfolgenden Fotos zeigen Olympiaschwimmer in der Streckung und beim Wasserfassen in den verschiedenen Lagen. Die Ähn-

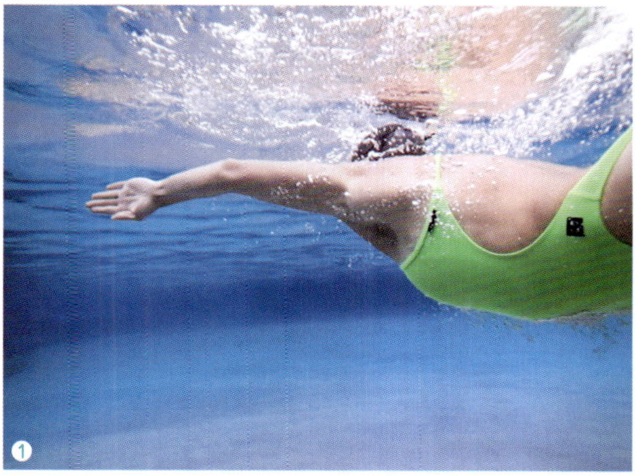

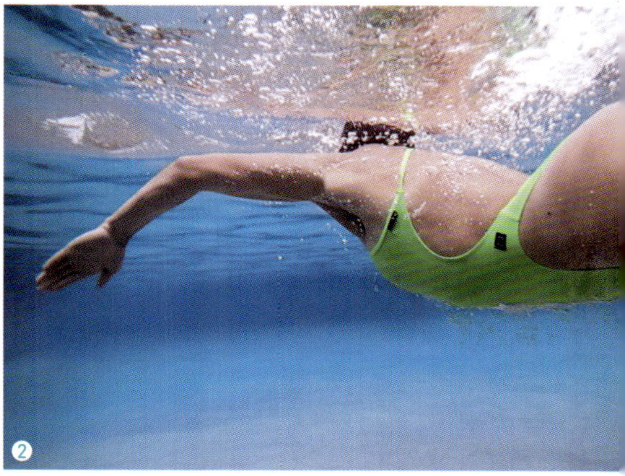

Abb. 2.7 Beim Brustschwimmen führt Rebecca Soni ihre Oberarme leicht nach außen, wobei die Ellenbogen nach oben zeigen und sie die Arme auf Schulterbreite nach außen führt (1). Beim Wasserfassen vor ihrem Kopf beugt sie die Ellenbogen (2).

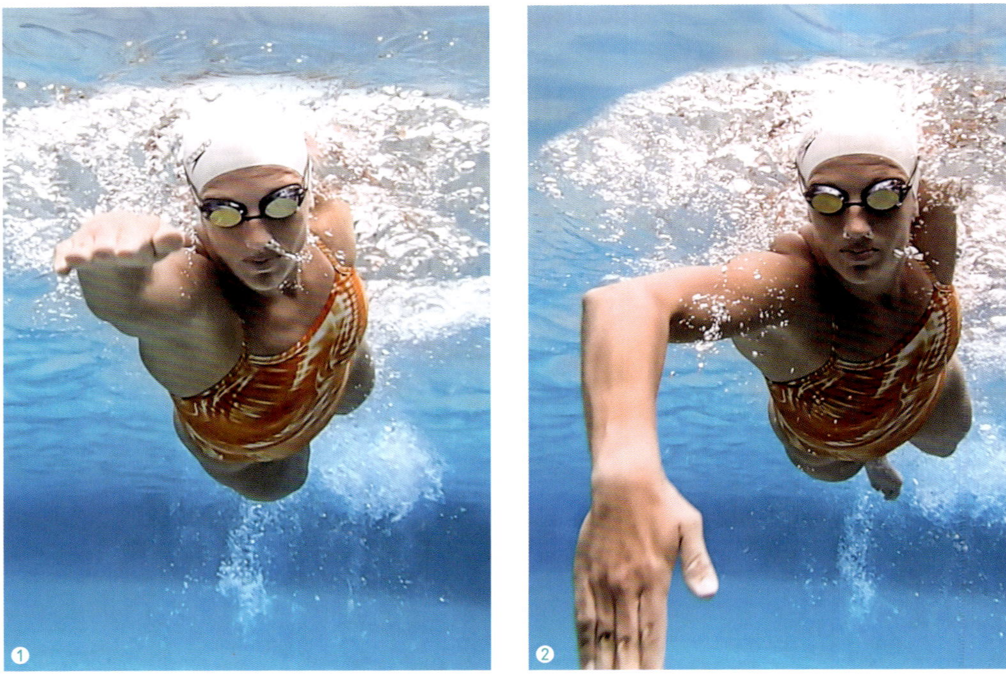

Abb. 2.8 Goldmedaillengewinnerin Ashley Whitney streckt beim Kraulschwimmen ihren Ellenbogen zunächst (1) und beugt ihn dann beim Wasserfassen (2). Durch die nach hinten gerichtete Position ihrer Hand und des Unterarms bereits vor ihrem Kopf kann sie ihren Zugweg in der Antriebsphase verlängern.

lichkeiten zwischen den einzelnen Lagen sind wirklich bemerkenswert.

Aufgrund der Rückenlage unterscheidet sich das Wasserfassen beim Rückenschwimmen von den anderen Lagen. Der Arm befindet sich in horizontaler Position, bevor der Ellenbogen mittig eher nach vorn als in Richtung Wasseroberfläche gebeugt wird. Auch wenn das Wasserfassen beim Rückenschwimmen anders aussieht, sind die notwendigen Bestandteile für die richtige Ausführung des Wasserfassens vor dem Kopf dieselben. Abbildung 2.9 zeigt Aaron Peirsol in der Streckung (Foto 1) sowie beim Wasserfassen (Foto 2). Auf den Fotos sieht man ihn bei seinem ersten Zug nach der Tauchphase. Dieser sogenannte „Breakout-Zug" sollte besonders gut beherrscht werden, da er alle weiteren Züge auf der zu schwimmenden Bahn bestimmt.

Kraft, Beweglichkeit und Geduld sind für eine gute Ausführung des Wasserfassens erforderlich. Natürlich kann diese Phase nicht in nur einer Trainingseinheit perfektioniert werden, sie ist jedoch ein Baustein, den jeder Schwimmer durch sorgfältige und entsprechende Übung mit der Zeit verbessern kann. Wenn Sie sich jeweils nur auf eines der vier Details konzentrieren, werden Sie schnell Fortschritte machen. Beginnen Sie mit lockeren Zügen, bevor Sie langsam und gemächlich in das Wasserfassen übergehen. Topschwimmer bauen diese Übung sehr häufig in ihr Training ein. Wer schnell schwimmen will, muss natürlich viel aggressiver und schneller Druck auf-

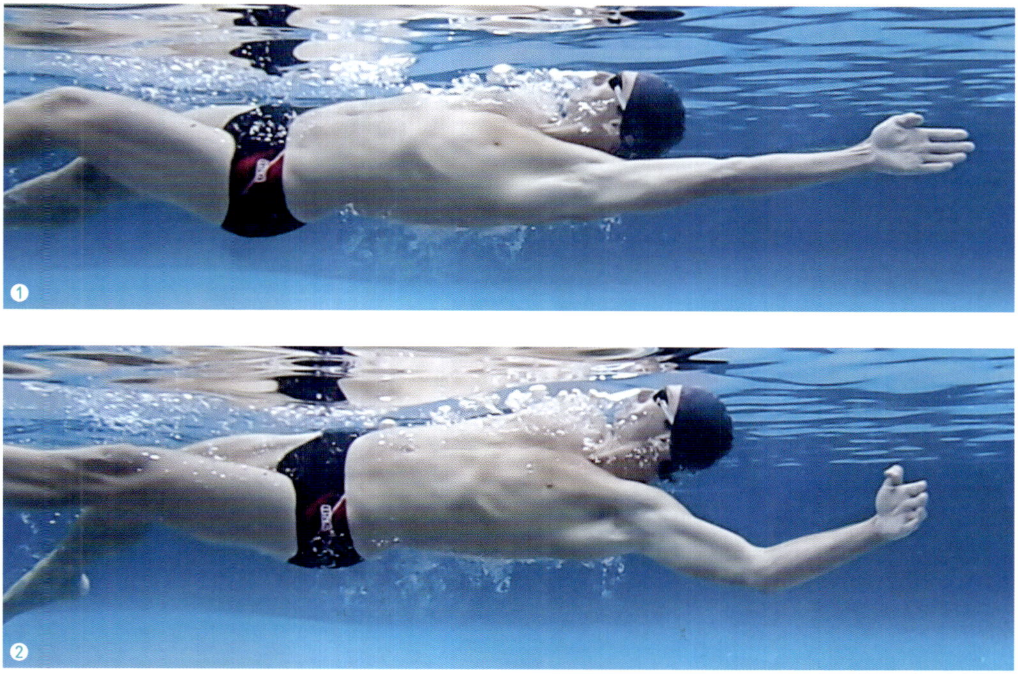

Abb. 2.9 Aaron streckt zunächst (1) und dreht dann seinen Unterarm und stellt so seinen Ellenbogen nach vorn (in die Richtung, in die er schwimmt) für das Wasserfassen (2). Während er sein Schulterblatt nach vorn drückt und dabei den Ellenbogen beugt, fasst er das Wasser mit dem Arm vor seinem Kopf.

bauen und Wasser fassen. Doch für eine perfekte Ausführung bedarf es zunächst Geduld bei der Übung der einzelnen Details.

Vergessen Sie auch nicht, das Wasserfassen in allen vier Lagen zu trainieren. Selbst wenn Sie sich auf eine Lage spezialisiert haben, hilft es Ihnen aufgrund der Gemeinsamkeiten im Vortrieb.

Die Diagonalphase

Nach dem Wasserfassen wird das Wasser nach hinten gedrückt, und der erste Richtungswechsel in die sogenannte Diagonalphase wird eingeleitet. Der Richtungswechsel beginnt, wenn sich Hand und Unterarm noch vor dem Kopf befinden oder bereits am beziehungsweise unter dem Kopf vorbeiziehen.

Diese Phase bezeichne ich als „diagonal", weil sich bei einer korrekten Ausführung des Richtungswechsels Unter- und Oberarm im 45-Grad-Winkel zur Wasseroberfläche befinden. Diese Besonderheit ist in Abbildung 2.10 in den vier Lagen verdeutlicht. Achten Sie ebenfalls auf den um 90 Grad gebeugten Ellenbogen auf allen Fotos.

Um in diese kraftvolle Diagonalphase in Abbildung 2.10 zu gelangen, sind zwei Dinge besonders wichtig, während man das Wasser nach hinten drückt: Der Oberarm muss aus der Rotationsbewegung gelöst werden, wobei Hand und Unterarm leicht nach oben und innen auf eine angrenzende Wasserebene geführt werden. Diese Phase des Armzugs erfordert eine koordinierte und *gleich große* Bewegungsausführung von Oberarm sowie Hand und Unterarm. Einige Schwimmer machen den Fehler, einen deutlich höheren Druck mit der Hand auszuüben und so den Ellenbogen hinterher zu ziehen, während bei anderen der Ellenbogen auf die Längsseite absinkt und Hand sowie Unterarm hinterher gezogen werden.

Neben der korrekten Ausführung der Diagonalphase können Sie die 45-Grad-Stellung auch erreichen, indem Sie darauf achten, dass der Ellenbogen jetzt eher nach außen als nach oben (beim Rückenschwimmen nach unten) zeigt und mit der Hand sowie dem Unterarm eine Verlängerung ähnlich eines riesigen Paddels bildet.

Schauen wir doch einmal, wie Topschwimmer den Übergang vom Wasserfassen in die Diagonalphase meistern. Ähnlich wie schon beim Wasserfassen sind auch hier die Gemeinsamkeiten bemerkenswert.

Die diagonale Zugphase ist in ihrer technischen Ausführung nicht so schwierig und anspruchsvoll wie das Wasserfassen, muss je-

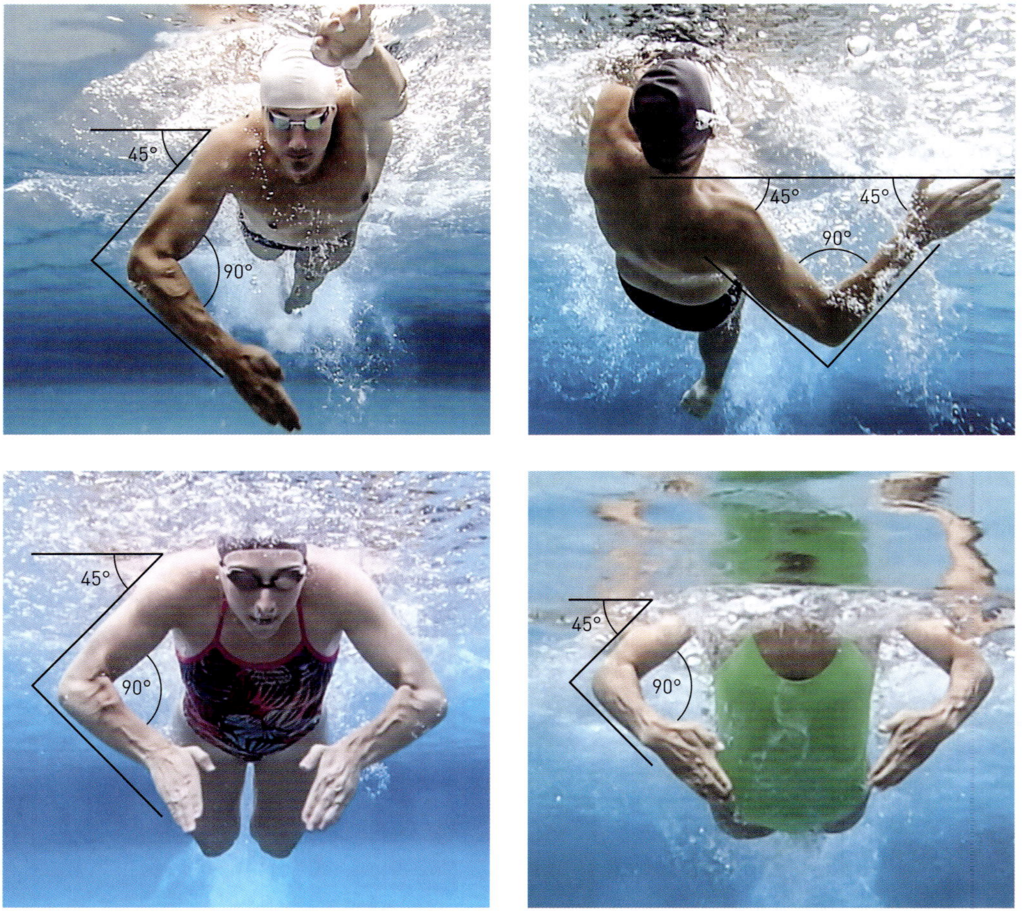

Abb. 2.10 In der Diagonalphase des Armzugs befinden sich Unter- und Oberarm im 45-Grad-Winkel zur Wasseroberfläche. Außerdem ist der Ellenbogen um 90 Grad gebeugt.

doch korrekt ausgeführt werden, um höchste Vortriebsleistung zu erzielen. Um die Diagonalphase in der Hauptlage zu verbessern, ist es aufgrund der Gemeinsamkeiten in der Antriebsphase wie schon beim Wasserfassen sinnvoll, sie in allen vier Lagen zu trainieren.

Die Abschlussphase

Sobald Hand und Unterarm den Brustkorb passieren, wird der zweite und letzte Richtungswechsel eingeleitet und der Armzug unter Wasser beendet (dies gilt für alle Lagen außer dem Brustschwimmen, da man hier bereits nach der Diagonalphase in die Rückholphase übergeht). Wie in den nachfolgenden Abbildungen dargestellt, wechselt die Hand in den drei Lagen, die eine Abschlussphase haben (Schmetterling, Rücken und Kraul) die Richtung, um den Zugweg zu verlängern und auf eine angrenzende Wasserebene zu gelangen.

In der Abschlussphase gibt es Feinheiten, die in jeder Lage unterschiedlich sind und in den jeweiligen Kapiteln erläutert werden. Die genannte Gemeinsamkeit der drei Lagen ist der überaus wichtige Richtungswechsel. Durch die veränderte Position der Handfläche führt der Arm auf die angrenzende Wasserebene und verlängert den Zugweg in der Antriebsphase.

DAS GEWISSE ETWAS BEIM SCHWIMMEN: DAS WASSERGEFÜHL

Unsere Beobachtungen zum kurvenförmigen Unterwasserarmzug haben ergeben, dass Topschwimmer scharfsinnige Techniker sind. Dieselben Zugmuster finden sich wieder und wieder bei Olympiagoldgewinnern wie auch Weltrekordhaltern – unabhängig davon, welche Schwimmer oder welche Lage wir untersucht haben. Doch ist tatsächlich die akkurate Technik die abschließende Antwort oder steckt mehr hinter ihrem Erfolg? Warum gleiten Topschwimmer so leicht und nahezu mühelos durch das Wasser? Was ist dieses gewisse Etwas ihrer Zugtechnik?

Das gewisse Etwas beinhaltet das, was man in Schwimmerkreisen *Wassergefühl* nennt. Mit

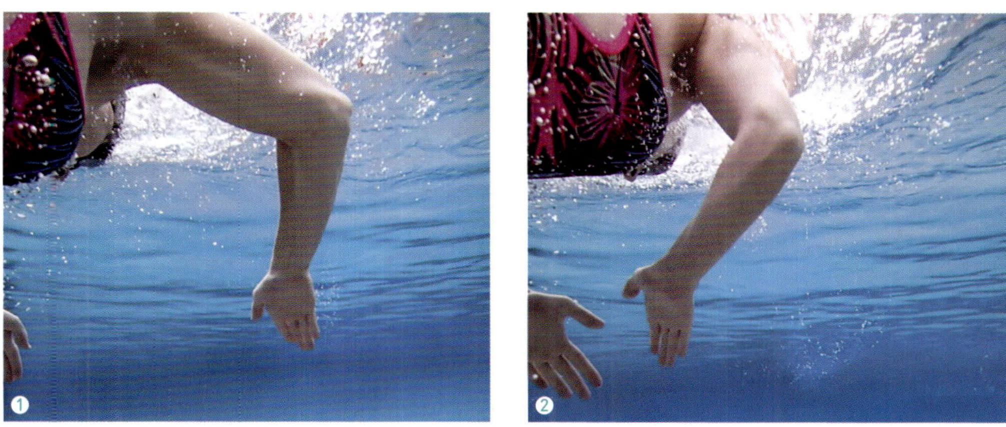

Abb. 2.11 Ariana Kukors beim Übergang vom Wasserfassen (1) in die Diagonalphase (2) des Armzugs beim Schmetterlingsschwimmen. Während sie nach hinten auf das Wasser drückt, bilden Hand und Unterarm eine Verlängerung ähnlich einem riesigen Paddel.

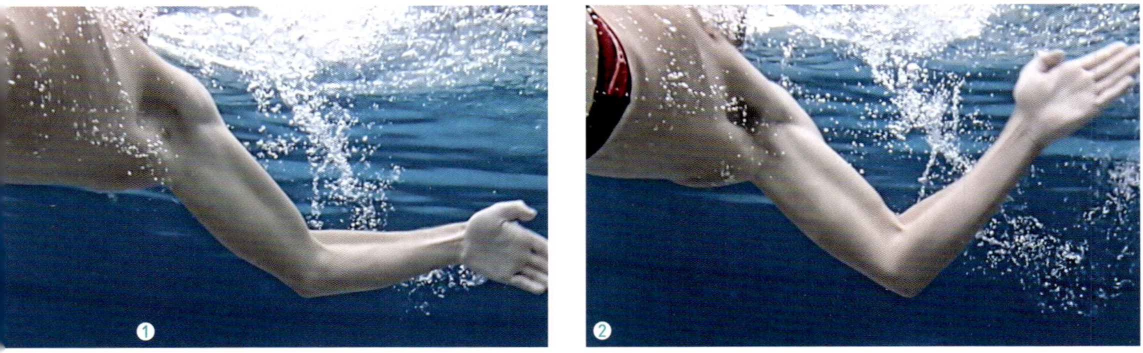

Abb. 2.12 Aaron Peirsol drückt das Wasser während des Übergangs vom Wasserfassen (1) in die Diagonalphase (2) nach hinten und führt Hand und Unterarm dabei nach oben und innen.

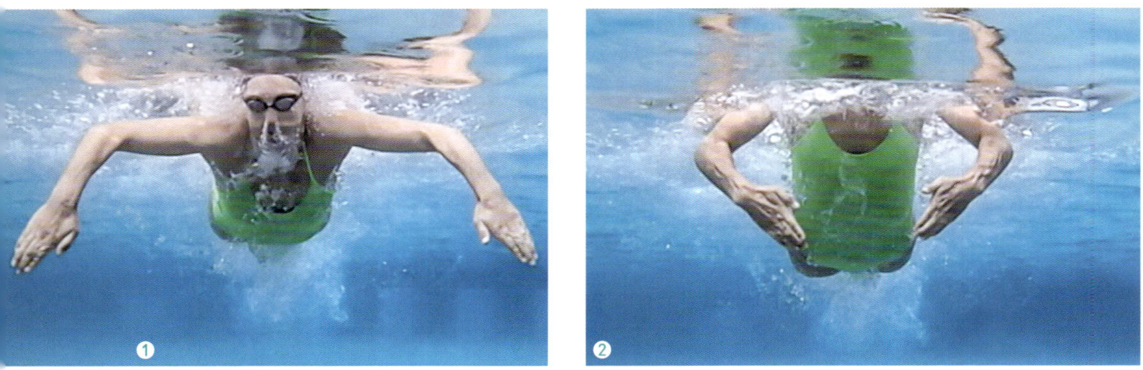

Abb. 2.13 Beim Brustschwimmen zeigen Rebecca Sonis Ellenbogen beim Wasserfassen nach oben (1) und in der Diagonalphase (2) nach außen. Sie führt ihre Hände und Unterarme nach oben und innen und gleichzeitig nach hinten.

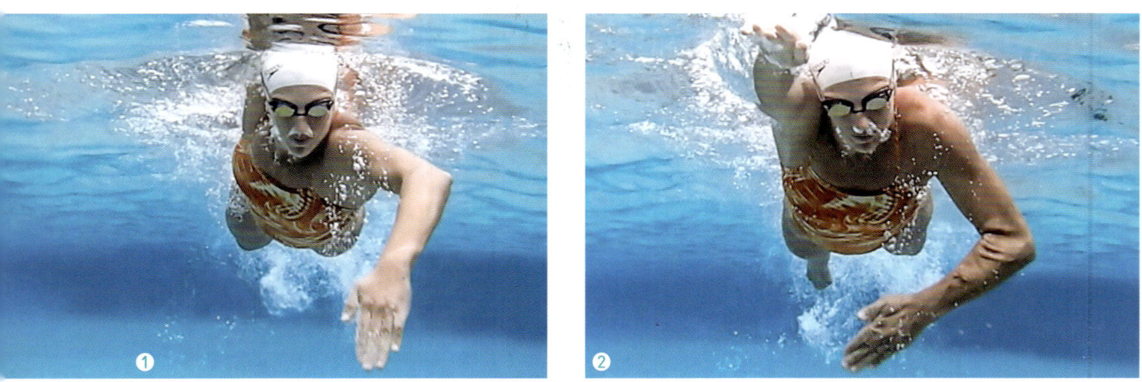

Abb. 2.14 Ashley Whitney dreht ihren Oberarm beim Wasserfassen zur Mitte ein (1) und löst diese Rotationsbewegung wieder für die Diagonalphase des Armzugs (2).

Wassergefühl meinen Schwimmer auch das Wasser zu „halten" – die Fähigkeit, eine Zugkraft auf eine Flüssigkeit auszuüben und diese in eine Vorwärtsbewegung umzuwandeln. Im Wasser unterliegen wir alle der Auftriebskraft und dem Wasserwiderstand. Doch was fühlen Topschwimmer, wenn sie mit diesen Kräften interagieren? Fühlen sie dasselbe wie jeder andere auch oder haben sie eine andere, begnadete Sinnesfunktion?

Topschwimmer fühlen die Auftriebskraft oder den Wasserwiderstand *nicht* anders. Sowohl die Auftriebskraft als auch der Wasserwiderstand fühlen sich einfach wie ein Widerstand oder Druck auf den Extremitäten an. Egal in welche Richtung man durch das Wasser zieht, der Widerstand ist stets zu spüren. Daraus kann man kein Geheimnis machen. Allerdings verfügen Topschwimmer über ausgeprägte kinästhetische und propriozeptive Fähigkeiten, die es ihnen ermöglichen zu fühlen, wie die Kraft, die sie im Wasser gegen den Widerstand ausüben, in Geschwindigkeit umgewandelt wird, und wann sie den Widerstand zur Fortbewegung einsetzen können.

Kinästhesie bezeichnet die Fähigkeit, Bewegungen der Gliedmaßen und des Körpers unbewusst zu fühlen, und *Propriozeption* bezeichnet die Wahrnehmung der Lage und der Position des Körpers im Raum sowie der einzelnen Körperteile zueinander. Diese beiden sensorischen Fähigkeiten erklären, wie Topschwimmer nahezu mühelos durch das Wasser gleiten. Kinästhetische und propriozeptive Fähigkeiten zu haben, mag ein Talent sein, das manche Schwimmer besitzen, doch durch

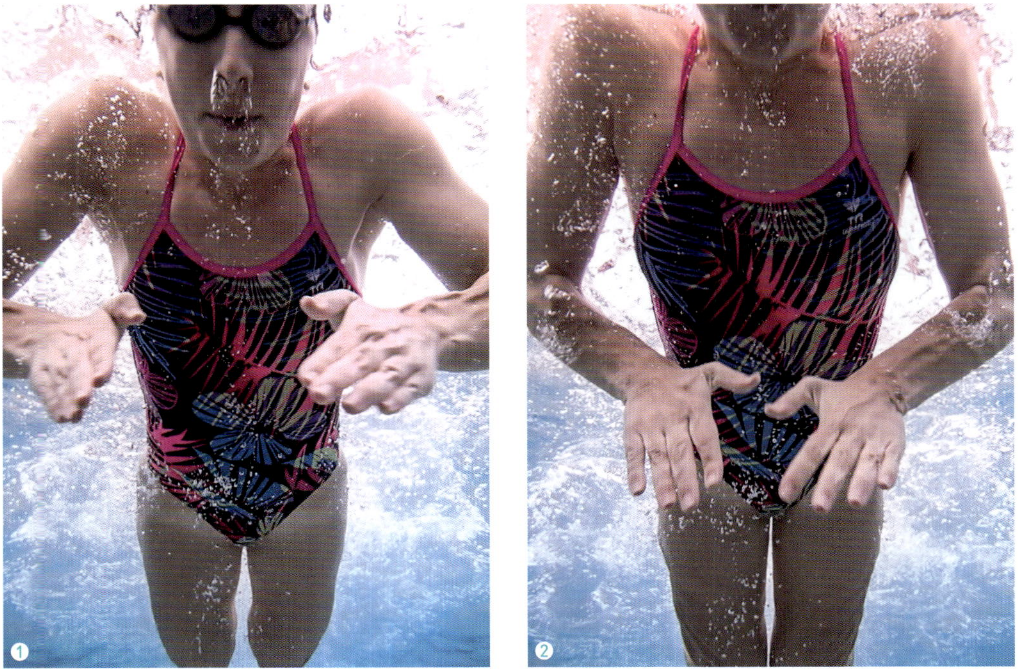

Abb. 2.15 Ariana Kukors wechselt beim Schmetterlingsschwimmen von der Diagonal- (1) in die Abschlussphase (2), indem sie ihre Handflächen geschickt positioniert. Während des Richtungswechsels drückt sie das Wasser weiterhin nach hinten.

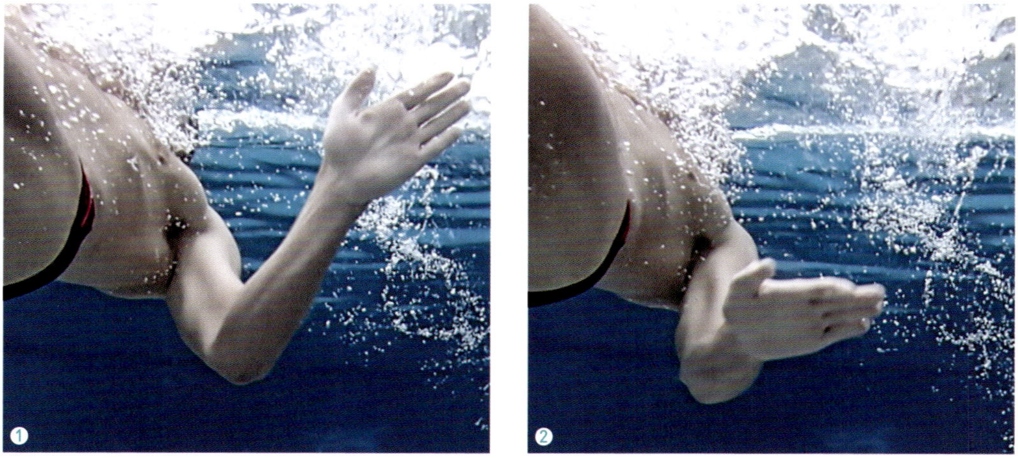

Abb. 2.16 Beim Rückenschwimmen führt Aaron Peirsol seine Hand leicht nach unten und außen, während er nach hinten drückt und von der Diagonal- (1) in die Abschlussphase (2) übergeht.

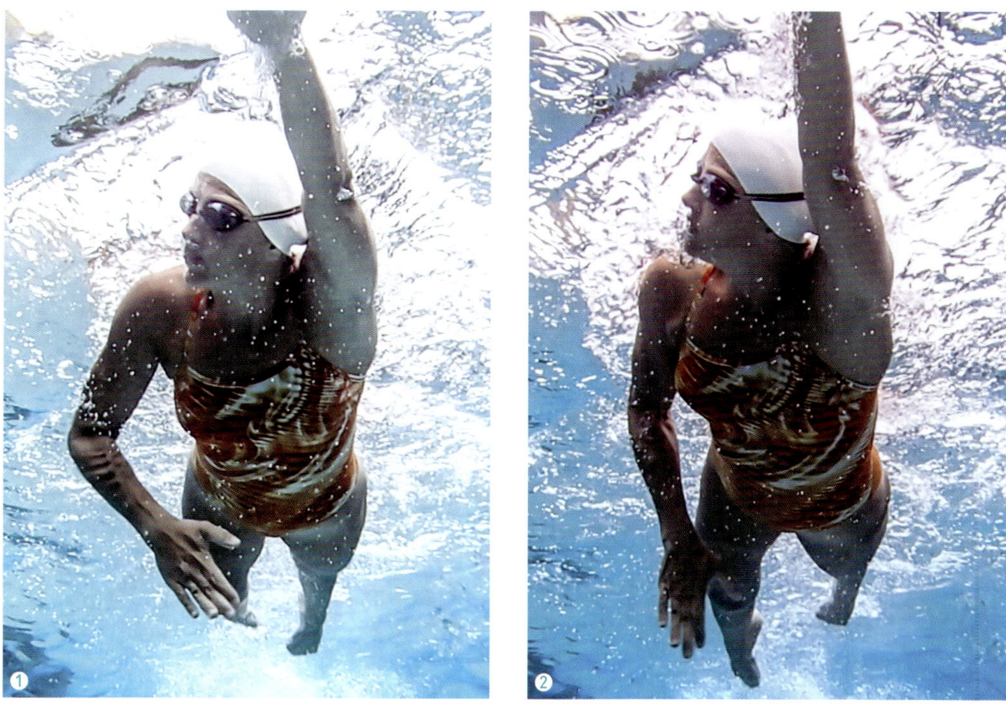

Abb. 2.17 Ashley Whitney verändert die Position ihrer Handfläche im Übergang von der Diagonal- (1) in die Abschlussphase (2) beim Kraulschwimmen.

bewusstes Training kann sie jeder Schwimmer erlangen. Betrachten wir einmal, was wir tun können, um diese gesteigerten Fähigkeiten zu entwickeln und das gewisse Etwas in unsere Armzugtechnik zu bringen.

Die kinästhetischen Fähigkeiten

Um die kinästhetischen Fähigkeiten zu entwickeln, müssen Schwimmer während der Ausführung des kurvenförmigen Armzugs auf zwei Dinge achten. Zum einen sollte die Oberfläche der Extremitäten, die mit dem Wasser in Berührung kommen, maximiert werden, zum anderen sollte auf eine ausreichende Muskelspannung in den Extremitäten geachtet werden (nicht zu steif, nicht zu locker).

Je mehr Oberfläche Sie dem entgegenströmenden Wasser bieten können, desto besser werden Sie Druck auf das Wasser bringen, es fühlen und „halten" können. Falls Sie schon einmal das Faust-Schwimmen (eine technische Übung, bei der man die Hand zu einer Faust ballt, anstatt sie geöffnet zu halten) ausprobiert haben, wissen Sie, dass man bei geöffneter Hand das Wasser weitaus besser fühlen oder „halten" kann als bei geschlossener Hand. Auf jeder Abbildung in diesem Buch können Sie sehen, dass Topschwimmer ihre Hände flach halten, um die Oberfläche möglichst groß zu gestalten. Auch ist ihr Handgelenk gestreckt und bildet mit Unterarm und Hand eine Linie, die zusammen ein großes Paddel darstellt. In Abbildung 2.18 führt Peter Vanderkaay den Armzug mit flacher Hand und gestrecktem Handgelenk aus. Beide bilden zusammen mit dem Unterarm ein großes Paddel.

Achten Sie zudem auf den Muskeltonus während der Zugphase in seinem rechten Arm unter Wasser. Er hält kraftvoll gegen den Wasserwiderstand, ohne dabei steif zu sein. Ein steifer Muskel kann den Wasserdruck nicht fühlen, ein entspannter Muskel kann den Widerstandskräften nicht standhalten. Versuchen Sie beim Schwimmen die richtige Muskelspannung zu finden und arbeiten Sie an Ihrer Kraftausdauer, um sie bei jedem Zug aufrechterhalten zu können. Bedenken Sie, dass die meisten Topschwimmer das Wasser mit geschlossenen – aber nicht mit zusammengepressten – Fingern nach hinten drücken. Auf einigen Abbildungen können Sie sehr kleine Zwischenräume zwischen den Fingern erkennen. Betrachten Sie den spezifischen Muskeltonus von Hand und Arm sowie den Abstand zwischen den Fingern auf den Abbildungen im Verlauf des Buches genau, denn sie sind die wesentlichen Bestandteile, die das Wassergefühl ausmachen.

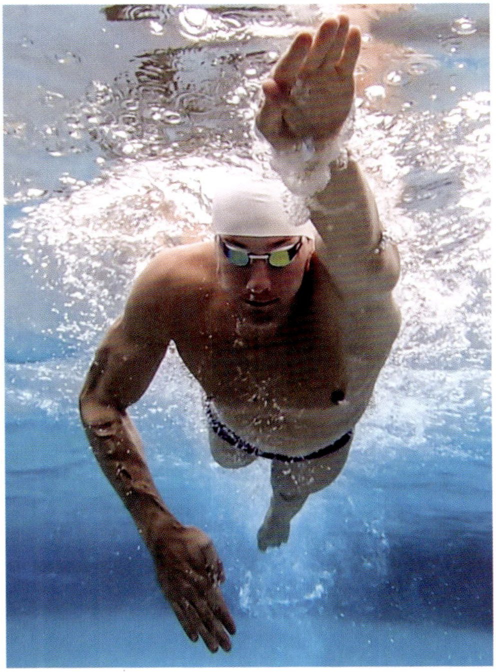

Abb. 2.18 Peter Vanderkaay fühlt den Druck, der auf seine Hand und seinen Unterarm wirkt und nutzt diesen, um sich im Wasser vorwärts zu bewegen.

Die propriozeptiven Fähigkeiten

Es hat keinen Sinn, kinästhetische Fähigkeiten zu entwickeln, um das Wasser dann in die falsche Richtung wegzudrücken. Hand und Arm müssen entlang des gesamten kurvenförmigen Armzugs nach hinten auf das Wasser gerichtet sein, sodass die resultierenden Kräfte der Auftriebs- und Widerstandskraft Vortrieb erzeugen. Die propriozeptive Wahrnehmung ermöglicht es uns zu erkennen, ob sich unsere Extremitäten in der richtigen Position befinden.

In Abbildung 2.19 sieht man, dass Vladimir Morozov die Ausrichtung seines Hand-Unterarm-Paddels am Ende des Unterwasserarmzugs genau kennt. Er kann seine Hand zwar nicht sehen, da sie nach hinten auf das Wasser zeigt, fühlt jedoch einen deutlichen Wasserwiderstand, den er für die Fortbewegung nutzt.

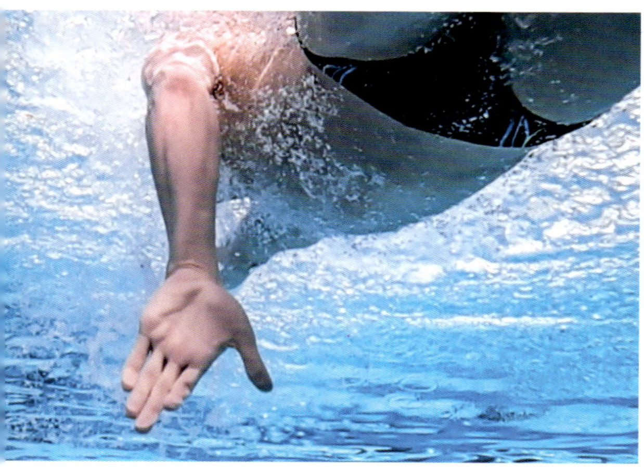

Abb. 2.19 Vladimir Morozov fühlt, dass seine Hand und sein Unterarm nach hinten auf das Wasser zeigen, obwohl er sie am Ende der Unterwasserphase nicht sehen kann.

Nehmen Sie sich im Training hin und wieder Zeit, während des Unterwasserzugs kurz in einer Position zu verharren, um die Ausrichtung ihres Hand-Unterarm-Paddels zu kontrollieren. Falls Hand und Unterarm nicht nach hinten auf das Wasser zeigen sollten, korrigieren Sie ihre Ausrichtung und achten Sie bewusst darauf, wie sich die korrekte Position anfühlt und speichern Sie diese ab.

Ein weiteres Merkmal für das Wassergefühl – die Beschleunigung der Hand

Was das meisterliche Wasserhalten angeht, gibt es ein weiteres wichtiges Merkmal, das alle Topschwimmer teilen: Die Beschleunigung der Hand. Die Geschwindigkeit ihrer Hand ist beim Wasserfassen am geringsten und erhöht sich im Verlauf des Unterwasserarmzugs, während weniger effiziente Schwimmer ihre Hand bei konstanter Geschwindigkeit durch das Wasser ziehen. Die Geschwindigkeit der Hand steht in unmittelbarem Bezug zur Kraft der Hand, sodass die Beschleunigung der Hand zu einem Kraftanstieg führt. Dementsprechend erhöht sich bei Topschwimmern die Kraft der Hand im Verlauf des Unterwasserarmzugs.

Fangen Sie jetzt nicht an, sich durch das Wasser zu wühlen und beim Wasserfassen das Wasser nach hinten zu schaufeln. Positionieren Sie ihre Hand gezielt so, dass sie nach hinten auf das Wasser zeigt, und setzen Sie die Kraft bewusst ein, um die Auftriebs- und Widerstandskräfte für den Vortrieb zu nutzen. Sobald die Hand jetzt ihre Richtung wechselt (was früh genug eintritt), sollten Geschwindigkeit und infolgedessen die Kraft der Hand sukzessive bis zum Abschluss der Armzugphase zunehmen. Beachten Sie, dass die Geschwindigkeit zwischen dem Richtungswechsel und der Abschlussphase leicht sinkt, sie jedoch im Verlauf des Unterwasserarmzugs insgesamt zunimmt. Topschwimmer beschleunigen die Wassermasse zum Ende der Unterwasserphase, bevor sie das Wasser dann wieder loslassen, sobald sie

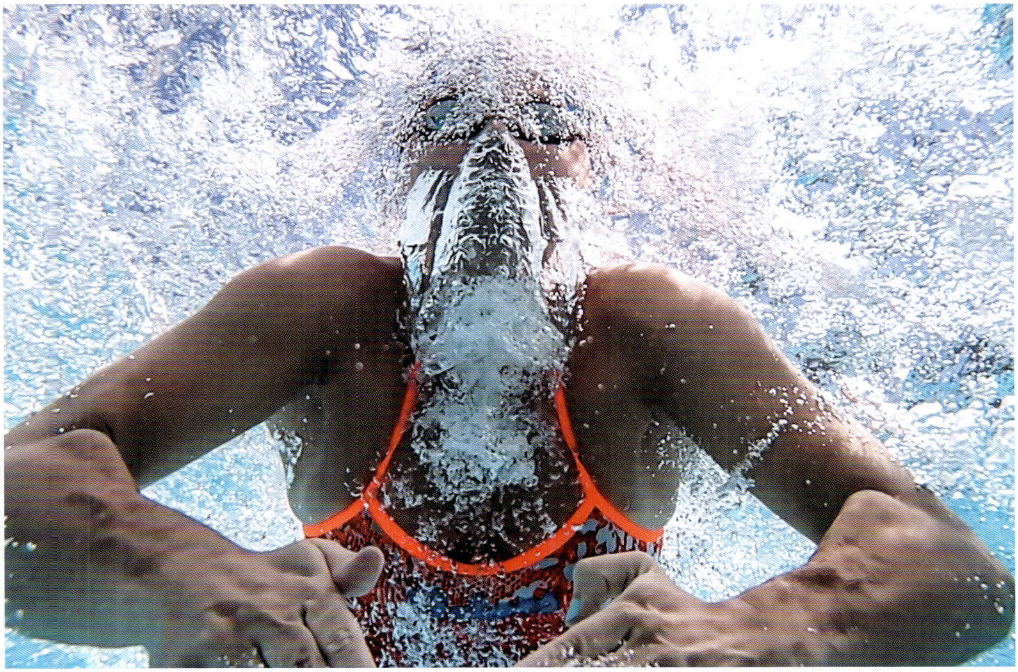

Abb. 2.20 Olympiamedaillengewinnerin Elizabeth Beisel fühlt die Auftriebs- und Widerstandskräfte an ihren Händen und Unterarmen und weiß genau, wie sie diese nutzen muss, um sich kraftvoll im Wasser vorwärts zu bewegen.

den Arm für die Rückholphase über Wasser nach vorn bringen.

Erfahrene Trainer nennen diese Armzugbewegungen auch *Impulse*. Ein Impuls ist das Produkt aus Masse und Geschwindigkeit eines Körpers. Beobachten Sie einmal, wie die Widerstandskraft, die auf Ihre Arme wirkt, und die Geschwindigkeit Ihrer Hand in Impulse umgewandelt werden.

Eine weitere Definition für *Impuls* ist ein „starker innerer Antrieb oder Anstoß zu agieren." Wenn Sie den Widerstand auf Ihren Körper spüren, sollten Sie den Wunsch haben, sich vorwärts zu bewegen und zugleich fühlen, wie dies effektiv geschieht. Betrachten wir zum Ende dieses Kapitels Abbildung 2.20, in der man Elizabeth Beisels Drang, gegen den Widerstand an ihren Händen und Unterarmen zu agieren, förmlich sehen kann. Ihr Blick ist vorwärts gerichtet, ihre Gedanken sind *vorwärts* gerichtet. Und sie weiß ganz genau, wie sie die Auftriebs- und Widerstandskräfte nutzen muss, um sich vorwärts zu bewegen.

Ich hoffe, ich konnte Ihnen ein paar Impulse geben, ins Wasser zu gehen und an Ihrem Unterwasserarmzug zu arbeiten!

3 BEINSCHLAG, RUMPFBEWEGUNG UND KOORDINATION

3

Wie wir im vorangegangenen Kapitel erfahren haben, hat ein sauber ausgeführter Unterwasserarmzug viele Facetten. Er vereint Athletik auf Olympianiveau und Propriozeption im dreidimensionalen Raum. Dennoch kann er in seine Einzelteile aufgebrochen und mit gezieltem Training von jedem erlernt werden. Es ist wichtig, sich die Zeit zu nehmen, ihn zu üben, nicht nur, um einen kraftvollen, effektiven Unterwasserarmzug zu haben, sondern auch, weil er einen ausschlaggebenden Faktor für die Gesamtfunktion eines Zugzyklus darstellt. Wollen Sie ihr volles Potential ausschöpfen, müssen Sie den Armzug mit den beiden anderen Hauptkomponenten eines Zugzyklus, dem Beinschlag und der Rumpfbewegung, koordinieren. Kommen Sie beim Unterwasserarmzug vom Weg ab, stimmt der Rest des Zugzyklus auch nicht mehr.

In diesem Kapitel lernen wir, wie wir die drei Hauptkomponenten miteinander koordinieren. Ein Schwimmer schwimmt am schnellsten, wenn alle Komponenten wie Zahnräder in einem Zahnradgetriebe arbeiten und sich alles zur richtigen Zeit bewegt und verbindet.

Bevor wir uns mit der Koordination der Komponenten beschäftigen, betrachten wir zunächst den Beinschlag und die Rumpfbewegung separat. Der Beinschlag – wie auch der Armzug – ist eine Vortriebsquelle im Wasser. Auftriebs- und Widerstandskräfte werden genutzt, um eine Vorwärtsbewegung zu erzeugen. Anders als Arme und Beine, kann der Rumpf nicht nach hinten auf das Wasser gerichtet werden und den Auftriebs- und Widerstandskräften entgegenwirken, dementsprechend kann der Rumpf auch keinen Vortrieb erzeugen. Was die Beziehung zur Flüssigkeitsströmung betrifft, erfährt der Rumpf wie in Kapitel 1 beschrieben ausschließlich „schlechten Widerstand". Dies bedeutet nicht, dass der Rumpf lediglich mitgeschleppt wird. Vielmehr spielt der Rumpf eine wichtige Rolle, und tatsächlich betonen viele Topschwimmer sogar, dass die Beherrschung der Rumpfbewegung den Unterschied zum Feld ausmacht.

DER BEINSCHLAG

Mit der richtigen Technik ist der Beinschlag eine sehr kraftvolle Vortriebsquelle. Es gibt Schwimmer, die allein mit dem Unterwasserbeinschlag schneller sind als mit der ganzen

Lage. Der Grund dafür liegt einerseits darin, dass die Turbulenzen über Wasser größer sind als unter Wasser, und andererseits darin, dass diese Schwimmer die Auftriebs- und Widerstandskräfte mithilfe ihrer kraftvollen Beinarbeit effektiver nutzen.

In den 1980er-Jahren erkannten Schwimmer und Trainer das Vortrieb bringende Potenzial der Beine, sodass die Zuschauer bei einem Schwimmwettkampf während einer kurzen Ära der Schwimmgeschichte von 1988 bis 1998 nie genau wussten, ob sie einen Wettkampf über oder unter Wasser zu sehen bekämen. Schwimmer, die den Beinschlag unter Wasser beherrschten, tauchten nach dem Start ab und kamen erst 25 bis 35 Meter später wieder an die Wasseroberfläche. Es war spannend, seltsamerweise zuschauerfreundlich und –unfreundlich zugleich und unbestreitbar gefährlich. Das Luftanhalten während der Startphase und an den Wenden verlangte den Schwimmern alles ab. 1988 wurde das Regelwerk für das Rückenschwimmen umgehend dahingehend geändert, dass der Schwimmer nach Start und Wende spätestens an der 15-Meter-Marke die Wasseroberfläche durchbrechen muss; 1998 erfolgte diese Änderung dann auch für das Schmetterlings- und Kraulschwimmen (für das Brustschwimmen gilt diese Regel nicht, da unter Wasser nur ein Armzug und ein Beinschlag erlaubt sind).

Zweifelsohne ist der Beinschlag eine kraftvolle Waffe, wenn man sein Potenzial auf unkonventionelle Weise ausschöpft (weitere Erklärungen in den nachfolgenden Kapiteln). Doch was passiert, wenn man ihn mit dem

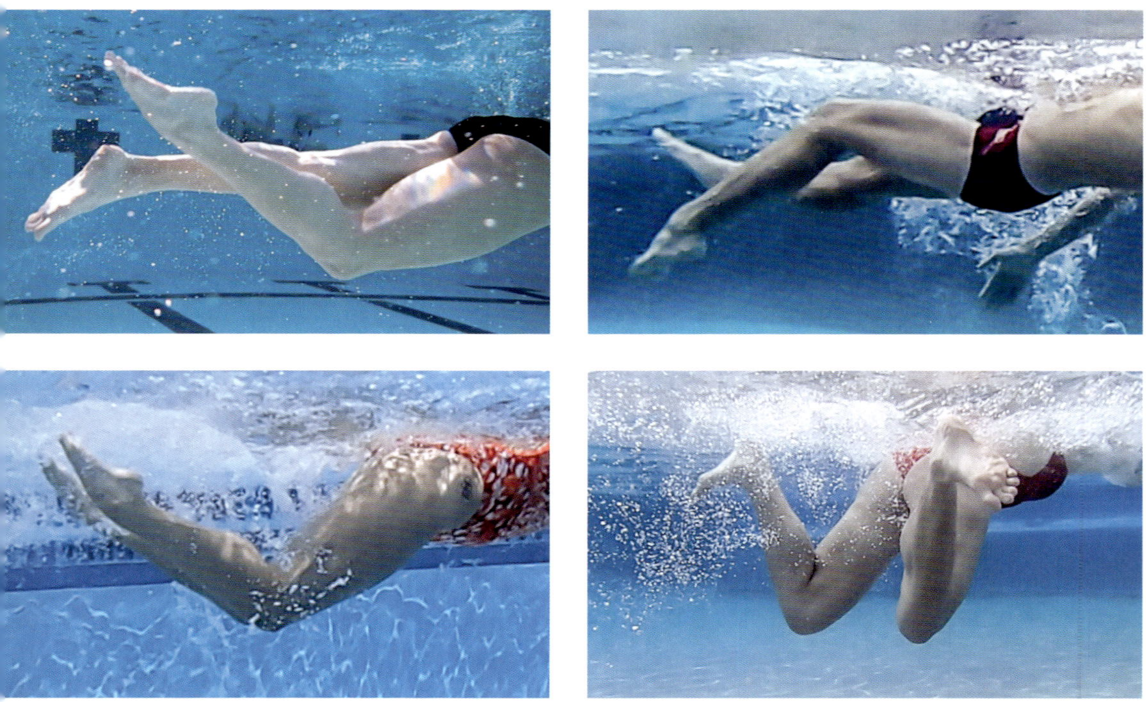

Abb. 3.1 In allen Lagen müssen Schwimmer ihre Beine im Knie beugen, um vor der Vortriebsphase des Beinschlags eine kraftvolle, nach hinten gerichtete Fußstellung zu erreichen.

Armzug und der Rumpfbewegung zu einem ganzen Zugzyklus kombiniert? Welchen Anteil trägt er an der Gesamtgeschwindigkeit? In diesem Abschnitt werden wir zunächst die richtige Beinschlagtechnik behandeln und in einem späteren Abschnitt das richtige Timing des Beinschlags im Verlauf des Zugzyklus und seine Bedeutung für die Gesamtgeschwindigkeit untersuchen.

DIE BEINSCHLAGTECHNIK

Bei allen vier Lagen hat der Beinschlag das gleiche Ziel wie der Armzug: Die Extremitäten sind nach hinten auf das Wasser gerichtet, damit die Vortrieb bringenden Kräfte so eingesetzt werden können, dass sich der Schwimmer vorwärts bewegt. Während das gesamte Bein in die Schlagbewegung involviert ist, bilden die Füße die Verbindung zu den Auftriebs- und Widerstandskräften. Beim Schmetterlings-, Rücken- und Kraulschwimmen entsteht diese Verbindung an der *Oberseite* der Füße. Beim Brustschwimmen heißt es im Regelwerk: „Beim Beinschlag müssen die Füße bei der Rückwärtsbewegung auswärts gedreht sein.“ Anders gesagt, in der Vortriebsphase muss die Bewegung der Beine in der gleichen waagerechten Ebene ausgeführt werden, sodass die Verbindung zu den Auftriebs- und Widerstandskräften nur über die *Unterseite* der Füße erfolgen kann.

Um eine kraftvolle, nach hinten gerichtete Fußstellung zu erreichen, müssen die Beine in allen Lagen vor der Vortriebsphase des Beinschlags im Knie gebeugt werden. Abbildung 3.1 verdeutlicht die Beugung im Knie in den vier Lagen. Vladimir Morozov beugt sein rechtes Bein beim Kraulschwimmen, Aaron Peirsol sein linkes Bein beim Rückenschwimmen, Elizabeth Beisel beide Beine beim Schmetterlingsschwimmen und Laura Sogar beide Beine beim Brustschwimmen.

Beim Schmetterlings-, Rücken- und Kraulschwimmen drehen Schwimmer ihre Füße zusätzlich nach innen (ähnlich einem Sichelfuß), um im Sprunggelenk beweglicher zu sein. Die nach hinten gerichtete Fußstellung wird so optimiert und gleichzeitig die Oberfläche des

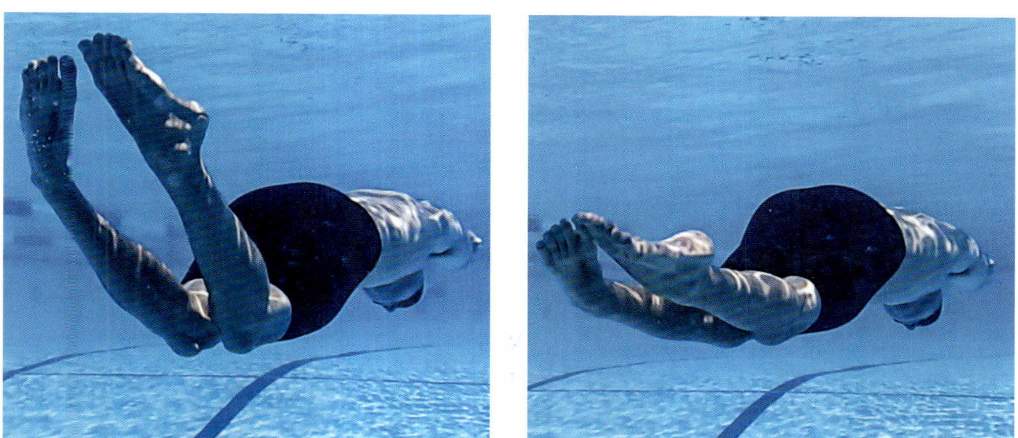

Abb. 3.2 Schmetterlingsspezialist Doug Reynolds dreht seine Zehen nach innen, um im Sprunggelenk beweglicher zu sein und seine nach hinten gerichtete Fußstellung zu verbessern.

Fußes erhöht, um den Wasserwiderstand mit den Füßen fühlen zu können. In Abbildung 3.2 wird die Sichelfußstellung (die großen Zehen sind nach innen gedreht und zeigen zueinander) bei Doug Reynolds deutlich, der hier den Delfinkick während der Tauchphase demonstriert.

Der Beinschlag ist mit Ausnahme des Brustbeinschlags eine zweidimensionale Bewegung. Um Vortrieb zu erzeugen, bewegen Kraul- und Schmetterlingsschwimmer ihre gestreckten Beine aus der gebeugten Knieposition *nach hinten* und *abwärts*. In der Rückenlage erfolgt der Beinschlag *nach hinten* und *aufwärts*.

Der Beinschlag erfolgt aus der Hüfte und wird über das gesamte Bein bis zu den Füßen übertragen. Der Oberschenkel schlägt leicht nach unten (beim Rückenschwimmen nach oben), wodurch die Hüfte gebeugt wird. Die Hüftbeugung ist auf allen Fotos in Abbildung 3.1 zu erkennen. Wird der Beinschlag auf diese Art und Weise eingeleitet, wird Kraft erzeugt, die bei der Bewegung *nach hinten* und *abwärts* (*nach hinten* und *aufwärts* beim Rückenschwimmen) über das gesamte Bein bis zum Fuß übertragen wird. Die Ausführung der Bewegung erfolgt wellenartig. Am Ende des Beinschlags ist das Bein komplett gestreckt und *verharrt in der gestreckten Position* während der *aufwärts* weisenden Erholungsphase (*abwärts* beim Rückenschwimmen) bis zum nächsten Vortrieb bringenden Beinschlag. Während der gestreckten Erholungsphase befindet sich die Hüfte in einer neutralen Position.

Abbildung 3.3 zeigt Vladimir Morozov beim Kraulbeinschlag unter Wasser. Beachten Sie

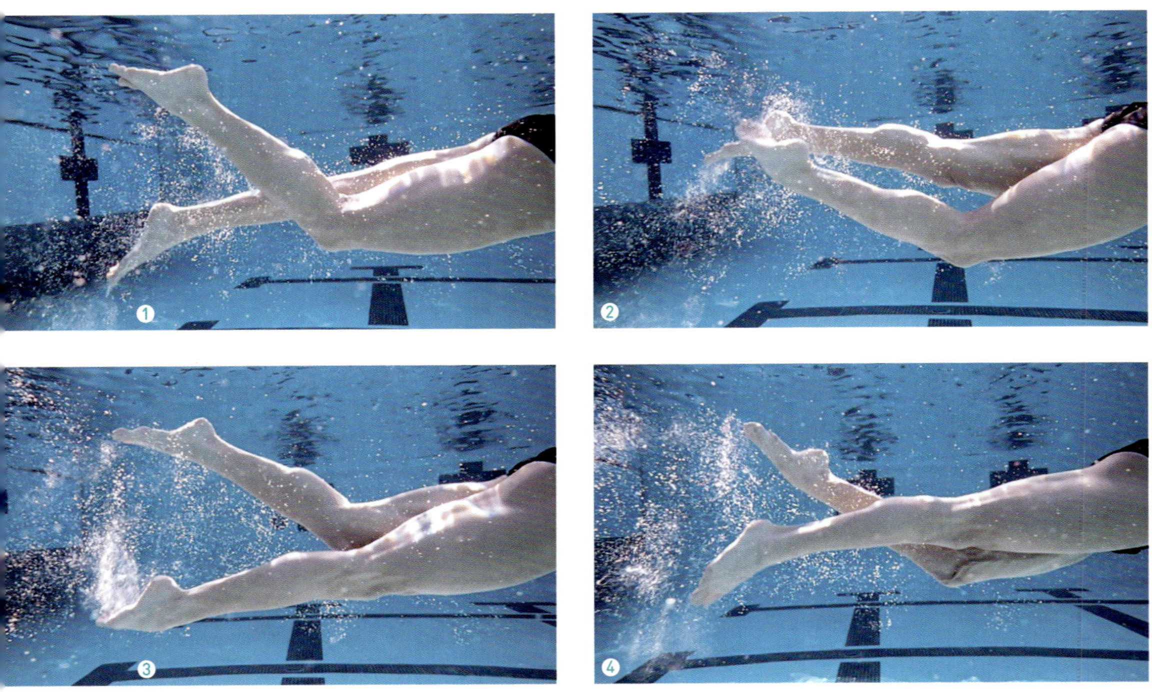

Abb. 3.3 Vladimir Morozov beim Kraulbeinschlag

sein rechtes Bein im Verlauf des Beinschlags. In Foto 1 beugt er sein Knie, damit sein Fuß nach hinten auf das Wasser gerichtet ist. In Foto 2 leitet er durch Beugung der Hüfte den Beinschlag ein (dabei drückt er den Oberschenkel leicht nach unten) und verbleibt in der wellenartigen Bewegung, während er das Bein nach hinten und abwärts schlägt, bis es in die Streckung kommt (Foto 3). In Foto 3 beendet er den Beinschlag, sobald sich sein Fuß knapp unter der Hüfte befindet. Im letzten Foto streckt er das Bein in der Erholungsphase. Sobald sich das Bein in dieser Phase über der Hüfte befindet, beugt er es wieder, um den nächsten Beinschlag einzuleiten.

Wir können also wie bereits beim Armzug auch beim Beinschlag Gemeinsamkeiten in

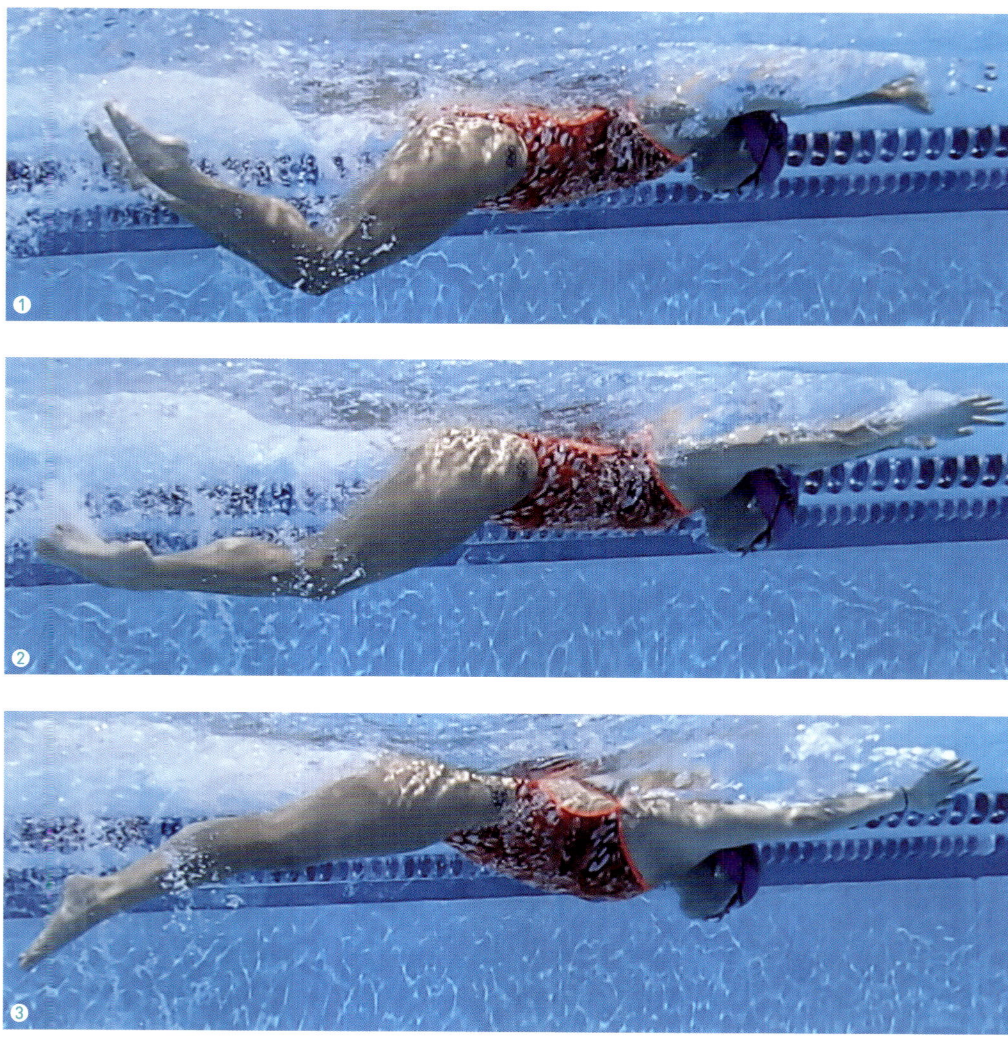

Abb. 3.4 Elizabeth Beisel beugt ihre Knie, damit ihre Füße nach hinten auf das Wasser zeigen (1). Für einen kraftvollen Delfinbeinschlag schlägt sie ihre Unterschenkel nach hinten und abwärts bis zur kompletten Streckung der Beine (2 und 3).

den vier Lagen erkennen. Abbildung 3.4 zeigt Elizabeth Beisel in der Vortriebsphase beim Schmetterlingsbeinschlag mit einer Bewegung *nach hinten* und *abwärts*. Mit gebeugten Knien und nach hinten gerichteten Füßen leitet sie durch Beugung der Hüfte den Beinschlag ein (Foto 1). Ihre gestreckten Unterschenkel schlagen nach hinten und abwärts (Foto 2), bevor sie die wellenartige Bewegung mit komplett gestreckten Beinen und Füßen unterhalb der Hüfte beendet (Foto 3).

Die Abbildung 3.5 zeigt Aaron Peirsol beim Rückenbeinschlag. Da er sich in der Rückenlage befindet, schlägt er die Beine eher *nach hinten* und *aufwärts* als nach hinten und abwärts, wobei das Prinzip dasselbe wie beim

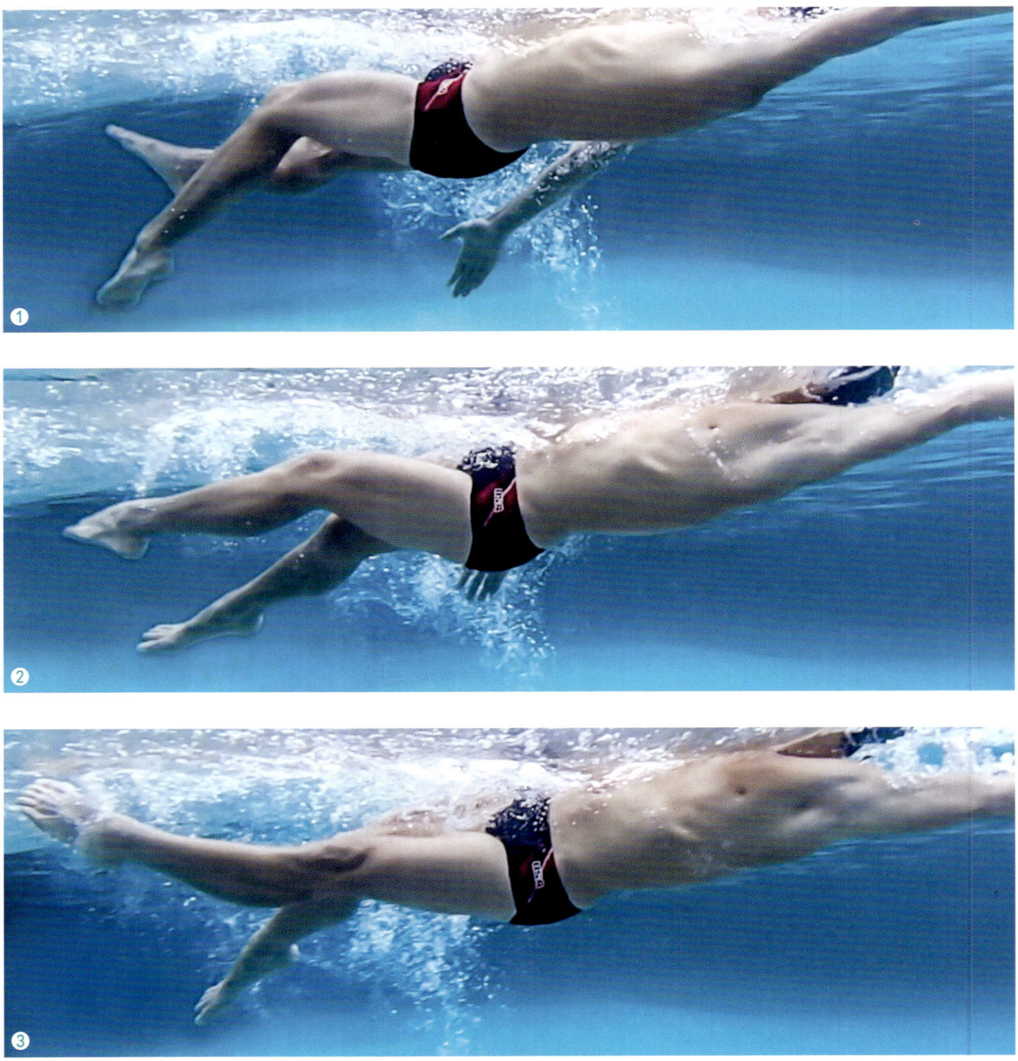

Abb. 3.5 Aaron Peirsol kann die Auftriebs- und Widerstandskräfte an der Oberseite seines Fußes fühlen. Für einen Vortrieb bringenden Rückenbeinschlag beugt er die Hüfte und bewegt die Beine nach hinten und aufwärts.

Kraul- und Schmetterlingsbeinschlag ist. Wenn Sie sein linkes Bein verfolgen, können Sie erkennen, dass er sein Bein im Knie beugt, um den Fuß nach hinten auf das Wasser zu richten (Foto 1). Er beugt die Hüfte und schlägt nach hinten und aufwärts (Foto 2) und beendet den Beinschlag mit komplett gestrecktem Bein (Foto 3).

Was den Beinschlag betrifft, ist das Brustschwimmen einzigartig, denn er ist der einzige, der eine Phase des Wasserfassens hat, im dreidimensionalen Raum ausgeführt wird und bei dem die Sohle und nicht die Oberseite des Fußes mit den Auftriebs- und Widerstandskräften in Berührung kommt. Der Brustbeinschlag wird im Kapitel über das Brustschwimmen genauer erläutert, doch wollen wir schon jetzt die nach hinten gerichtete Fußstellung betrachten.

Um diese Fußstellung zu erreichen, beugen Brustschwimmer die Knie ähnlich wie in den anderen Schwimmstilen, müssen jedoch sehr beweglich im Sprunggelenk sein und ihre Füße laut Regelwerk nach außen und nicht nach innen drehen. Abbildung 3.6 zeigt Laura Sogar beim Brustbeinschlag. Sie beugt ihre Knie, ist beweglich im Sprunggelenk und dreht ihre Füße nach außen. Wie auf beiden Fotos zu sehen, zeigen ihre Fußsohlen dadurch nach hinten auf das Wasser. Schauen Sie sich die Fotos genau an und beachten Sie den Druck gegen ihre Fußsohlen. Hier wirken Auftriebs- und Widerstandskräfte.

SCHWIMMEN SIE MIT DEM BEINSCHLAG ALLEIN RÜCKWÄRTS?

Ungefähr einer von zwanzig Erwachsenen aus meinen Schwimmkursen fragt mich, wie es möglich sein kann, dass man mit dem Beinschlag allein rückwärts schwimmt. Diese Schwimmer beugen ihre Beine unmittelbar nach dem Vortrieb bringenden Beinschlag, anstatt sie in der Erholungsphase zu strecken, bis die Füße Hüfthöhe erreicht haben, um sie erst dann zu beugen. Werden die Knie zu früh gebeugt, zeigen die Fußsohlen und Waden nach vorn auf das Wasser und wenden vorwärts gerichtete Kräfte an, die den Schwimmer rückwärts bewegen. Um dieses Problem zu umgehen, müssen diese Schwimmer lediglich in der Erholungsphase die Beine strecken, bis die Füße Hüfthöhe erreichen, und erst im letzten Moment beugen, um die Vortrieb bringende Phase des Beinschlags einzuleiten.

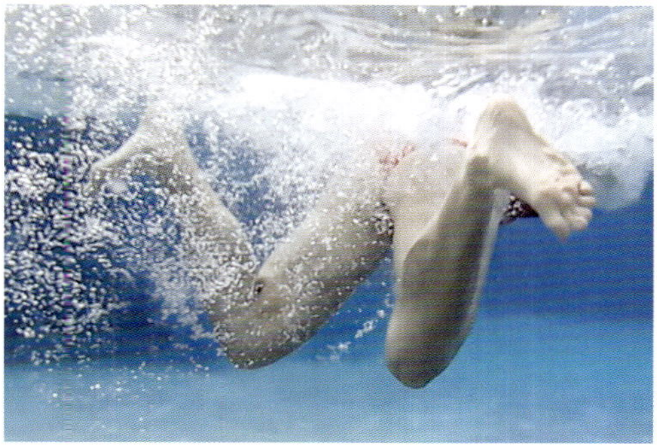

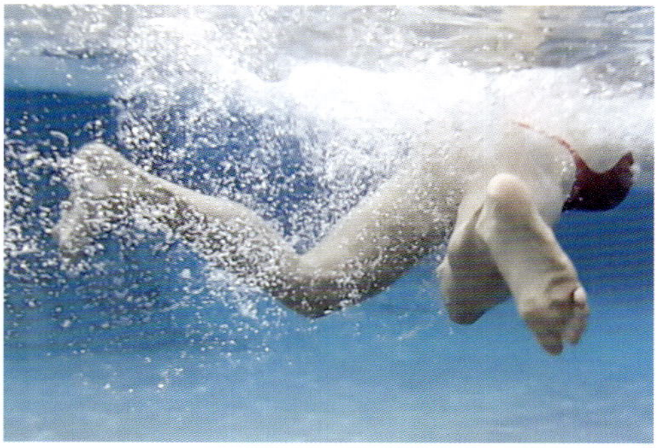

Abb. 3.6 US-Colleges-Meisterin und Weltmeisterschaftsmedaillen-Gewinnerin Laura Sogar richtet ihre Fußsohlen nach hinten auf das Wasser und nutzt so Auftriebs- und Widerstandskräfte für den Vortrieb.

DIE RUMPFBEWEGUNG UND IHRE FUNKTION

Betrachten wir nun eine Komponente des Zugzyklus, die nicht nach hinten auf das Wasser zeigt – den Rumpf. Für den Rumpf ist es unmöglich, sich so im Wasser zu positionieren, dass er nach hinten gerichtet gegen den Wasserwiderstand arbeitet und somit seine eigene Masse überwindet (den „schlechten Widerstand", dem er entgegenwirkt), um einen Schwimmer fortzubewegen. Somit sind allein die Extremitäten für den Vortrieb im Wasser verantwortlich. Auch wenn er selber keinen Vortrieb erzeugen kann, so ist der Rumpf doch aktiv an der Vorwärtsbewegung beteiligt.

Damit dies gelingt, sollten Schwimmer zwei Dinge über die Funktion ihres Rumpfs beachten. Zum einen müssen sie durch ihre Wasserlage den „schlechten Widerstand" so gering wie möglich halten. Er kann nicht komplett vermieden werden, jedoch können Schwimmer kontrollieren, ob das Wasser an ihrem Körper laminar (gleichmäßig, ohne Wirbel) vorbeiströmt oder ob es an ihm haftet. Kopf, Oberkörper, Hüfte und Oberschenkel bilden eine Linie, damit das Wasser ungehemmt am Körper vorbeiströmen kann. Scheint das Wasser an einem Körperteil wie der Hüfte oder den Oberschenkeln zu haften, kann der Schwimmer die Beckenstellung oder Körperhaltung anpassen, damit das Wasser laminar oder ruhig vorbeiströmt.

Zum anderen bedeutet Rumpffunktion, im Rhythmus mit dem Bewegungsimpuls zu schwimmen. Der Rumpf rotiert, anstatt einfach

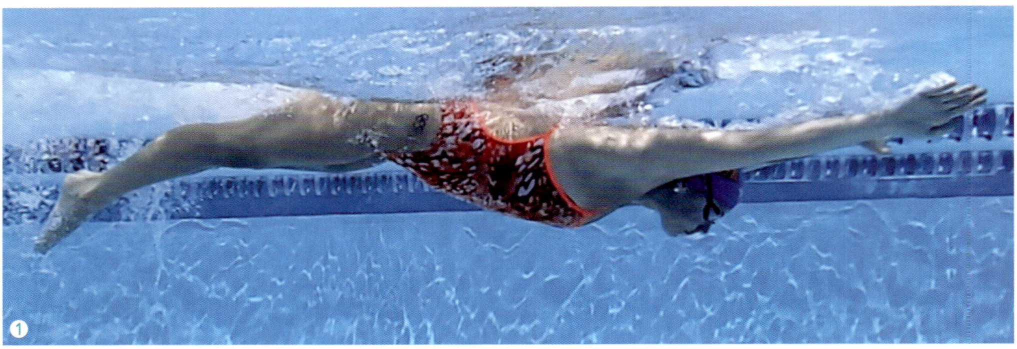

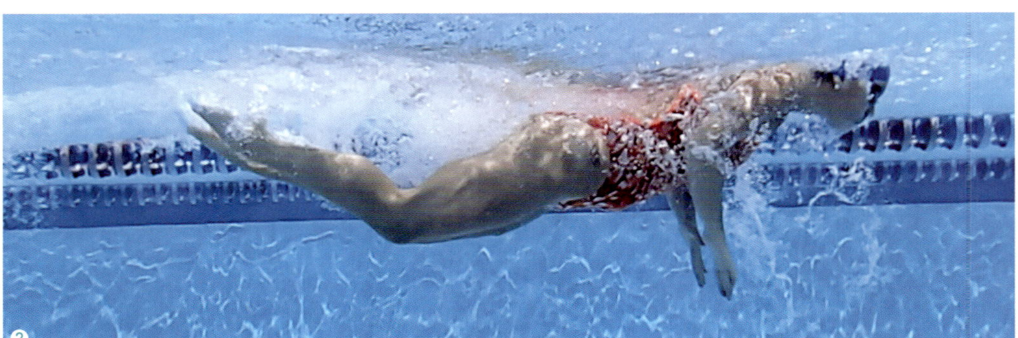

Abb. 3.7 Elizabeth Beisel bewegt sich beim Schmetterlingsschwimmen wellenförmig auf der Querachse.

nur die Körpermasse statisch im Wasser zu halten. Der Zugzyklus ist in zwei auf der Rotation basierenden Kategorien unterteilt. Schmetterlings- und Brustschwimmer bewegen sich auf der Querachse, Kraul- und Rückenschwimmer auf der Längsachse des Körpers. Die Querachse wird durch eine imaginäre Linie dargestellt, die von einer Hüftseite auf die andere verläuft. Die Längsachse wird durch eine imaginäre Linie dargestellt, die über die gesamte Körperlänge vom Kopf bis zum Bauchnabel verläuft und so den Körper in eine rechte und eine linke Hälfte teilt.

Im Brust- und Schmetterlingsschwimmen bewegen Schwimmer ihren Rumpf wellenartig auf der Querachse, die sogenannte Undulation. Die Hüfte befindet sich während des gesamten Zugzyklus nahe der Wasseroberfläche, wenn der Körper auf der Querachse im Rhythmus unduliert.

Die Fotos in Abbildung 3.7 zeigen Elizabeth Beisel bei der Undulationsbewegung auf der Querachse beim Schmetterlingsschwimmen. Ihre Hüfte bleibt an der Wasseroberfläche, während sich ihr Rumpf wellenförmig vorwärts und abwärts (Foto 1) sowie vorwärts und aufwärts (Foto 2) bewegt. Ihr Körper ist beweglich, ohne dabei durchzuhängen oder die Spannung im Wasser zu verlieren. Dabei achtet Elizabeth stets darauf, dass das Wasser in jeder Phase des Zugzyklus laminar an Torso, Hüfte und Oberschenkel vorbeiströmt.

Brustschwimmer halten die Hüfte ebenfalls stets nahe der Wasseroberfläche, während sie sich auf der Querachse fortbewegen. In Abbildung 3.8 bewegt sich Rebecca Soni

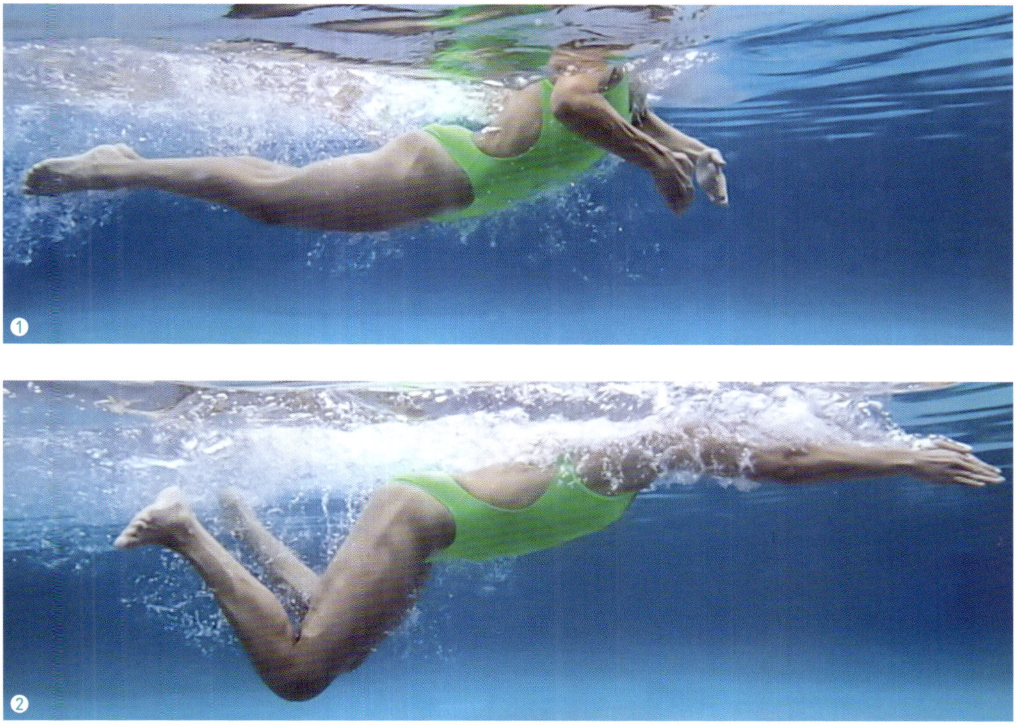

Abb. 3.8 Beim Brustschwimmen bewegt Rebecca Soni ihren Rumpf wellenförmig auf der Querachse.

wellenförmig vorwärts und aufwärts (Foto 1) sowie vorwärts und abwärts (Foto 2) auf der Querachse fort, ohne dass die Hüfte dabei absinkt oder durchhängt. Sie macht zusätzlich Pilates und Yoga, um ihre Rumpfstabilität zu trainieren und die Bewegung auf der Querachse besser kontrollieren zu können.

Kraul- und Rückenschwimmer rotieren ihren Rumpf über die Längsachse. Während die Herausforderung beim Brust- und Schmetterlingsschwimmen darin besteht, die Hüfte stets nahe an der Wasseroberfläche zu halten, liegt sie während der Rotation über die Längsachse darin, die Körperbalance zu wahren. Beim Kraul- und Rückenschwimmen bewegen sich die Arme asynchron, sodass der Schwimmer eine kleinere Angriffsfläche bietet als beim Schmetterlings- und Brustschwimmen. Viele Schwimmer müssen ihre Arme und Beine einsetzen, um die Rotation auf der Längsachse auszubalancieren. Sie drücken ihre Hände und Arme nach außen oder machen einen Scherenbeinschlag, sodass Hände, Arme und Füße ihren eigentlichen Zweck nicht mehr erfüllen können – nämlich nach hinten auf das Wasser zu zeigen und den Widerstandskräften entgegenzuwirken, um eine Vorwärtsbewegung zu erzeugen.

Der Schlüssel zu einer ausbalancierten Körperhaltung auf der Längsachse liegt in der Streckung und einem sauberen Wasserfassen. Der Schwimmer muss sich auf der Seite, auf der er Wasser fasst, auf Brust, Schulterblatt und den nach *vorn* gestreckten Arm und auf der Körperseite, auf der der andere Arm den Zug abschließt, auf die Hüftrotation nach *oben* kon-

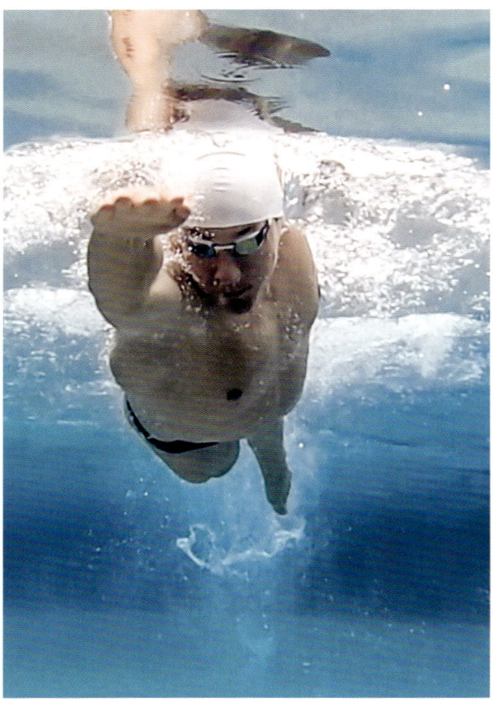

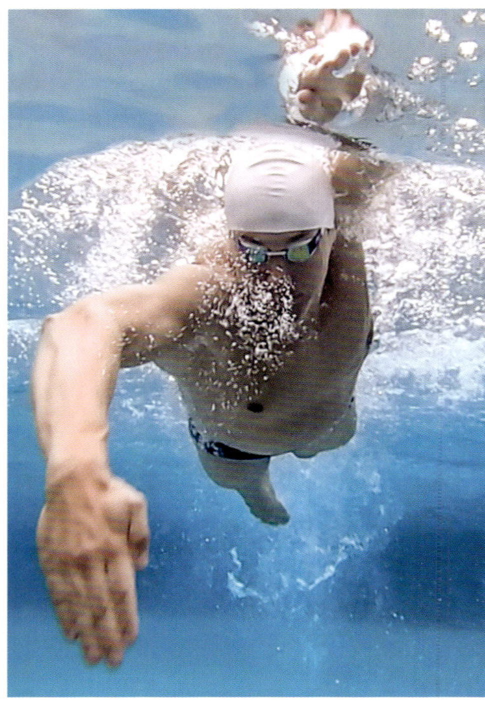

Abb. 3.9 Peter Vanderkaay balanciert seinen Rumpf beim Wasserfassen perfekt über die Längsachse aus.

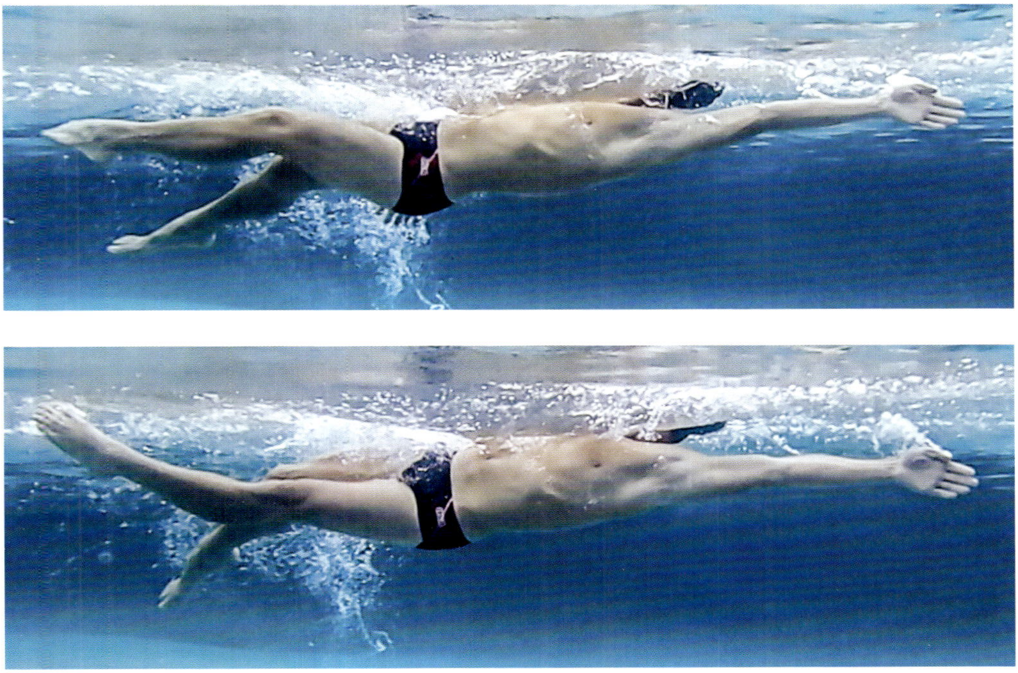

Abb. 3.10 Aaron Peirsol streckt sich beim Wasserfassen, während seine Hüfte über die Längsachse rotiert.

zentrieren. Die Rotation über die Längsachse ist eine diagonale Bewegung (leichte Verdrehung des Rumpfs) und kein Kippen zu einer Seite. Eine Seite streckt sich, die andere rotiert.

Die Abbildung 3.9 zeigt Peter Vanderkaay bei der Streckung auf der Längsachse beim Kraulschwimmen. Die linke Seite seiner Hüfte zeigt nach oben, aber Brust und Arme auf der rechten Seite sind während des Wasserfassens nach vorn gestreckt. Indem er sich auf das Wasserfassen konzentriert, bildet er eine stabile Plattform, ohne die Balance bei der Rotation auf der Längsachse von Hüfte und unterem Rumpf zu verlieren.

In Abbildung 3.10 führt Aaron Peirsol seine rechte Hüfte beim Rückenschwimmen nach oben, während er Brust, Schulterblatt und Arm auf der linken Seite nach vorn streckt. Beachten Sie seine deutliche Hüftrotation auf den beiden Fotos, während sein Arm in der Streckung bleibt. Er konzentriert sich auf das Wasserfassen mit dem linken Arm und bildet so eine stabile Plattform, sodass er während der Rotation auf der Längsachse von Hüfte und unterem Rumpf nicht zur Seite kippt.

DAS RICHTIGE TIMING

Wir haben verschiedene technische Details bezüglich Armzug, Beinschlag und Rumpfbewegung besprochen. Überfordern Sie sich nicht. Wahrscheinlich machen Sie bereits viele Dinge richtig. Vielleicht gibt es Dinge, die Sie noch verfeinern wollen oder ein paar Bewegungen, die verbessert werden können, aber das ist genau das, was das Schwimmen interessant macht. Auch Topschwimmer optimieren ständig ihren Armzug, ihren Beinschlag und ihre Rumpfbewegung. Sie verbringen viele Stunden damit, den Zugzyklus zu zerlegen und die einzelnen Komponenten individuell zu üben. Sie fokussieren sich ausschließlich auf den Beinschlag oder den Armzug und machen technische Übungen, um die Rumpfbewegung zu verbessern. Topschwimmer trainieren sogar die Einzelkomponenten innerhalb der einzelnen Bestandteile eines Zugs, indem sie Übungen machen, bei denen sie nur das Wasserfassen wiederholen, ohne die weitere Zugphase auszuführen. Oder sie paddeln in einer festen Position, um Hand und Unterarme für eine bestimmte Phase zu stärken. Auf diese Art und Weise kann man die komplexen Aufgaben erlernen.

Damit am Ende des Tages ein effektiver Zugzyklus entsteht, müssen jedoch alle Bestandteile zusammengebracht und zeitlich aufeinander abgestimmt werden. Armzug, Beinschlag und Rumpfbewegung kann man mit Teilen eines Zahnradgetriebes vergleichen, die sich zwar von selbst bewegen, aber wie Zahnräder ineinander greifen müssen. Ein Schwimmer kann nur durch den Armzug eine bestimmte Maximalgeschwindigkeit erreichen, diese kann er durch eine auf den Armzug zeitlich gut abgestimmte Rumpfrotation erhöhen. Stimmt er auch den Beinschlag zeitlich gut auf den Armzug und die Rumpfrotation ab, lässt sich die Maximalgeschwindigkeit nochmals steigern.

Untersuchungen des Kraulzugzyklus in den 1980er-Jahren ergaben, dass der Beinschlag den Gesamtvortrieb um zehn bis zwölf Prozent verbessern kann, wenn er zeitlich richtig auf den Armzug abgestimmt ausgeführt wird. In einigen Fällen wurden sogar Steigerungen um bis zu 27 Prozent erreicht (Maglischo 2003, 38). Auch wenn keine Untersuchungen bezüglich der anderen drei Lagen vorliegen, ist es allgemeiner Konsens unter erfahrenen Schwimmtrainern, dass der Beinschlag einen mindestens genauso hohen Anteil am Vortrieb beim Rücken- und Schmetterlingsschwimmen hat. Da beim Brustschwimmen in einem Zugzyklus ein Armzug und *dann* ein Beinschlag folgt, trägt der Brustbeinschlag zu 50 Prozent zum Vortrieb bei.

Die gleiche Studie zeigte auch, dass Schwimmer, die den Beinschlag nicht korrekt auf den Armzug und die Rumpfbewegung abstimmen oder eine schlechte Beinschlagtechnik haben, ihren Vortrieb um bis zu sechs Prozent *mindern*. Viele Leser können dieses Ergebnis vermutlich auch auf sich beziehen. Triathleten sind bekannt dafür, dass sie den Beinschlag vernachlässigen, weil sie Angst haben, unnötig Energie zu verbrauchen, ohne am Ende schneller zu sein. Und Triathleten sind nicht die einzigen, die so denken. Besuchen Sie einen beliebigen Schwimmwettkampf, und Sie werden Trainer „BEINE!" rufen hören, weil sie ihre Athleten animieren wollen, ihre Beine einzusetzen. Doch viele Schwimmer denken, dass der Beinschlag ihnen nicht hilft, sondern nur Energie verschwendet.

Um den Vortrieb zu unterstützen, wird in einem speziellen Moment bei jedem Zug, zum Beispiel während der Streckung, ein effektiver Beinschlag eingesetzt. Obwohl es aussieht, als ob Schwimmer sich in einem gleichbleibenden Tempo im Wasser fortbewegen, verändert sich Studien zufolge die Vorwärtsbewegung im Verlauf des Zugs. Je nach Zugphase verlangsamt sich die Geschwindigkeit oder erhöht sich wieder. Topschwimmer minimieren die langsamen Phasen durch das richtige Timing und nehmen den Schwung mit in den nächsten Zyklus. Sie setzen die Rumpfbewegung richtig ein und stimmen den Beinschlag zeitlich zur Unterstützung auf den Armzug ab.

Es ist wichtig, dass wir das richtige Timing näher betrachten, damit ehrgeizige Schwimmer es mit Profi-Timing aufnehmen und die Phase einer Verlangsamung minimieren können. Während wir den Vortrieb und die Rumpfbewegung in den Lagen miteinander vergleichen konnten, bieten uns das Timing und die Koordination wenige Vergleichsmöglichkeiten. Bei keiner der vier Lagen greifen die Zahnräder wie bei den anderen, jede ist einzigartig. Beim Schmetterlingsschwimmen erfolgen zwei Beinschläge auf einen Armzug, die wellenförmige Bewegung findet auf der Querachse statt. Brustschwimmer undulieren ebenfalls auf der Querachse, machen jedoch auf einen Armzug nur

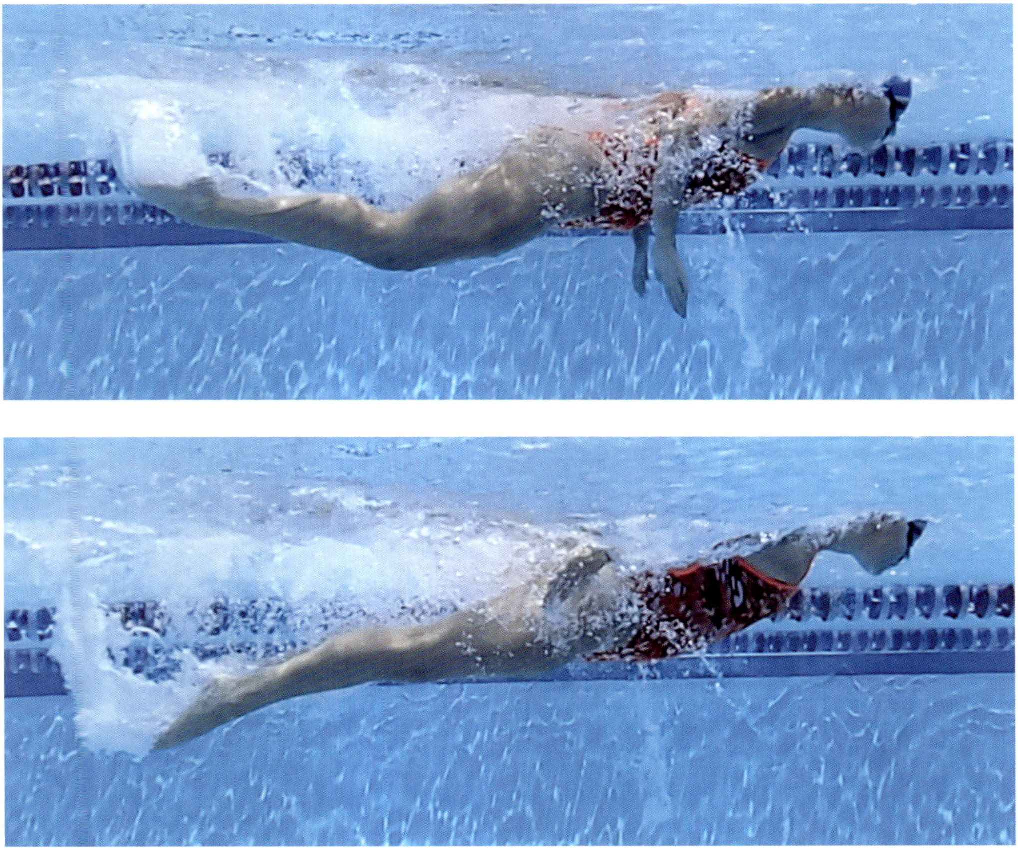

Abb. 3.11 Elizabeth Beisel stimmt den explosiven kraftvollen Beinschlag zeitlich mit der Abschlussphase des Unterwasserarmzugs ab, um in dieser Phase die höchste Geschwindigkeit während des gesamten Zugzyklus zu erreichen.

einen Beinschlag. Kraul- und Rückenschwimmer ähneln sich noch am ehesten – beide rotieren auf der Längsachse und machen einen Sechserbeinschlag auf einen Armzug (manche Kraulschwimmer machen nur zwei oder vier Schläge, doch der Sechserbeinschlag ist der gängigste). Dennoch unterscheiden sie sich im Timing des Beinschlags auf den Armzug.

Das Timing und die Koordination in den einzelnen Lagen werden in den jeweiligen Kapiteln genauer erläutert. Bevor wir dieses Kapitel beenden, wollen wir einen weiteren interessanten Aspekt betrachten, den drei der vier Lagen teilen (aufgrund des unterschiedlichen Zyklus ist das Brustschwimmen wieder eine Ausnahme). Das folgende Beispiel demonstriert, was es bedeutet, den Beinschlag zeitlich strategisch während des Zugzyklus einzusetzen.

Am Ende des Zugzyklus beim Schmetterlings-, Rücken- und Kraulschwimmen kombinieren Topschwimmer die Abschlussphase des Armzugs mit einem explosiven kraftvollen Beinschlag. Dieser kraftvolle Kick setzt,

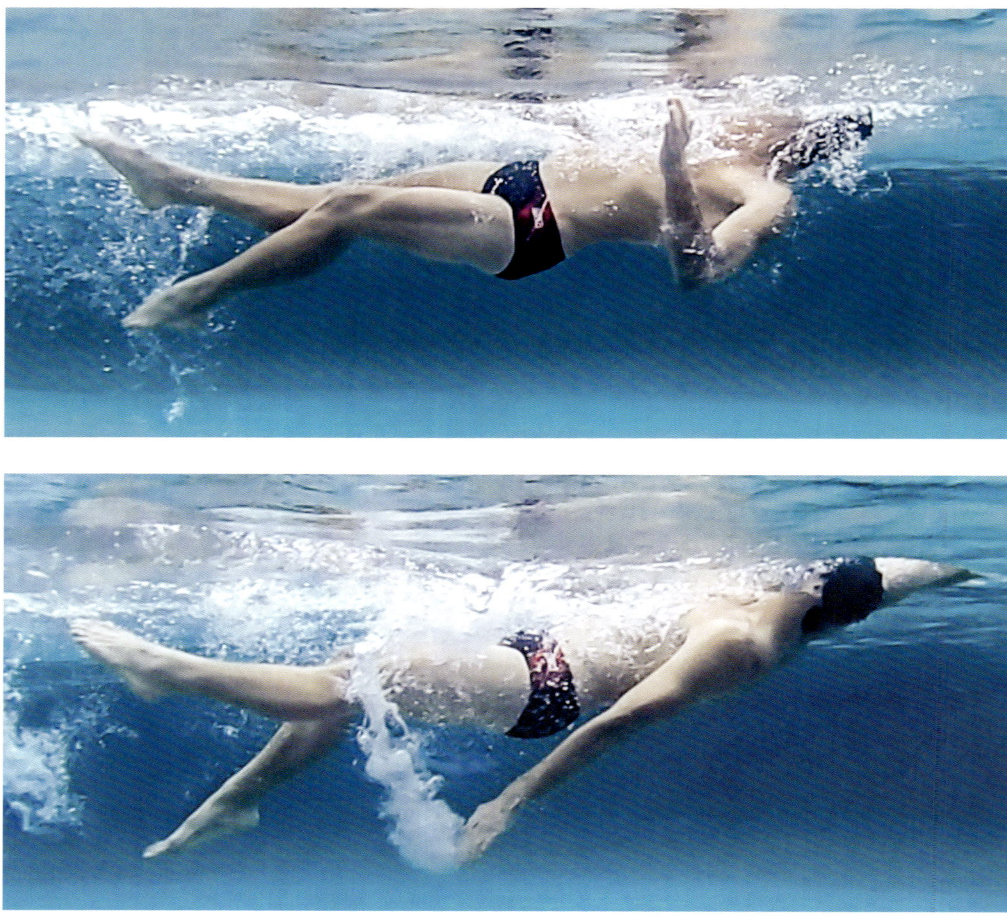

Abb. 3.12 Aaron Peirsol koordiniert einen explosiven Beinschlag mit seinem Armzug, um den Zugzyklus kraftvoll zu beenden.

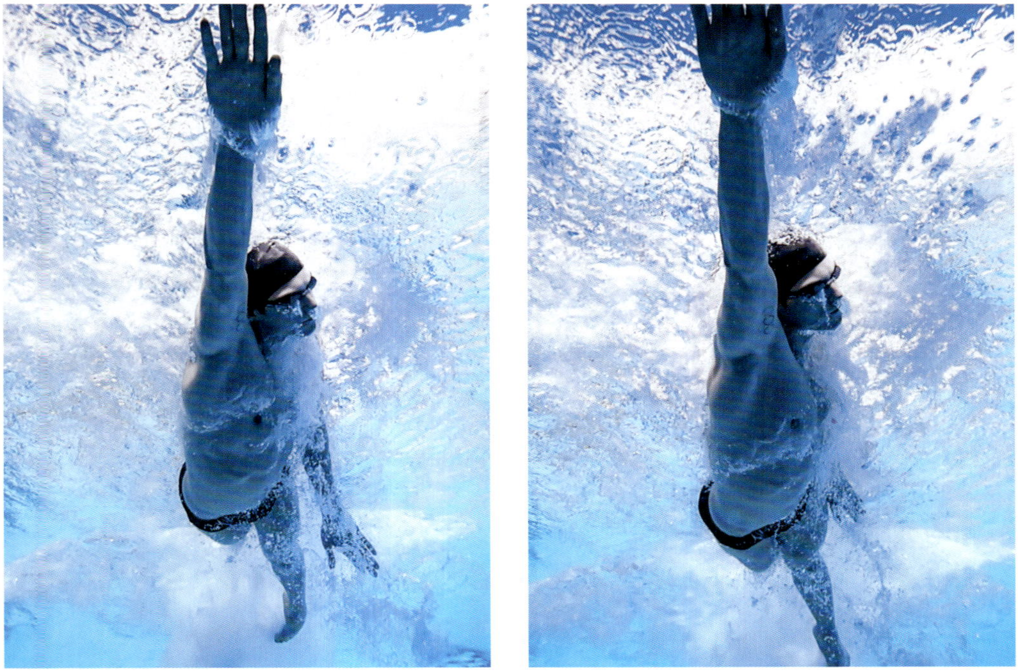

Abb. 3.13 Vladimir Morozov kombiniert die Abschlussphase seines Unterwasserarmzugs mit einem explosiven kraftvollen Kick.

kurz bevor der Schwimmer den Arm respektive die Arme in die Rückholphase über Wasser bringt, ein. Er bringt einen ordentlichen Geschwindigkeitsschub für den Vortrieb am Ende der Unterwasserphase, bevor die Geschwindigkeit in der Rückholphase sinkt und der Schwimmer mit dem Wasserfassen den nächsten Zugzyklus einleitet. Studien zufolge ist die Vorwärtsgeschwindigkeit beim Schmetterlings-, Rücken- und Kraulschwimmen in der Abschlussphase des Zugzyklus am höchsten. Dafür ist der explosive kraftvolle Beinschlag verantwortlich.

In Abbildung 3.11 stimmt Elizabeth Beisel einen explosiven kraftvollen Kick zeitlich mit der Abschlussphase des Unterwasserarmzugs beim Schmetterlingsschwimmen ab. Der kraftvolle Kick erhöht noch einmal die Geschwindigkeit, bevor sie in der Rückholphase der Arme über Wasser abnimmt. In dieser Phase des Zugzyklus schwimmt sie schneller als in jeder anderen Phase.

In Abbildung 3.12 können Sie sehen, dass Aaron Peirsol die Abschlussphase seines Armzugs durch einen zeitlich abgestimmten explosiven kraftvollen Kick unterstützt.

Und was ist mit dem schnellsten Mann überhaupt? Stimmt Vladimir Morozov im Sprintmodus Beinschlag und Armzug zeitlich aufeinander ab? Was wetten Sie? Abbildung 3.13 zeigt ihn bei seinem explosiven kraftvollen Kick des Beinschlags in der Abschlussphase.

4 SCHWIMMDATEN

Inzwischen sind Sie vermutlich bereit für ein, zwei kurvenförmige Armzüge. Oder vielleicht freuen Sie sich schon auf die nächste Trainingseinheit, bei der Sie Armzug, Beinschlag und Rumpfbewegung ihrer Lieblingslage miteinander koordinieren und den explosiven kraftvollen Kick aus dem vorangegangenen Kapitel einbauen können. An was immer Sie auch arbeiten möchten, es geht hier um technische Verbesserungen auf olympischem Niveau. Sie werden nicht nur schneller schwimmen, sondern Sie werden *effektiver* schwimmen.

Effektives Schwimmen ermöglicht es Ihnen, unterschiedliche Gänge zu benutzen. Sie können zwischen einem lockeren, mittleren, zügigen oder schnellen Tempo wählen oder auch Zwischenstufen wie lockeres / mittleres oder zügiges / schnelles Tempo unterscheiden. Somit haben Sie den Grad der Anstrengung (den Gang, den Sie wählen) komplett unter Kontrolle und können sie direkt in Schwimmgeschwindigkeit übertragen. So werden Sie in der Lage sein, den richtigen Gang für das Wettkampftempo oder einer Serie im Training zu wählen.

Der Schlüssel, in unterschiedlichen Tempi schwimmen zu können, liegt darin, bei jeder Geschwindigkeit die richtige Technik beizubehalten. Nelson Deibel, Olympiasieger über 100 Meter Brust von 1992, erklärt es prägnant: „Wenn du schnell schwimmen willst, musst du die gleiche Menge an Wasser halten können."

Was bedeutet es, die gleiche Menge an Wasser halten zu können, wenn man schnell schwimmen will? Es bedeutet, dass man auch beim schnellen Schwimmen den kurvenförmigen Weg einhalten und sich weiterhin auf die Koordination der einzelnen Bestandteile fokussieren muss, um so Kraft und Geschwindigkeit aufzubauen, anstatt die Arme irgendwie nach vorn zu schleudern und die Beine hektisch auf und ab zu schlagen. Es bedeutet, Ihren Sportsgeist in die richtige Richtung zu lenken.

Im Schwimmsport gibt es ein wertvolles Werkzeug, das Ihnen sagt, ob Sie Ihre Energie in die richtige Richtung lenken und das Wasser halten, während Sie die Geschwindigkeit verschärfen. Es handelt sich dabei um *Daten*. Schwimmdaten sind eine Reihe von Werten, die Details hinter dem ultimativen Erfolgsmaß im Schwimmsport aufdecken – *der Zeit*. Vergleichen Sie die Endzeit beim Schwimmen mit dem Endergebnis beim Fußball und die Daten und Statistiken hinter dem entsprechenden Ergebnis.

Dieses Kapitel beschäftigt sich mit der Sammlung und Nutzung von Daten. Am Ende des Kapitels werden wir die Zugtechnik und Daten einiger Topschwimmer mit denen von NBC-Olympia-Kommentator Rowdy Gaines von heute – als Weltrekordhalter bei den Masters-Schwimmern – und seiner Technik und Daten von damals, als er vor 33 Jahren Weltrekorde über 50, 100 und 200 Meter Kraul hielt, vergleichen. Anhand seines Beispiels und den Datentabellen am Ende jedes spezifischen Schwimmstil-Kapitels wird sich zeigen, warum Schwimmdaten ein wertvolles Werkzeug sind, das alle Schwimmer verstehen und nutzen sollten.

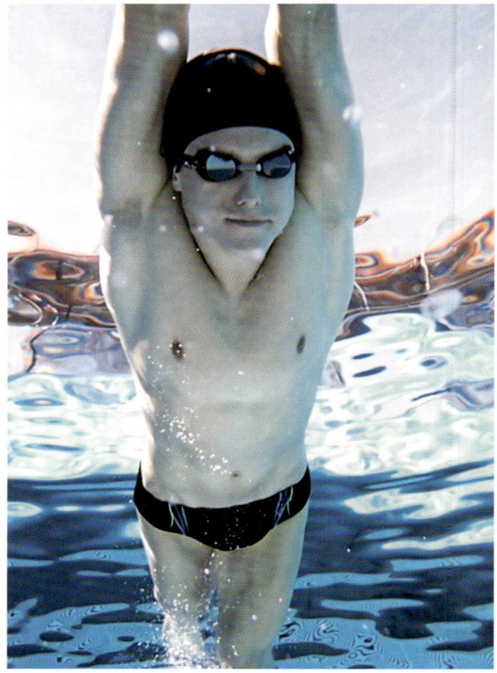

Abb. 4.1 Vladimir Morozov stößt sich stromlinienförmig von der Wand ab. Nach der Tauchphase kommt er an die Wasseroberfläche und macht seinen ersten Zug (Übergang).

WERTE UND KOMPETENZ

Gute Schwimmer sind nicht nur gute Techniker, sie gehen noch einen Schritt weiter. Sie sind *kompetent*, was bedeutet, dass sie Geschwindigkeit und Kraft wirksam in ihre Züge einbauen. Kompetent sein kann bedeuten, in der Lage zu sein, seine Schwimmdaten zu nutzen. Forscher und Trainer haben über Jahrzehnte Daten von Topschwimmern zusammengestellt, um ihre Leistungsfähigkeit zu untersuchen. Jeder Schwimmer kann Daten von sich selbst sammeln und die von Topschwimmern als Muster und Ziel heranziehen, um sich selber zu verbessern und so kompetent wie möglich zu werden.

Kompetenz erfordert das Verständnis der Beziehung von zwei Werten zueinander:

- → **Zugzahl:** Die Anzahl von Zugzyklen über eine bestimmte Distanz
- → **Zyklusdauer:** Die Dauer eines Zugzyklus

Zugzahl und Zyklusdauer sind zwei Details, die sich hinter der Zeit verbergen, die man benötigt, um eine bestimmte Distanz im Becken zu absolvieren und die in Abbildung 4.2 dargestellt sind. Nehmen wir an, ein Schwimmer stößt sich von der Wand ab und taucht stromlinienförmig fünf Meter unter Wasser, bevor er auftaucht und in den ersten Zug übergeht (der Übergang ist der Moment, in dem der Schwimmer nach der Tauchphase an die Wasseroberfläche kommt und den ersten Zug beginnt). Somit schwimmt der Schwimmer noch 20 Meter an der Wasseroberfläche. In der Abbildung werden die Daten Zugzahl und Zyklusdauer über die Distanz von 20 Metern gemessen.

Nachdem die Daten gesammelt worden sind, können sie in eine einfache mathematische Gleichung eingefügt werden, um die Details hinter der geschwommenen Zeit über die

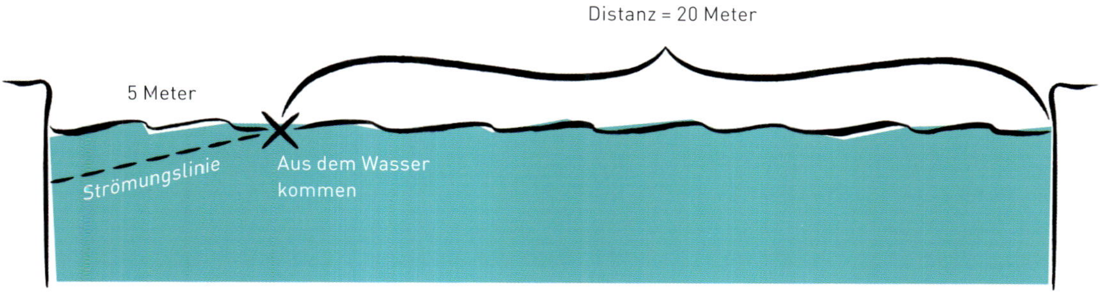

Abb. 4.2 25-Meter-Becken

20 Meter aufzuzeigen. Die Anzahl der Züge, die der Schwimmer über eine bestimmte Distanz benötigt (Zugzahl), wird mit der Dauer pro Zugzyklus (Zyklusdauer) multipliziert und ergibt die Zeit (in Sekunden), die der Schwimmer über die Distanz benötigt. Die Gleichung sieht wie folgt aus:

Zugzahl × Zyklusdauer = Zeit

Nehmen wir ein Beispiel: Wenn ein Schwimmer zehn vollständige Zugzyklen benötigt, um eine Distanz von 20 Metern zu schwimmen, und jeden Zyklus in zwei Sekunden absolviert, dann würde er 20 Sekunden für die 20 Meter benötigen:

(10 Züge) × (2 Sekunden pro Zugzyklus) = 20 Sekunden

Diese Gleichung macht Schwimmern deutlich, dass es nur zwei Wege gibt, schneller zu schwimmen, sobald man die Wasseroberfläche erreicht hat. Entweder kann man weniger Züge machen, um die 20-Meter-Strecke zu absolvieren, oder die Frequenz erhöhen und die Zyklusdauer reduzieren. Klingt einfach, oder? Wenn Sie einen der beiden Werte reduzieren, reduzieren Sie Ihre Zeit. Soweit die Theorie, doch in der Praxis erweist sich dies als komplizierter. Diese beiden Werte in unserer Gleichung schließen sich nicht gegenseitig aus. Oftmals

WIE MAN ZÜGE ZÄHLT

Um die Züge zu zählen, zählen Sie mit, wenn Ihr Arm ins Wasser eintaucht. Beim Brust- und Schmetterlingsschwimmen ist dies eine unkomplizierte Aufgabe, da beide Arme synchron eintauchen. Beim Kraul- und Rückenschwimmen haben Sie zwei Möglichkeiten. Sie können mitzählen, wenn jeweils ein Arm eintaucht, oder Sie zählen einen vollen Zugzyklus beider Arme. Also vom Eintauchen des rechten Arms bis zum erneuten Eintauchen des rechten Arms. Es ist egal, wie Sie zählen, doch um Ihre Daten mit anderen vergleichen zu können, müssen Sie auch dieselbe Methode anwenden.

In diesem Buch zählen wir immer *vollständige Armzugzyklen.* Sollten Sie es vorziehen, beim Kraul- und Rückenschwimmen jeden einzelnen Armzug zu zählen, ist das auch in Ordnung. Teilen Sie einfach Ihre Zugzahl durch zwei, um sie in einen vollen Zyklus umzurechnen.

Wenn Sie ihre Zugzahl mit der anderer Schwimmer vergleichen, beachten Sie auch die Länge des Beckens, in dem die Züge gezählt wurden. Sowohl Wettkämpfe als auch Trainingseinheiten werden in 25-Yard-, 25-Meter- oder 50-Meter-Becken absolviert, also variieren auch die Zugzahlen entsprechend.

wirkt sich der Versuch, eine Zahl zu reduzieren, negativ auf die andere aus. Nehmen wir ein Beispiel.

Hätte ein Topschwimmer acht Zugzyklen mit je 1,5 Sekunden Zyklusdauer für die 20 Meter in einem 25-Meter-Becken benötigt (bei einer Tauchphase von fünf Metern), dann sähe die Gleichung wie folgt aus:

(8 Züge) × (1,5 Sekunden pro Zyklus)
= 12 Sekunden

Der Schwimmer in unserem ersten Beispiel sieht, dass die besten Schwimmer acht Sekunden schneller schwimmen und diese Zeit mit zwei Zügen weniger erreichen, die sie jeweils etwas schneller ausführen. Die Werte für Zugzahl und Zyklusdauer des Topschwimmers liegen für den ehrgeizigen Schwimmer nicht außerhalb des Bereichs des Möglichen. Es wäre spannend, sich an sie heranzuarbeiten. Unser ehrgeiziger Schwimmer macht sich daran, die Zugzahl durch eine längere Gleitphase vor dem Wasserfassen von zehn auf acht zu reduzieren. Und er schafft es auch. Doch durch das passive Gleiten steigt seine Zyklusdauer von zwei auf 2,5 Sekunden. Die Gleichung dieses Schwimmers sieht nun wie folgt aus:

(8 Züge) × (2,5 Sekunden pro Zyklus)
= 20 Sekunden

Der Schwimmer hat seine Zugzahl verbessert, jedoch zum Nachteil seiner Zyklusdauer, und ohne dabei die Zeit zu verbessern.

Versucht der Schwimmer die Zyklusdauer zu reduzieren, ohne dabei der Zugzahl Beachtung zu schenken, könnte er in einer weiteren Sackgasse enden. Schwimmer, die ihre Arme möglichst schnell bewegen, um die Zyklusdauer zu verbessern, finden oftmals einen Weg mit weniger Widerstand, weil Hand und Arm durch das Wasser wischen oder sie einen kürzeren Weg nehmen, weil sie nicht vor dem Kopf Wasser fassen oder den Richtungswechsel ignorieren. Die Arme bewegen sich dann zwar schnell, doch wird diese Hektik nicht in Geschwindigkeit umgewandelt, weil die richtige Technik vernachlässigt wird. Im Endeffekt steigt die Zugzahl, und die Gleichung sähe wie folgt aus:

(12 Züge) × (1,7 Sekunden pro Zyklus)
= 20,4 Sekunden

Die Zyklusdauer kommt der des Topschwimmers sehr nahe, doch die Zugzahl weicht noch weiter ab, sodass die Zeit erneut nicht verbessert werden konnte.

WIE MAN DIE ZYKLUSDAUER MISST

Um die Zyklusdauer zu messen, muss jemand für Sie die Zeit stoppen, die Sie benötigen, um einen ***vollen Zugzyklus*** auszuführen. Ihr Zeitnehmer startet die Stoppuhr, sobald Ihre Hand in das Wasser eintaucht und stoppt die Zeit, sobald dieselbe Hand erneut in das Wasser eintaucht, um den nächsten Zyklus zu beginnen. Die Zeit, die Sie vom ersten bis zum erneuten Eintauchen benötigen, entspricht der Zyklusdauer. Beim Brustschwimmen sind die Hände nur schwer zu sehen, sodass ich meist den Zyklus vom Anheben des Kopfes aus dem Wasser bis zum erneuten Anheben stoppe. Um eine genaue Zahl zu erhalten, sollten Sie mehrere Zyklen herausstoppen. Als weitere Vergleichsgröße sollte Ihr Zeitnehmer außerdem zwei Zyklen hintereinander stoppen und die Zyklusdauer halbieren, um kleine Messfehler zu minimieren.

EFFEKTIV SCHWIMMEN

Um effektiv schwimmen zu können, müssen beide Faktoren in der Gleichung gleichermaßen berücksichtigt werden. Erinnern Sie sich noch an Nelson Deibels Aussage? „Wenn du schnell schwimmen willst, musst du die gleiche Menge an Wasser halten können."

„Schnell schwimmen" bezieht sich auf die *Zyklusdauer*. Topschwimmer feuern ihre Muskeln richtig an, wenn sie schnell schwimmen wollen. Aber sie tun dies effektiv, indem sie ihre saubere Technik beibehalten und auch die *Zugzahl* auf der anderen Seite der Gleichung gewährleisten. Sie achten immer auf das Wasserfassen vor dem Kopf und den Richtungswechsel in die Diagonal- und die Abschlussphase des Zugzyklus. Wird das Wasserfassen zu schnell ausgeführt oder ein Richtungswechsel ausgelassen, wird der Vortrieb bringende Weg abgekürzt und weniger Wasser gehalten, sodass die Effizienz des Zugs sinkt.

Wenn Sie an Ihrer Zugzahl und Zyklusdauer arbeiten, achten Sie auch regelmäßig darauf, eine saubere Technik beizubehalten. Konzentrieren Sie sich besonders auf das Wasserfassen vor dem Kopf. Verankern Sie in Ihrem Kopf Bilder wie die Abbildung 4.3, die Elizabeth Beisel beim Wasserfassen während des Schmetterlingsschwimmens darstellt. Auf diesem Foto schwimmt sie die 400 Meter Lagen bei den Olympischen Spielen. Sie achtet auf das Wasserfassen vor ihrem Kopf und kann dadurch Zugzahlen und Wettkampffrequenzen auf Topniveau erzielen. Beim Wettkampftempo ist das Wasserfassen die schwierigste Phase während des Zugzyklus. Trainieren Sie in einem langsameren Tempo und steigern Sie die Geschwindigkeit (Frequenz) allmählich.

Topschwimmer schwimmen außerdem effektiv, weil sie unabhängig von der Geschwindigkeit Armzug, Beinschlag und Rumpfbewegung gut miteinander koordinieren. Rückenschwimmer machen zum Beispiel einen Sechserbeinschlag auf einen Armzug, egal ob sie bei kleiner oder bei aggressiver, hoher Frequenz schwimmen. Die Beinschläge erfolgen bei jedem Zyklus im selben Moment. Wenn sie das Tempo erhöhen, um schneller zu schwimmen, bewegen sie die Arme schneller, die Beine schneller und der Rumpf rotiert schneller um die Längsachse. Alles bewegt sich schneller, *nicht nur die Arme*.

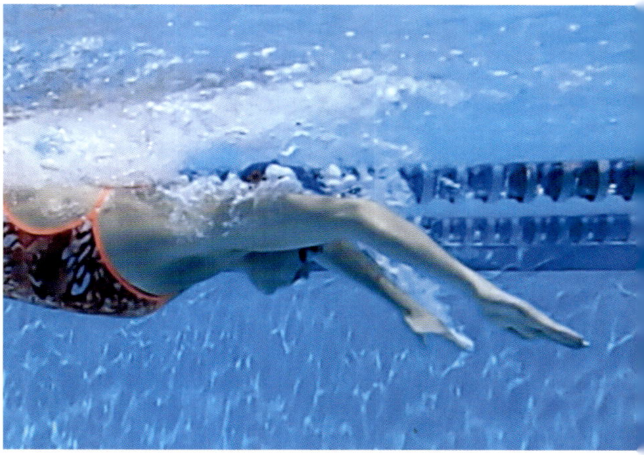

Abb. 4.3 Elizabeth Beisel hält ihre Zugzahl gering, indem sie auch im Wettkampftempo weit vor ihrem Kopf das Wasser fasst.

Abbildung 4.4 zeigt Aaron Peirsol bei der Koordination von Armzug, Beinschlag und Rumpfbewegung im Rückenschwimmen. Egal, ob er locker oder schnell schwimmt, sein Rumpf bleibt in dieser Phase des Zugs – dem Wasserfassen – immer in derselben Position auf der Längsachse, und das linke Bein wird in dieser Phase immer das antreibende Bein (es schlägt nach oben) sein. Achten Sie ebenfalls darauf, wenn Sie schnell schwimmen wollen.

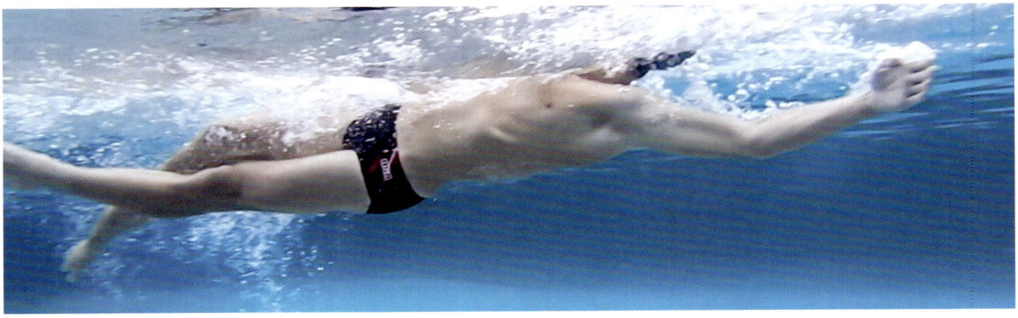

4

Abb. 4.4 Aaron Peirsol stimmt seinen Armzug stets mit dem Beinschlag und der Hüftrotation ab, egal in welchem Tempo er schwimmt.

Am Ende jedes Kapitels finden Sie Datentabellen mit Zugzahl und Zyklusdauer von mehreren männlichen und weiblichen Topschwimmern. Analysieren Sie die Zahlen und sammeln Sie Daten über sich, um sie später zu vergleichen und zu bestimmen, wie Sie kompetent in Ihrem Zugzyklus werden können.

DER STROMLINIENFÖRMIGE DELFINKICK UNTER WASSER

Bis jetzt haben wir uns ausschließlich mit der Phase über Wasser beschäftigt. Im Folgenden wollen wir die Wettkampfphase betrachten, in der sich Schwimmer stromlinienförmig unter Wasser bewegen. Außer im Brustschwimmen machen Schwimmer Delfinkicks unter Wasser, bevor sie an die Wasseroberfläche kommen. Beachten Sie: Brustschwimmer machen einen sogenannten Tauchzug, der im Kapitel über das Brustschwimmen genauer erläutert wird.

Das Potenzial des Unterwasserkicks wurde entdeckt, als Schwimmer mit kraftvollen Kicks feststellten, dass sie es schafften, mit zwei Delfinkicks unter Wasser die gleiche Distanz zu absolvieren wie mit einem Armzugzyklus über Wasser, *und* dass die Dauer für zwei Kicks kürzer als die für einen Armzugzyklus war.

Wie ich bereits in Kapitel 2 erwähnte, kamen viele Schwimmer während der Tauchphase an ihre Grenzen, sodass die Regelwerke in erster Linie aus Sicherheitsgründen auf eine Tauchphase von maximal 15 Metern geändert wurden. Nur weil 15 Meter erlaubt sind und Delfinkicks in einigen Fällen schneller sein können, bedeutet dies nicht, dass alle Topschwimmer die 15 Meter voll ausschöpfen. Nicht jeder Schwimmer ist mit den Delfinkicks unter Wasser tatsächlich schneller. Andere sind zwar mit Delfinkicks schneller, haben aber das Gefühl, dass der Sauerstoffverbrauch zu groß ist, und wieder andere haben die 15-Meter-Tauchphase trainiert und festgestellt, dass sie mit den Kicks auch schneller sind und der Sauerstoffverbrauch ihre Wettkampfleistung nicht beeinträchtigt.

Die Datentabellen am Ende der Kapitel über die einzelnen Lagen liefern Informationen über die Dauer, die Topschwimmer während der Tauchphase unter Wasser verbringen und an welcher Marke sie auftau-

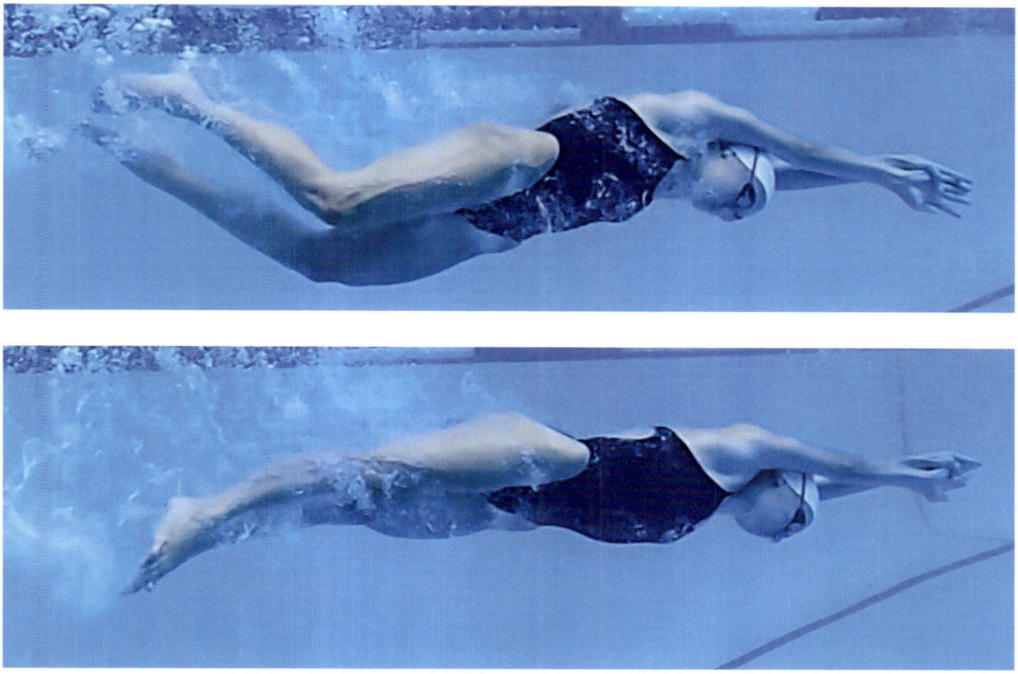

Abb 4.5 US-Nationalmannschaftsmitglied Melanie Margalis beim Delfinkick unter Wasser, bevor sie an die Wasseroberfläche kommt.

chen. Sie werden feststellen, dass es große Unterschiede gibt. Jeder Schwimmer ist einzigartig, und Sie sind es auch. Wenn Sie überlegen, wie viele Delfinkicks Sie in der Tauchphase einbauen möchten, vergleichen Sie die Daten von Topschwimmern, aber treffen Sie Ihre Entscheidung auf Grundlage dessen, was für Sie am effektivsten ist – und berücksichtigen Sie Ihren Sauerstoffbedarf. Bedenken Sie auch, dass die Länge der Tauchphase sich auf Ihre Zugzahl auswirkt. Wenn Sie also Ihre Zugzahl mit der von Olympioniken vergleichen, berücksichtigen Sie die Statistiken. *Anmerkung:* Die richtige Technik für die Ausführung der Delfinkicks während der Tauchphase wird in den Kapiteln über Schmetterlings- und Rückenschwimmen erläutert.

DIE WENDE

Zusätzlich zu Zugzahl und Zyklusdauer sowie Zeit oder Distanz während der Tauchphase gibt es noch einen weiteren Schlüsselfaktor in der Datentabelle, nämlich die Zeit, die man bei der Wende verbringt. Sehr viele Schwimmer fokussieren sich zu wenig auf ihre Wendetechnik und verlieren dadurch unnötige Sekunden an der Wand. Im Gegensatz zu ihnen nutzen Topschwimmer die Wende dazu, sich an die Spitze des Feldes zu setzen. Im Folgenden betrachten wir, wie sie die Wende ausführen und welche Daten man in diesem Teil des Wettkampfs sammeln kann.

Abbildung 4.6 zeigt Melanie Margalis bei der Wende im Schmetterlingsschwimmen. Die Zeit während des Richtungswechsels an der

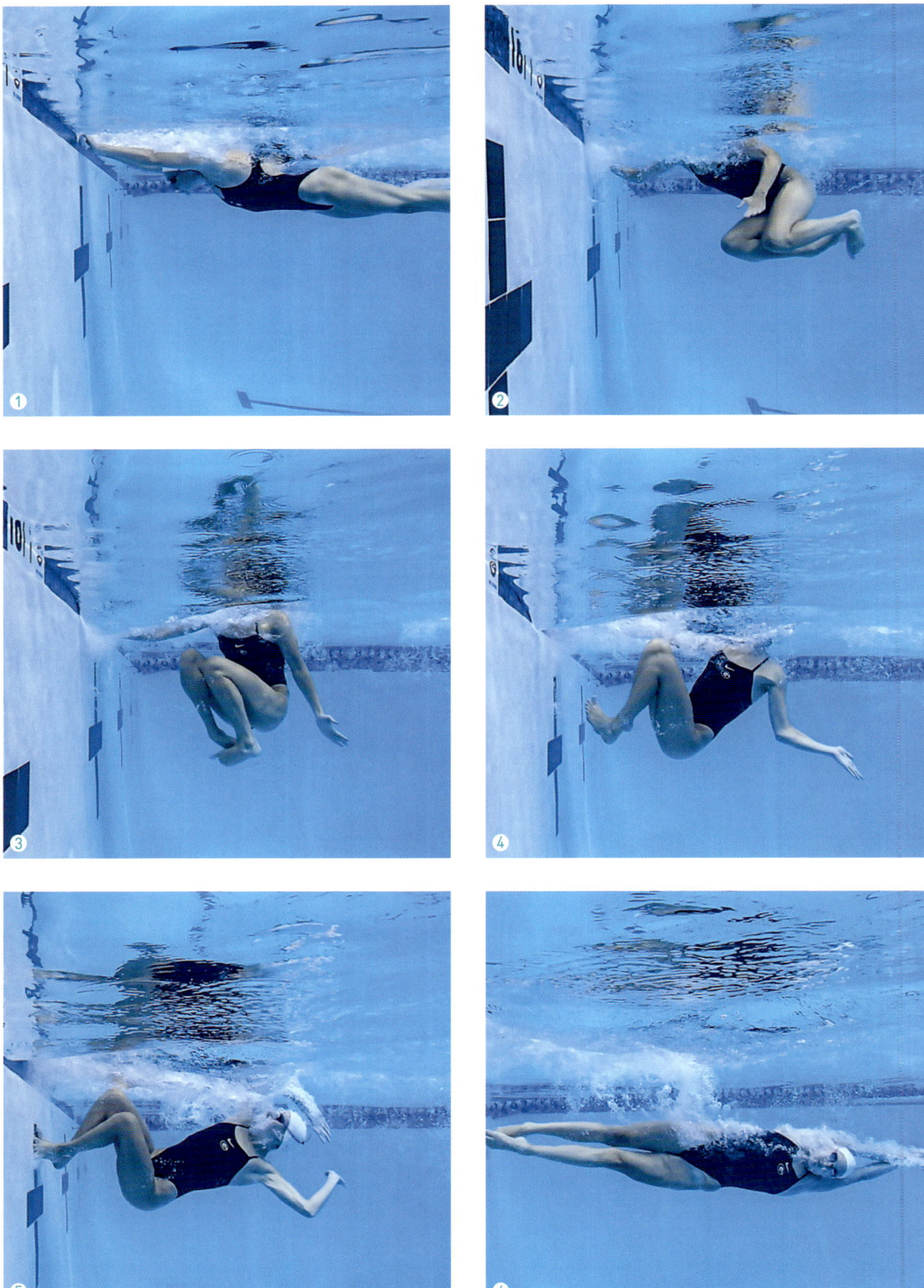

Abb. 4.6 Melanie Margalis zieht die Beine für eine schnelle Wende beim Schmetterlingsschwimmen eng an.

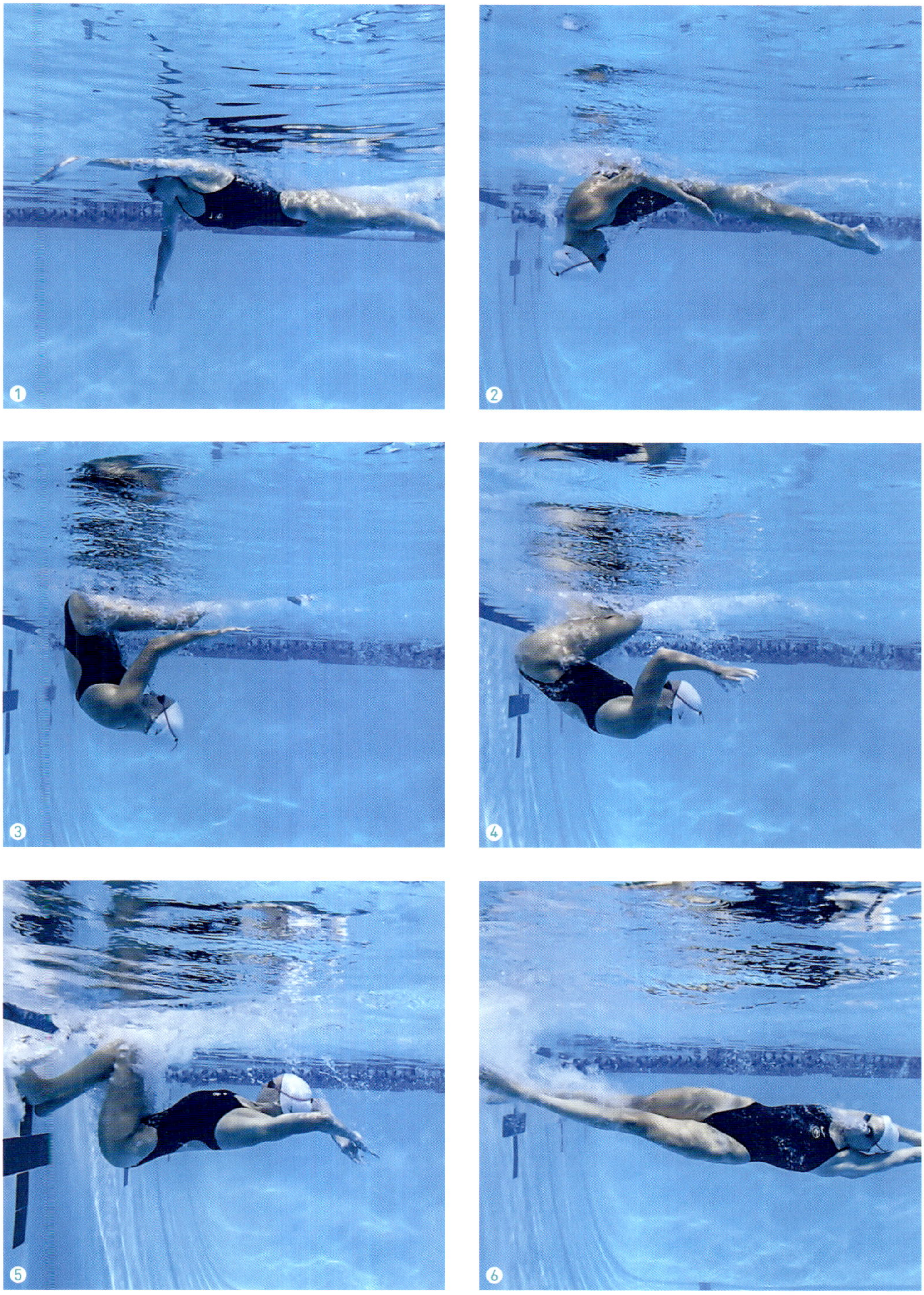

Abb. 4.7 Melanie Margalis beim schnellen Richtungswechsel bei der Wende beim Kraulschwimmen.

Wand – wenn ihre Hände die Wand berühren (Foto 1), bis sie sich mit ihren Füßen von der Wand abstößt (Foto 5) – ist entscheidend. Um eine schnelle Wende zu beherrschen, muss sie die Füße und Beine anziehen (Fotos 2 bis 4). Durch das enge Anziehen der Füße und Beine finden ihre Füße den direkten Weg an die Wand, sodass sie den schlechten Widerstand an ihren Beinen minimieren kann. Topschwimmer wie Melanie Margalis überlappen ihre Füße sogar vor der Wand (Foto 3). Sobald ihre Füße die Wand erreichen, setzt sie sie natürlich wieder separat auf (Foto 5), um sich kräftig abstoßen zu können.

Die Datentabellen in den jeweiligen Kapiteln beinhalten Informationen über die Zeit, die von der Handberührung bis zum Aufsetzen der Füße an der Wand in allen Lagen vergeht. Da Rücken- und Kraulschwimmer die Wand nicht mit der Hand berühren, ist hier vom Zeitpunkt gemessen worden, wenn die Hand nach dem letzten Armzug in das Wasser eintaucht, um die Wende einzuleiten, bis zum Aufsetzen der Füße an der Wand.

Abbildung 4.7 stellt Melanie Margalis bei der Kraulwende dar. Der Richtungswechsel wird ab dem Zeitpunkt, an dem ihre Hand bei ihrem letzten Armzug in das Wasser eintaucht (Foto 1), bis zu dem Zeitpunkt, an dem ihre Füße an der Wand aufsetzen (Foto 5), gemessen. Wie schon bei der Schmetterlingswende zieht sie ihre Füße und Beine eng an (Fotos 3 bis 5). Beachten Sie außerdem auf den Fotos 3 bis 5, dass sie ihre Hände nach hinten drückt, um die Drehung zu beschleunigen und um ihre Füße schnell an der Wand positionieren zu können.

> Resümieren wir noch einmal, welche Daten Sie am Ende jedes Kapitels finden können:
>
> Die Tabellen beinhalten Zugzahlen, Zyklusdauer, Zeit und Distanz während der Tauchphase sowie die Zeit bei der Wende. Mithilfe der Daten werden Sie Schwimmen aus einem ganz besonderen Blickwinkel verstehen und Ihre Technik wunderbar ergänzen können. Passen Sie auf, die Werte machen süchtig!

DIE KRAULDATEN VON ROWDY GAINES

Ich bin Doc Counsilman sehr dankbar, dass er die großartigen Schwimmstars bei den Olympischen Spielen der 1960er, 70er und 80er fotografiert hat. Als Zwölfjährige habe ich 1981 an seinem Schwimmcamp an der Indiana University teilgenommen. Eines der Handouts beinhaltete eine Broschüre mit Unterwasseraufnahmen in Schwarz-Weiß von Olympiasiegern wie Mark Spitz, Tracy Caulkins, Mary T. Meagher, Jim Montgomery und Rowdy Gaines. Rowdy Gaines hielt den Weltrekord über 50 Meter Kraul (22,96 Sekunden, Langbahn, 1980), über 100 Meter Kraul (49,36 Sekunden, Langbahn, 1981) und über 200 Meter Kraul (1:48,93 Minuten, Langbahn, 1982).

Stundenlang analysierte ich die Technik der Schwimmer in dieser Broschüre, selbst als ich schon 27 Jahre alt war und bereits darauf hoffte, an meinen ersten Olympischen Spielen 1996 teilzunehmen. Der Abschnitt über Rowdy Gaines hat eine besondere Bedeutung für mich. Die Fotos, die Doc Counsilman vor 33 Jahren von ihm machte – und die ich unentwegt analysierte – sind in diesem Buch neben den Fotos seines heutigen Armzugzyklus als Weltrekordhalter bei den Masters in der Altersklasse 50 bis 54 Jahre abgebildet.

Neben diesen Fotos finden Sie in den Tabellen die Daten seiner Leistungen über die

200 Meter Kraul von 1980 und 2011 mit der jeweiligen Zugzahl, der Zyklusdauer sowie der Zeit, die er für die Tauchphase und die Wende benötigt.

Die Tabellen in Verbindung mit den Fotos verdeutlichen das Konzept dieses Buches. Somit wird klar, wie die Länge des kurvenförmigen Zugwegs unsere Schwimmgleichung (Zugzahl × Zyklusdauer) beeinflusst und welche Bedeutung der Tempowechsel hat. Hinzu kommt als wichtigste Erkenntnis, dass wir durch Rowdy Gaines' Daten herauslesen können, welche Details der Kompetenz seines Niveaus zugrunde liegen. Diese Details sind definierbare, messbare Größen, die jeder Schwimmer anstreben kann.

Dank der International Swimming Hall of Fame konnte ich Videoaufnahmen von den US-amerikanischen Qualifikationswettkämpfen für die Olympischen Spiele 1980 aufstöbern. Die USA boykottierten die Olympischen Spiele von 1980 in Moskau zwar, doch die Qualifikationswettkämpfe fanden trotzdem statt. Rowdy Gaines gewann die 200 Meter Kraul in 1:50,02 Minuten. In der Tabelle unten sind die Daten dieses Rennens zu sehen.

2011 startete Rowdy Gaines mit 52 Jahren über die 200 Meter Kraul bei einem Masters-Schwimmwettkampf in Japan. Seine Zeit betrug 2:03,51 Minuten, die Daten dieses Rennens finden Sie in der Tabelle auf Seite 74 oben.

Vergleich seiner Daten von 1980 und 2011

Die Werte sind sehr aufschlussreich. Beachten Sie zunächst seine Zugzahlen, die nahezu identisch im Verlauf der beiden 200-Meter-Rennen sind. Insgesamt hat er mit 52 Jahren einen Zug weniger für die 200 Meter gebraucht als mit 21 Jahren (2011: 80 Züge, 1980: 81 Züge). Wenn wir seine Technik von 1981 mit seiner heutigen Technik vergleichen (vgl. Abb. 4.8 und 4.9), können wir feststellen, dass sich sein Zugweg nicht verändert hat. Er „hält dieselbe Menge Wasser". Er fasst das Wasser und führt den Richtungswechsel in die Diagonal- und die Abschlussphase heute genauso aus wie vor 33 Jahren. Da sein kurvenförmiger Zugweg der gleiche ist, ist seine Zuglänge die gleiche und somit ist auch die Zugzahl noch die gleiche.

Was ist dann für die unterschiedlichen Zeiten von 1:50,02 Minuten 1980 und 2:03,51 Mi-

Rowdy Gaines' Schwimmdaten: US-amerikanische Qualifikationswettkämpfe für die Olympischen Spiele 1980

200 Meter Freistil | 50-Meter-Becken | Zeit: 1:50,02 Minuten (Sieger)

Bahnen	Zugzahl*	Zyklusdauer (s/Armzyklus)	Durchgangszeit
1. 50 m	18	1,25	26,0 s
2. 50 m	20	1,25	53,7 s (27,7 s für 2. Bahn)
3. 50 m	20,5	1,25	keine Information
4. 50 m	22,5	1,15	1:50,02 min

** Die Zugzahlen beziehen sich auf einen vollen Zugzyklus*

Daten der Start- und Wendephase

Zeit und Distanz während der Tauchphase nach dem Start: 2,6 s, 7 m

Zeit und Distanz während der Tauchphase nach den Wenden: 1,7 s, 4–5 m

Zeit bei der Wende (Hand-Fuß-Zeitpunkt): 1,0–1,2 s

Rowdy Gaines' Schwimmdaten:
Masters-Schwimmwettkampf in Japan 2011 (Altersklasse 50–54)

200 Meter Freistil | 50-Meter-Becken | Zeit: 2:03,51 Minuten (1. Platz)

Bahnen	**Zugzahl***	**Zyklusdauer (s/Armzyklus)**	**Durchgangszeit**
1. 50 m	18,5	1,35–40	27,05 s
2. 50 m	20	1,40	58,44 s (31,39 s für 2. Bahn)
3. 50 m	20,5	1,40–1,43	keine Information
4. 50 m	21	1,45	2:03,51 min

** Die Zugzahlen beziehen sich auf einen vollen Zugzyklus*

Daten der Start- und Wendephase
Zeit und Distanz während der Tauchphase nach dem Start: 2,6 s, 7 m
Zeit und Distanz während der Tauchphase nach den Wenden: 1,7 s, 4–5 m
Zeit bei der Wende (Hand-Fuß-Zeitpunkt): 1,0–1,2 s

4

nuten 2011 verantwortlich? Seine Zeiten und Distanzen während der Tauchphase nach dem Start und den Wenden sind die gleichen. In der Tabelle können wir sehen, dass die Zyklusdauer für die 13 Sekunden Zeitunterschied verantwortlich ist. Auf den ersten Blick unterscheidet sich die Zyklusdauer von 1,25 Sekunden 1980 nicht so sehr von den 1,35–1,40 Sekunden aus dem Jahr 2011. Es handelt sich lediglich um eine Zehntelsekunde Unterschied. Im Verlauf der 200 Meter addieren sich die Sekunden jedoch.

Betrachten wir zunächst die Daten der zweiten 50 Meter, denn hier waren seine Zugzahlen 1980 und 2011 identisch. Setzen wir die Zahlen in unsere Gleichung (Zugzahl × Zyklusdauer), ergibt sich Folgendes:

Für seine zweiten 50 Meter im Jahr 1980:

(20 Züge) × (1,25 Sekunden pro Zyklus) = 25 Sekunden

Auf den zweiten 50 Metern 2011 hat er 20 Züge bei einer Zyklusdauer von 1,40 Sekunden pro Zyklus benötigt:

(20 Züge) × (1,40 Sekunden pro Zyklus) = 28 Sekunden

Somit wird deutlich, dass sich die ein klein wenig längere Zyklusdauer im Verlauf der 20 Züge auf den zweiten 50 Metern aufaddiert. Zwischen 1980 und 2011 ergibt sich eine Zeitdifferenz von drei Sekunden über die 50-Meter-Strecke. Die einfache Mathematik macht uns deutlich, dass aus drei Sekunden im Verlauf der 200 Meter zwölf Sekunden werden. Beachten Sie, dass seine Zyklusdauer sich auf den letzten beiden 50-Meter-Abschnitten im Jahr 2011 erhöht hat.

Damit möchte ich nicht sagen, dass er an der Zyklusdauer von 1,25 Sekunden von damals arbeiten sollte. Training beeinflusst die Leistungsfähigkeit eines Schwimmers und ermöglicht es ihm, ein schnelleres Tempo zu schwimmen und dabei die gleiche Menge an Wasser zu halten. Rowdy Gaines trainiert heute viel weniger als damals, und natürlich beeinflusst sein Alter seine Zyklusdauer ebenfalls. Gewiss sinkt die Fähigkeit zu sprinten mit den Jahren, doch auch Mastersschwimmer können mithilfe einiger spritziger Intervalle im Training ein ziemlich hohes Tempo schwimmen.

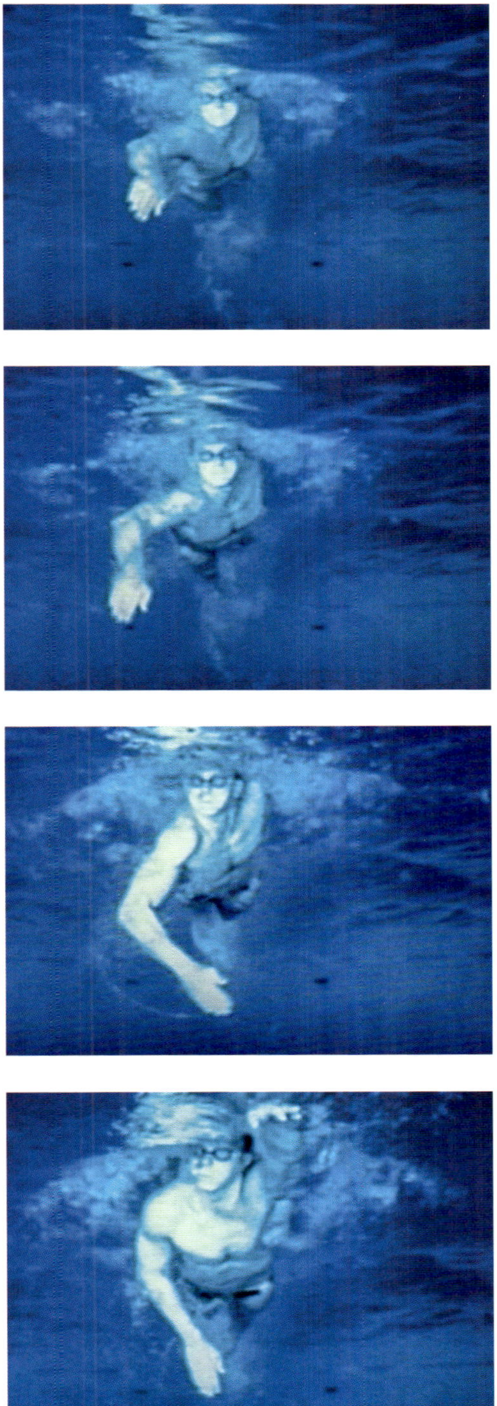

Abb. 4.8 Rowdy Gaines' Kraularmzug, 1981

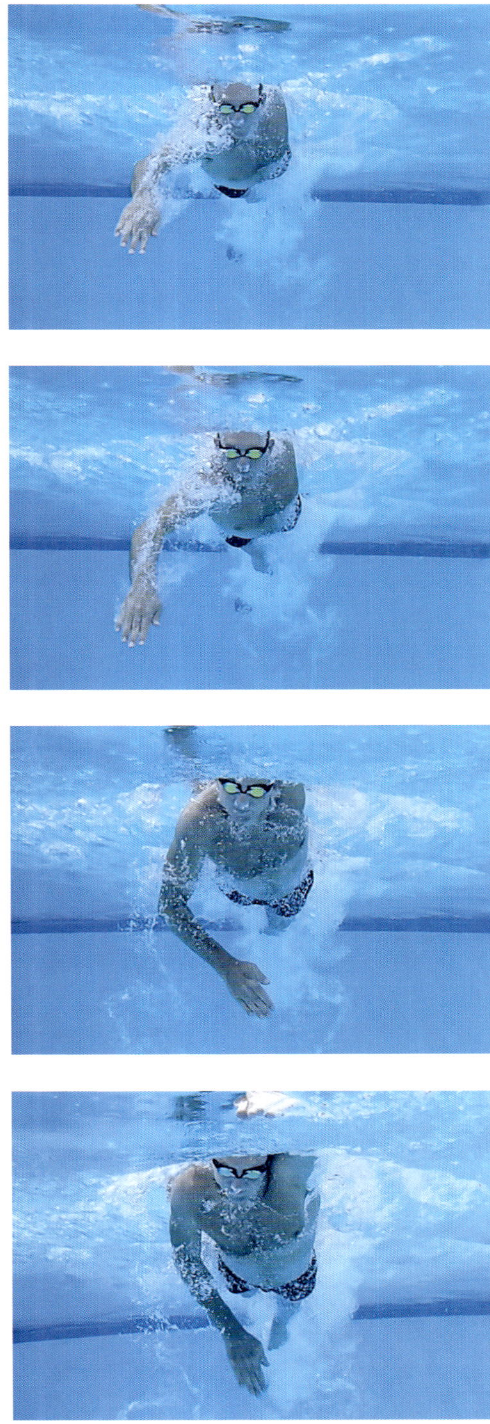

Abb. 4.9 Rowdy Gaines' Kraularmzug, 2013

Es sei hier jedoch angemerkt, dass eine Zyklusdauer von 1,25 Sekunden nicht die vorgeschriebene Marke für alle Schwimmer ist. Die meisten Topschwimmer über die Mittelstrecken benötigen eine Zyklusdauer zwischen 1,35 und 1,60 Sekunden pro Zyklus über die 200 Meter Kraul. Diese Schwimmer haben einen längeren Zugweg und machen weniger Züge. Zu Rowdy Gaines' Erfolgsära war Michael Groß einer der erfolgreichsten männlichen Mittelstrecken-Schwimmer. Michael Groß ist zwei Meter lang und erhielt den Spitznamen „Albatros" aufgrund seiner weiten Armspanne von fast 2,15 Metern. Auf seinen zweiten 50 Metern über die 4 × 200 Meter Freistil bei den Olympischen Spielen 1984 benötigte Michael Groß 16 Züge bei einer Zyklusdauer von 1,6 Sekunden pro Zyklus. Seine Gleichung sieht wie folgt aus:

(**16 Züge**) × (**1,6 Sekunden pro Zyklus**)
= **25,6 Sekunden**

Zugweg sowie Zyklusdauer sind sehr individuell, demnach gibt es eine große Bandbreite. In diesem Buch können Sie feststellen, dass Kompetenz durch veränderliche Zugzahlen und Zyklusdauer erreicht wird und dass ein Faktor den anderen ausgleichen muss, sollte es zu Abweichungen kommen.

Analysieren Sie die Werte und haben Sie Spaß daran, ihnen nachzujagen. Das Verständnis der Daten hat einen himmelweiten Unterschied für mein Training und meine Wettkampfperformance gemacht – und das kann es bei Ihrem auch.

Vielen Dank Rowdy Gaines! Lass uns ein weiteres Fotoshooting für 2034 planen!

JAGEN SIE ROWDY GAINES!

Wenn Sie in einem 25-Yard-Becken trainieren und Ihre Daten mit denen von Rowdy Gaines vergleichen möchten, werfen Sie einen Blick auf Werte aus einem seiner 100-Yards-Kraul-Wettkämpfe bei den US-amerikanischen Meisterschaften der Masters im Jahr 2010, als er 51 Jahre alt war.

Rowdy Gaines' Schwimmdaten im 25-Yard-Becken:
US-amerikanische Meisterschaften der Masters 2010 (Altersklasse 50–54)

100 Yards Freistil | 25-Yard-Becken | Zeit: 46,90 Sekunden (1. Platz)

Bahnen	Zugzahl*	Zyklusdauer (s/Armzyklus)	Durchgangszeit
1. 25 yd	6	1,20	keine Information
2. 25 yd	8	1,25	22,34 s
3. 25 yd	7,5	1,25	keine Information
4. 25 yd	8,5	1,25	46,90 s (24,56 s für 3. + 4. Bahn)

** Die Zugzahlen beziehen sich auf einen vollen Zugzyklus*

Daten der Start- und Wendephase

Zeit und Distanz während der Tauchphase nach dem Start: 2,9 s, 8–9 yd
Zeit und Distanz während der Tauchphase nach den Wenden: 1,8–2,0 s, circa 5 yd
Zeit bei der Wende (Hand-Fuß-Zeitpunkt): 1,0–1,2 s

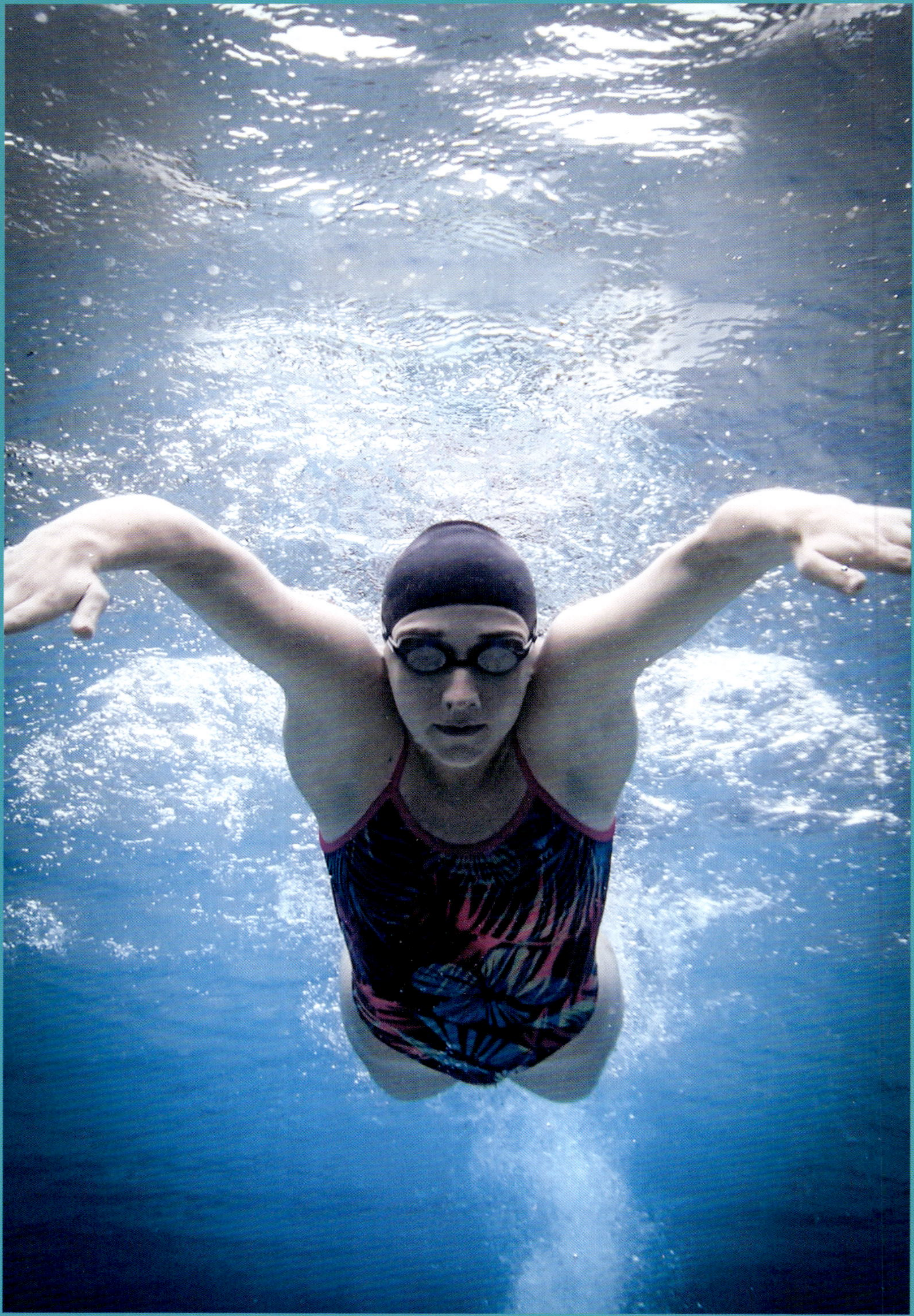

5 SCHMETTERLING

Während Kraulschwimmen bereits seit 1896, Rückenschwimmen seit 1900 und Brustschwimmen seit 1904 Teil des olympischen Programms sind, wurde das Schmetterlingsschwimmen erst ein halbes Jahrhundert später aufgenommen, nämlich 1956. Die Verantwortlichen bemühten sich, nicht einfach nur eine weitere Lage in das Wettkampfprogramm aufzunehmen, vielmehr wurde Schmetterling als Stil kreiert, um die Reinheit des Brustschwimmens zu bewahren. Vor den 1950er-Jahren hieß es im Regelwerk des Internationalen Schwimmverbands FINA (Fédération Internationale de Natation) bezüglich des Brustarmzugs: „Beide Hände müssen zusammen nach vorn und gleichzeitig nach hinten geführt werden" (FINA Handbook 1937). Nirgends stand geschrieben, ob die Hände in der Rückholphase *unter* oder *über* Wasser geführt werden sollten, sodass Schwimmer während der 1930er die konventionelle Brusttechnik, bei der die Rückholphase unter Wasser stattfand, verbesserten und die Arme so über Wasser führten, wie wir es heute vom Schmetterlingsschwimmen kennen. Dabei kam eine absolut legale Variante des Brustschwimmens heraus, der man den Namen „Schmetterlings-Brustschwimmen" – eine Kombination aus Schmetterlings-Armzug und Brust-Beinschlag – gab.

Das Finale über 200 Meter Brust der Männer bei den Olympischen Spielen von 1936 zeichnete sich dadurch aus, dass einige Schwimmer die konventionelle Brusttechnik schwammen, während andere zwischen Schmetterlings-Brustschwimmen und dem konventionellen Brustschwimmen hin und her wechselten. Im Jahr 1952 hatte sich schließlich das Schmetterlings-Brustschwimmen durchgesetzt und wurde von fast allen Schwimmern bevorzugt. In Helsinki 1952 wurden die Goldmedaillen sowohl bei den Herren als auch bei den Damen an Schmetterlings-Brustschwimmer verliehen. Diese Entwicklung gefiel den Schwimmpuristen nicht, sodass die FINA 1953 das „Schmetterlingsschwimmen" als einen neuen Schwimmstil kreierte, um das Brustschwimmen mit seiner ursprünglichen Technik zu erhalten.

Das *FINA Handbook* von 1953 bis 1956 besagte, dass beim Brustschwimmen die Hände „*ab der Brust unterhalb oder an* der Wasseroberfläche zusammen nach vorn gebracht werden müssen" und beim Schmetterlingsschwimmen die Hände „zusammen *über* Wasser nach vorn gebracht werden müssen". Richtlinien für den

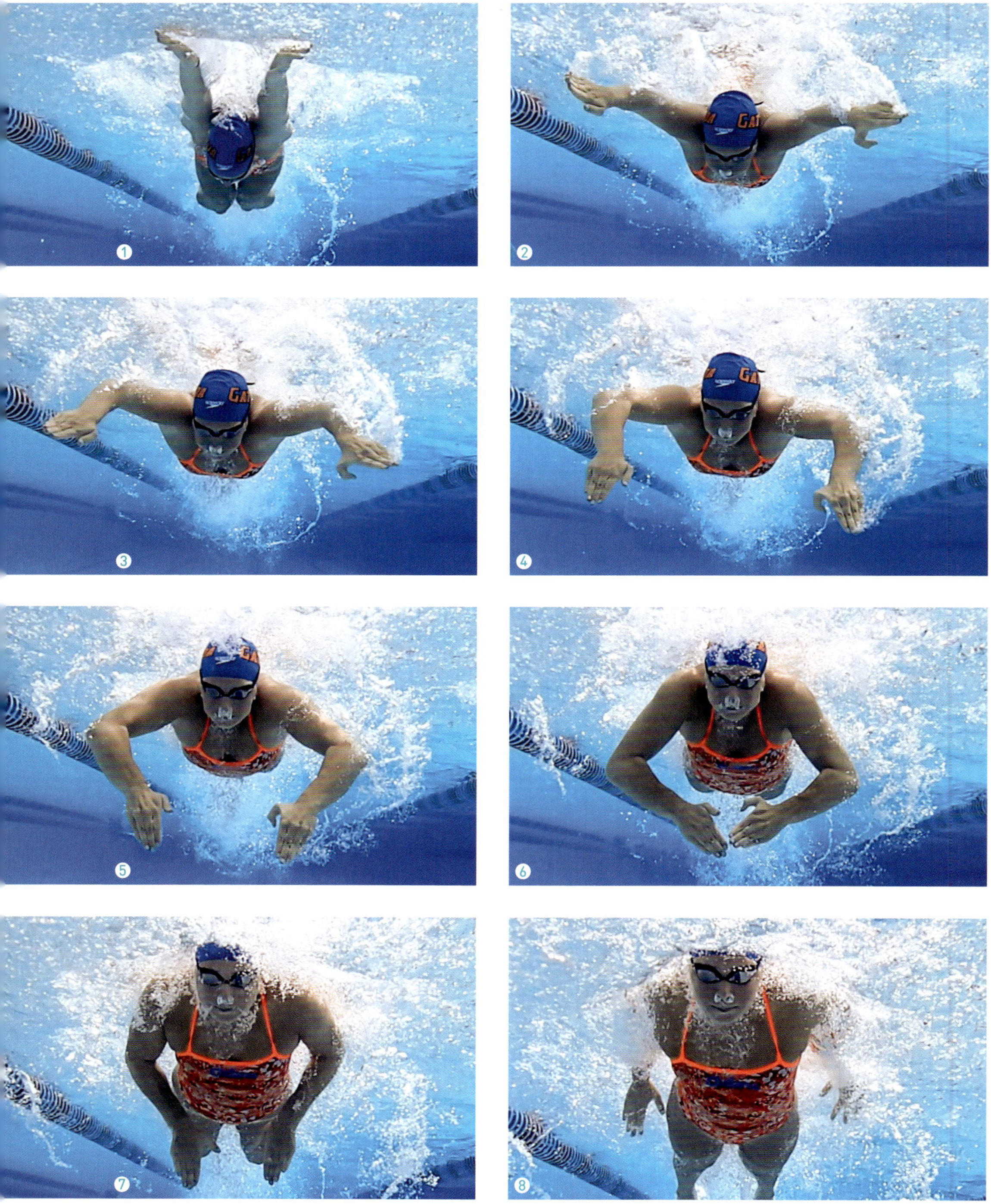

Abb. 5.1 Elizabeth Beisel führt die Arme beim Schmetterlingsschwimmen über einen kurvenförmigen Weg nach hinten.

Schmetterlingsbeinschlag wurden ebenfalls eingeführt. Die Olympischen Spiele von 1956 in Melbourne hatten erstmals das Schmetterlingsschwimmen im Wettkampfprogramm. Bei den Herren gab es einen 200-Meter-Wettkampf (William Yorzyk aus den USA gewann Gold in 2:19,3 Minuten), bei den Damen einen 100-Meter-Wettkampf (Shelley Mann aus den USA gewann Gold in 1:11,0 Minuten). Die 4 × 100 Meter Lagen wurden erst vier Jahre später in das olympische Programm aufgenommen.

Ich bin sehr froh, für dieses Kapitel die Schmetterlingsspezialisten Elizabeth Beisel, Ariana Kukors und Doug Reynolds gewinnen zu können, die uns Armzug, Beinschlag und Rumpfbewegung dieser fantastischen und relativ jungen Lage präsentieren.

DAS ARMZUGMUSTER

Zu Beginn des Überblicks über die Technik im Schmetterlingsschwimmen betrachten wir zunächst einmal das kurvenförmige Zugmuster vom Beginn bis zum Ende des Armzugs. Abbildung 5.1 zeigt Elizabeth Beisel beim Schmetterlingsschwimmen vom Eintauchen der Hand auf Foto 1 bis zum Ende des Zugzyklus auf Foto 8.

Auf Foto 1 taucht sie ihre gestreckten Arme über dem Kopf direkt vor den Schultern ein. Es ist wichtig, auf einer Linie mit den Schultern einzutauchen und sich zu strecken, um den frontalen Widerstand während dieser keinen Vortrieb bringenden Phase des Armzugzyklus zu minimieren. Auf den Fotos 2 bis 4 liegt der Fokus auf der Vortrieb bringenden Armzugphase, in der sie die Arme schulterbreit nach außen führt, um kraftvoll Wasser zu fassen. Ihre Hände und Unterarme zeigen nach hinten auf das Wasser, sodass sie die Auftriebs- und Widerstandskräfte bis in die Diagonal- (Fotos 5 und 6) und die Abschlussphase (Fotos 7 und 8) des Armzugs nutzen kann.

Die nach hinten gerichtete Hand-Unterarm-Stellung während des gesamten Armzugzyklus ist entscheidend für den Vortrieb. Sie beginnt bereits beim Wasserfassen, wie in Abbildung 5.2 bei Doug Reynolds zu sehen.

Auch während der Diagonalphase muss der Schwimmer sicherstellen, dass seine Hände nach hinten zeigen. In Abbildung 5.3 zeigen die Hände und Unterarme von Ariana Kukors nach hinten auf das Wasser, während sie in der Diagonalphase die Arme unter ihrem

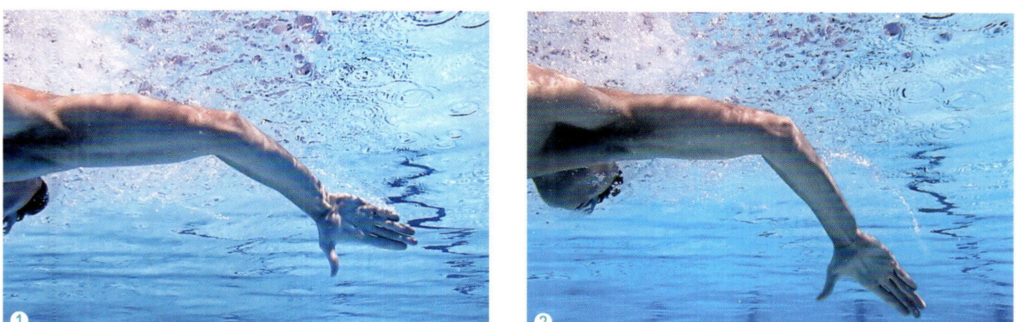

Abb. 5.2 Auf Foto 2 zeigen die Hände und Unterarme von Doug Reynolds beim Wasserfassen nach hinten auf das Wasser.

5

Körper entlang zieht. Beachten Sie den Muskeltonus ihrer Hände und den Zwischenraum ihrer Finger. Ihre Handgelenke sind gestreckt – die Hände sind in einer Linie mit den Unterarmen – und bilden so ein riesiges Paddel. Dieses eine Foto fängt das Wesentliche über den Armzug eines Topschwimmers ein. Ariana Kukors führt ihre Hände und Arme so, dass sie die Widerstandskräfte des Wassers fühlen und nutzen kann, um sich *vorwärts* zu bewegen. Der Schmetterlingsarmzug, bei dem das Wasser mit beiden Armen gleichzeitig gehalten wird, ist eine sehr kraftvolle Vortriebsquelle.

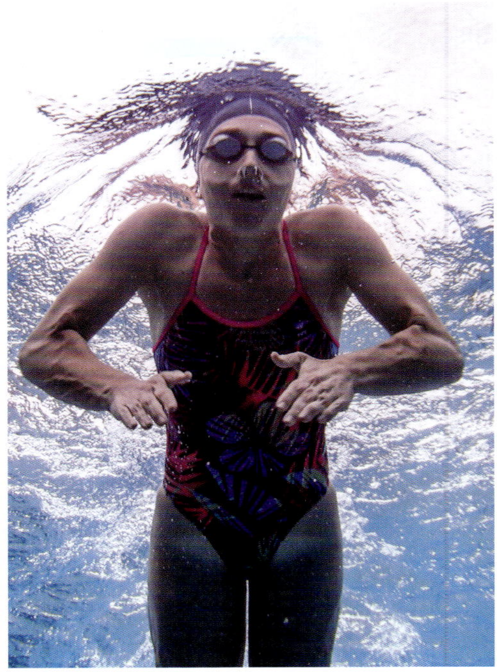

Abb. 5.3 Ariana Kukors nutzt ihre Hände und Unterarme wie ein riesiges Paddel und drückt sich während der Diagonalphase des Armzugs nach hinten ab.

DAS RICHTIGE TIMING UND DIE RUMPFBEWEGUNG

Im Regelwerk steht nicht geschrieben, wie viele Beinschläge auf einen Armzug folgen müssen. Topschwimmer machen in der Regel zwei Beinschläge auf einen Armzugzyklus, um ihre Geschwindigkeit zu maximieren. Diese Beinschläge führen sie an strategischen Punkten im Verlauf des Armzugzyklus aus. Den ersten machen sie, wenn die Hände in das Wasser eintauchen und die Arme gestreckt sind, und den zweiten, wenn die Hände den Unterwasserarmzug beenden und das Wasser verlassen. In der Aufwärtsbewegung erholen sich die Beine zwischen den einzelnen Beinschlägen. Schauen wir genauer auf das Timing dieser Abläufe sowie auf die ergänzende Rumpfbewegung.

DIE BESCHLEUNIGUNG DER HAND

Wie bereits in Kapitel 2 erläutert, erfordert die Entwicklung des Wassergefühls auf Topniveau eine Geschwindigkeitssteigerung (und dementsprechend Kraftsteigerung) der Hand im Verlauf des Armzugzyklus. Beim Wasserfassen ist die Geschwindigkeit der Hand am geringsten und zum Ende des Armzugs am höchsten. Topschwimmer können das Wasser in der Abschlussphase noch einmal beschleunigen.

Abbildung 5.4 präsentiert Elizabeth Beisel vom Eintauchen bis zur Abschlussphase beim Schmetterlingsschwimmen. Auf Foto 1 tauchen ihre Hände ins Wasser ein, während sie gleichzeitig den ersten Beinschlag beginnt. Den Beinschlag beendet sie mit der Streckung der Arme vor dem Kopf (Foto 2). Der Beinschlag ist während dieser Phase des Armzugs ausschlaggebend, um den Vortrieb beizubehalten. Beachten Sie auch Elizabeths Kopfhaltung

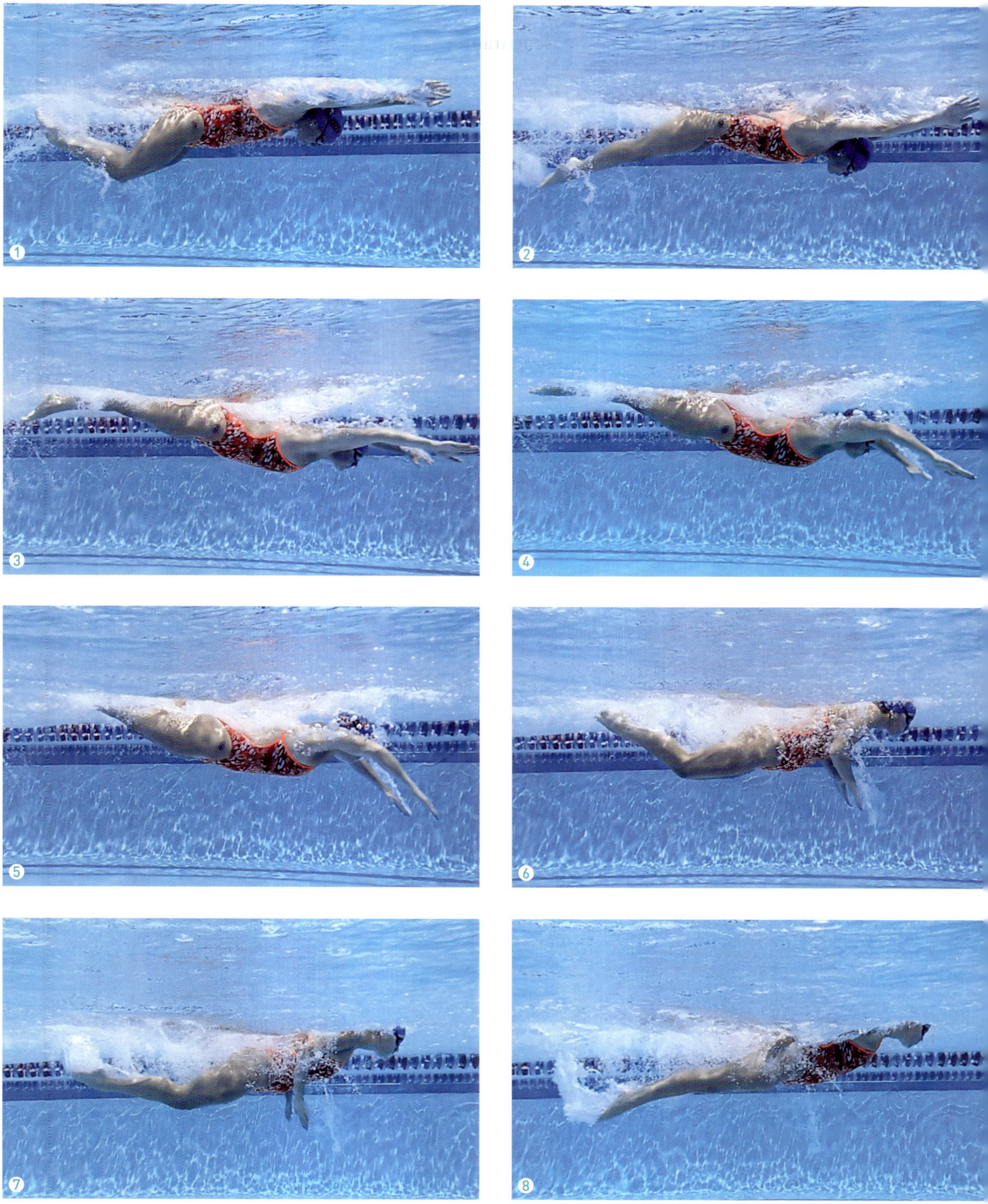

Abb. 5.4 Elizabeth Beisel macht einen Beinschlag während des Eintauchens und der Streckung (Fotos 1 und 2) und einen zweiten, wenn ihre Hände das Wasser am Ende des Armzugs verlassen (Fotos 7 und 8).

im Verlauf des ersten Beinschlags. Sie drückt ihren Kopf und ihre Brust *nach unten* und *nach vorn*, sodass sie eine leicht gehechtete Körperlage mit der Hüfte als höchstem Punkt einnimmt (Foto 2). Durch diese Art der Rumpfbewegung auf der Querachse strömt das Wasser ruhig an ihrem Körper und den Oberschenkeln vorbei, wodurch der Widerstand und somit auch der Geschwindigkeitsverlust minimiert werden.

Nach dem ersten Beinschlag beim Wasserfassen erholen sich ihre Beine während der Aufwärtsbewegung *in der gestreckten Position* (Fotos 3 bis 5). Damit der Körper sich weiterhin über

DIE KOPFBEWEGUNG

Die Kopfbewegung während des Zugzyklus ist zwar nur gering, aber wichtig. Abbildung 5.4 (vorige Seite) zeigt Elizabeth Beisels Kopfhaltung während der Armzugphasen. In Foto 1 und 2 befindet sich ihr Kopf nah unter der Wasseroberfläche, ihr Blick ist nach unten gerichtet, während sie ihre Arme ins Wasser eintaucht und nach vorn streckt. Ihr Rumpf bewegt sich auf der Querachse wellenförmig nach unten und nach vorn (Undulationstechnik). Beim Wasserfassen auf den Fotos 3 bis 5 hebt sie den Kopf an, wobei ihr Blick leicht nach vorn gerichtet ist. Dabei unduliert der Rumpf auf der Querachse nach oben und nach vorn. Beim Schmetterlingsschwimmen bestimmt der Kopf während des Zugzyklus die wellenförmige Auf- und Abbewegung des Rumpfs – beim Eintauchen und Strecken nach unten und nach vorn, beim Wasserfassen sowie in der Diagonal- und Abschlussphase nach oben und nach vorn. Geht der Kopf nach vorn, folgt ihm der Körper. Halten Sie den Kopf niemals zu tief unter Wasser oder zu weit oben. Versuchen Sie wie Elizabeth Beisel eine wellenförmige Rumpfbewegung auszuführen.

Abbildung 5.5 stellt ihre Kopfbewegung von vorn betrachtet dar. Während des Eintauchens und der Streckung richtet sie ihren Blick nach unten. Ihre Brust drückt sie nach unten und nach vorn (Foto 1). Beim Wasserfassen hebt sie den Kopf und blickt leicht nach vorn und bringt so außerdem den Rumpf nach vorn (Foto 2).

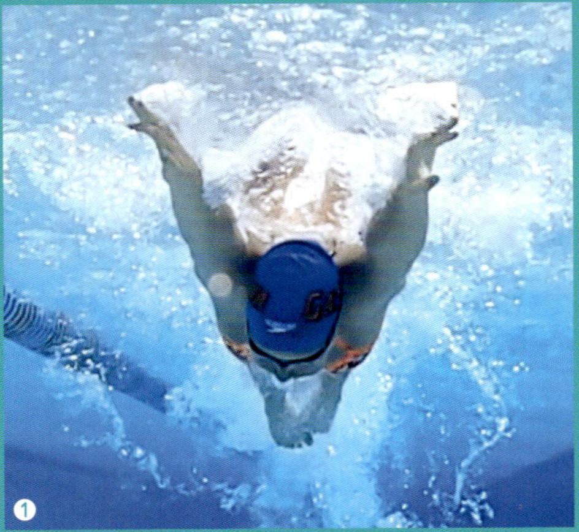

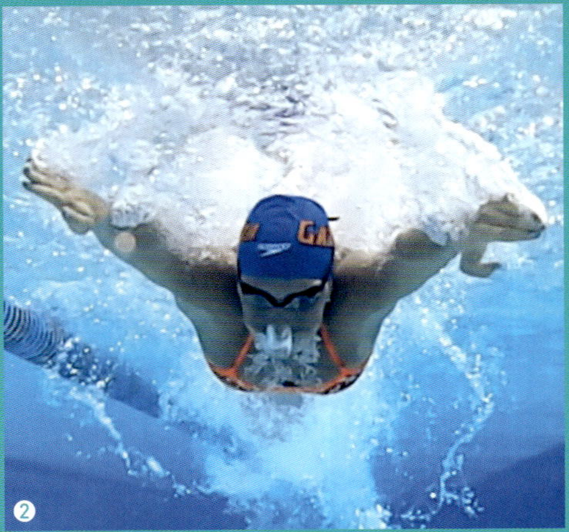

Abb. 5.5 Während des Eintauchens und der Streckung ist der Blick nach vorn gerichtet (Foto 1). Beim Wasserfassen wird der Kopf leicht angehoben, um den Rumpf nach vorn zu bringen (Foto 2).

die Querachse bewegt, streckt sie ihn und hebt ihren Kopf beim Wasserfassen leicht an (siehe auch Kasten „Kopfbewegung“).

Im Verlauf der diagonalen Armzugphase beugt Elizabeth ihre Beine für den zweiten Beinschlag (Foto 6). Wenn sie diesen Beinschlag zeitlich gut mit der Abschlussphase des Armzugs abstimmt (besonders das Timing der Beugung in den Knien), kann sie den Zyklus mit einem explosiven kraftvollen Beinschlag abschließen (Fotos 7 und 8).

Die erhöhte Geschwindigkeit durch den kraftvollen zweiten Beinschlag, gekoppelt mit einem angespannten, geraden Rumpf wie auf Foto 8, garantiert, dass sie keinen drastischen Geschwindigkeitsverlust erfährt, sobald ihre Arme das Wasser für die Rückholphase verlassen (und auch die Beine sich in der Aufwärtsbewegung für den ersten Beinschlag des nachfolgenden Zugzyklus erholen).

Damit sich Ihre Arme über Wasser schnell erholen, müssen Sie Ihre Beine nach dem zweiten kraftvollen Beinschlag schnell nach oben bringen (**Erholung mit gestreckten Beinen zuerst**, dann Beugung der Knie, bevor die Arme ins Wasser eintauchen). Achten Sie darauf, dass Sie die Beine nach dem zweiten Beinschlag nicht hängen lassen. Eine schnelle Erholung der Beine bringt die Hüfte nach vorn und unterstützt die Arme in der Rückholphase.

Abbildung 5.6 zeigt Ariana Kukors in der Abschlussphase während des zweiten kraftvollen Beinschlags. Während der Rückholphase

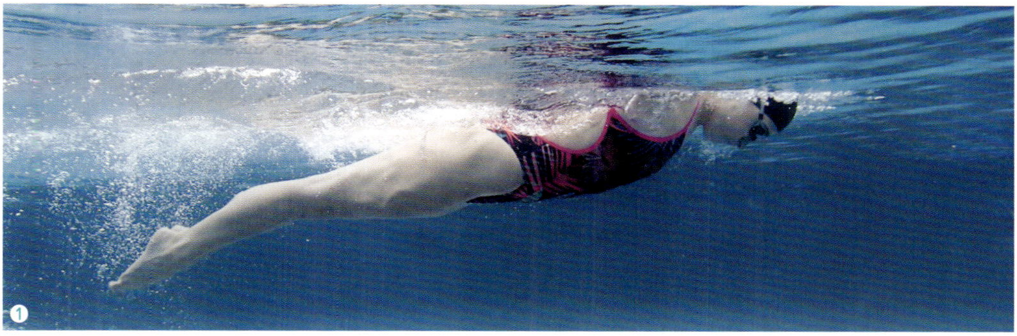

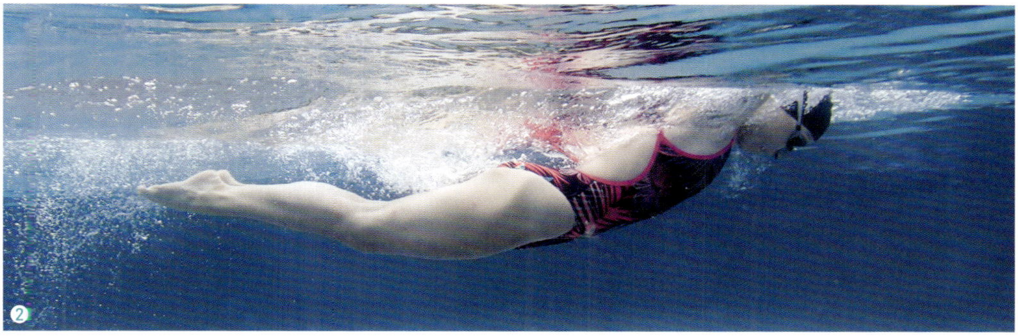

Abb. 5.6 Ariana Kukors hält die Rumpfspannung, um die Hüfte während der Rückholphase der Arme nahe an der Wasseroberfläche zu halten.

der Arme über Wasser hat sie eine gestreckte Körperhaltung nahe an der Wasseroberfläche (Foto 1). Auch während der Beugung der Knie (Foto 2) für den nachfolgenden ersten Beinschlag befindet sich ihre Hüfte weiterhin nahe der Wasseroberfläche, anstatt abzusinken. Dazu benötigt sie eine gute Körperspannung, denn die Arme über Wasser drücken die Hüfte eher nach unten. Achten Sie darauf, dass Ihre Hüfte beim gesamten Zugzyklus, insbesondere bei dieser kräftezehrenden Abschluss- und Rückholphase, nahe der Wasseroberfläche bleibt.

Betrachten wir die Abschluss- und Rückholphase noch einmal aus der Überwasserperspektive (Abb. 5.7). Hier sieht man, dass Ariana ihre Arme über Wasser gestreckt nach vorn bringt. Schmetterlingsspezialisten führen diese Phase mit gestreckten Armen aus, jedoch ist es wichtig zu beachten, dass *die Arme erst gestreckt werden, sobald die Hände nach der Abschlussphase des Unterwasserarmzugs das Wasser verlassen*. Die Ellenbogen sind während der Abschlussphase zunächst gebeugt, sodass die Hände und Unterarme nach hinten zeigen, anstatt das Wasser nach oben wegzudrücken. In Foto 1 sind Ariana Kukors' Arme gebeugt und zeigen nach hinten auf das Wasser, während sie den Vortrieb bringenden Armzugzyklus beendet. Die Oberarme und Ellenbogen verlassen das Wasser zuerst, die Unterarme und Hände folgen. Wie auf den Fotos 2 bis 3 ersichtlich, streckt sie die Arme für die Rückholphase erst, wenn die Hände das Wasser verlassen.

Außerdem können Sie erkennen, dass Kopf, Rücken und Schultern nahe an der Wasserober-

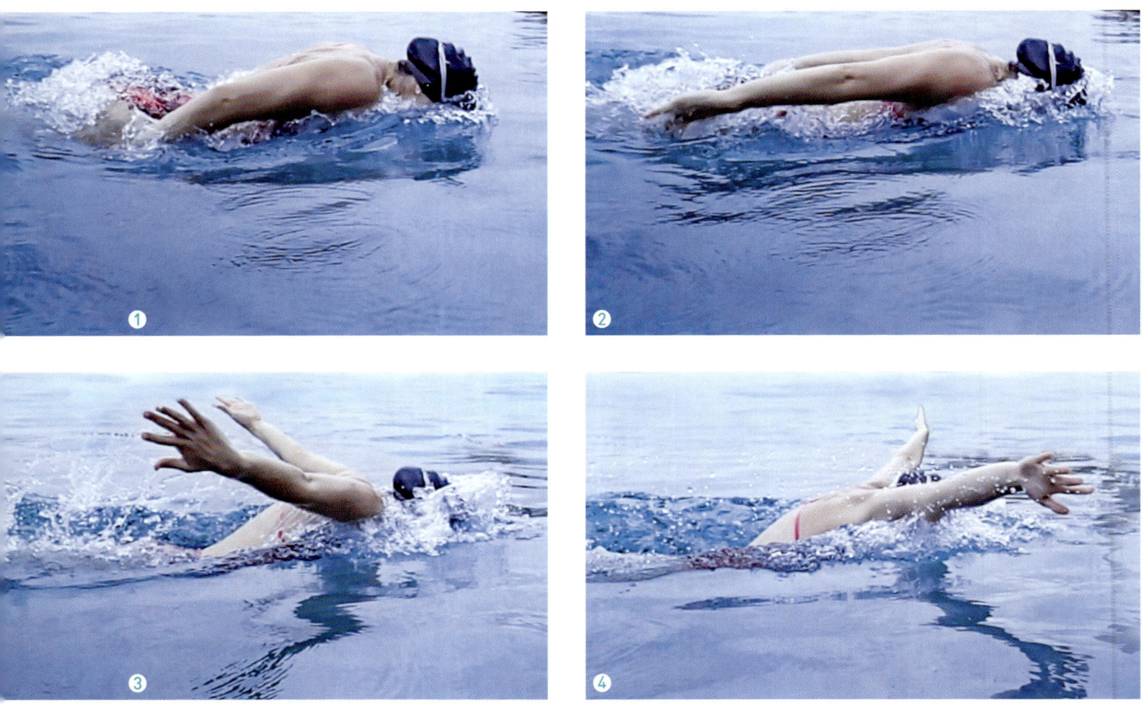

Abb. 5.7 Am Ende der Unterwasserphase des Armzugs beugt Ariana Kukors weiterhin die Arme im Ellenbogen (Foto 1), bevor sie sie für die Rückholphase über Wasser streckt (Fotos 2 bis 4).

fläche bleiben. Sie führt die Arme ohne übermäßige Auf- und Abbewegung. Achten Sie bei der wellenförmigen Rumpfbewegung auf der Querachse auf eine *vorwärts gerichtete* anstelle einer abwärts gerichteten Bewegung.

DIE ATMUNG

Genauso wichtig wie eine vorwärts gerichtete Bewegung ist es, zur richtigen Zeit während des Armzugzyklus zu atmen. Schmetterlingsschwimmer heben ihren Kopf und ihre Schultern während des zweiten Teils des Zugzyklus (Diagonal- und Abschlussphase)) aus dem Wasser an.

Abbildung 5.8 zeigt Ariana Kukors bei der Atmung. Ihr Kopf bleibt beim Wasserfassen unter Wasser (Foto 1). Während der Diagonalphase hebt sie Kopf und Schultern an (Foto 2). Sobald ihre Hände und Arme in die Abschlussphase und die Rückholphase über Wasser übergehen (Fotos 3 und 4), hebt sie den Kopf zum Atmen aus dem Wasser. Diese Bewegung erfolgt nicht abrupt, sondern kontinuierlich, wobei ihr Kinn an der Wasseroberfläche bleibt. Spezialisten steuern ihre Energie entsprechend, um die Geschwindigkeit beizubehalten.

Nach der Atmung tauchen Gesicht und Kopf wieder in das Wasser, und die Arme werden nach vorn geführt, um den nächsten Zugzyklus zu beginnen. In Abbildung 5.9 sind die Arme während der Atmung noch hinter dem Kopf, beim Rückholen der Arme nach vorn sinkt der Kopf wieder ab. Dabei steuert der Kopf die Rumpfbewegung auf der Querachse. Eine gute Atemtechnik und ein gutes Timing sind somit entscheidend für eine gute Leistung im Schmetterlingsschwimmen.

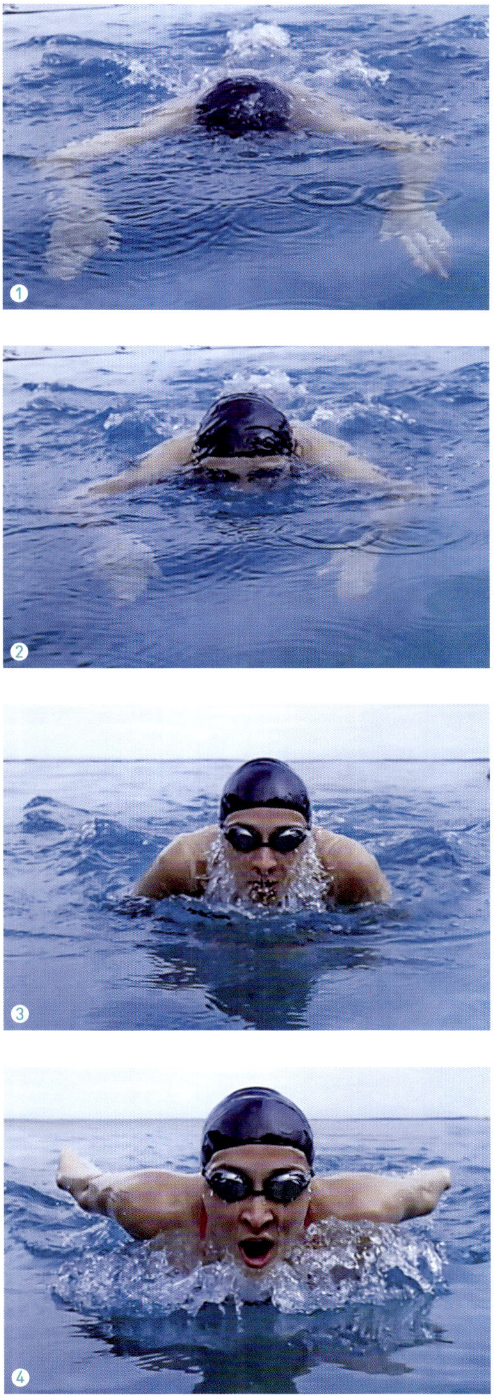

Abb. 5.8 Ariana Kukors hebt ihren Kopf für die Atmung kontinuierlich an.

DER DELFINKICK WÄHREND DER TAUCHPHASE

Unabhängig davon, ob Sie nur zwei, drei schnelle Delfinkicks nach der Wende machen oder die 15 Meter unter Wasser ausnutzen wollen, sollten Sie das Maximum aus der Tauchphase herausholen. Voraussetzung dafür ist, dass Sie in der stromlinienförmigen Körperhaltung während des Delfinkicks die gleiche wellenförmige Rumpfbewegung ausführen wie beim regulären Zugzyklus.

Abbildung 5.10 zeigt Doug Reynolds beim Delphinkick während der Tauchphase. Beachten Sie seine wellenförmige Körperbewegung (Undulationstechnik), bei der er seinen Rumpf

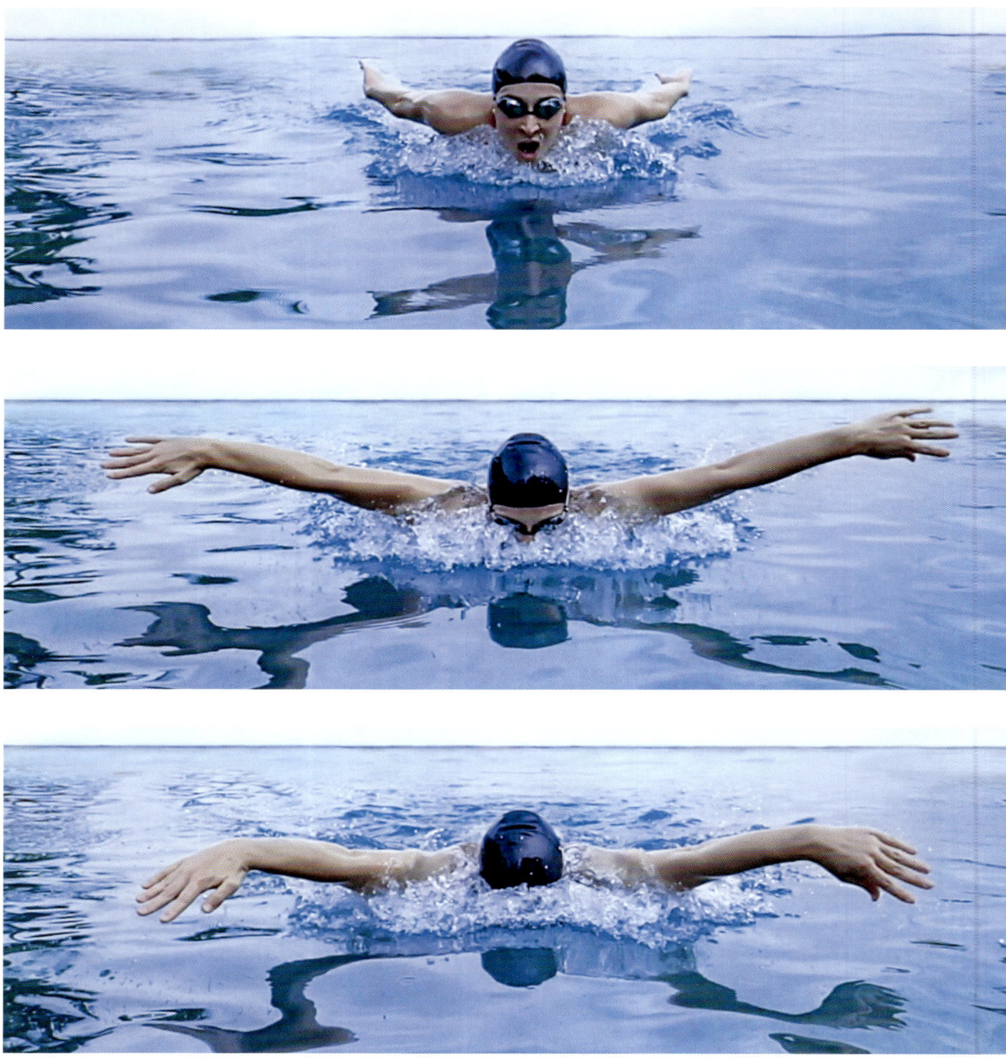

Abb. 5.9 Nach der Atmung senkt sie ihren Kopf wieder in das Wasser, bevor sie ihre Arme nach vorn zurückführt.

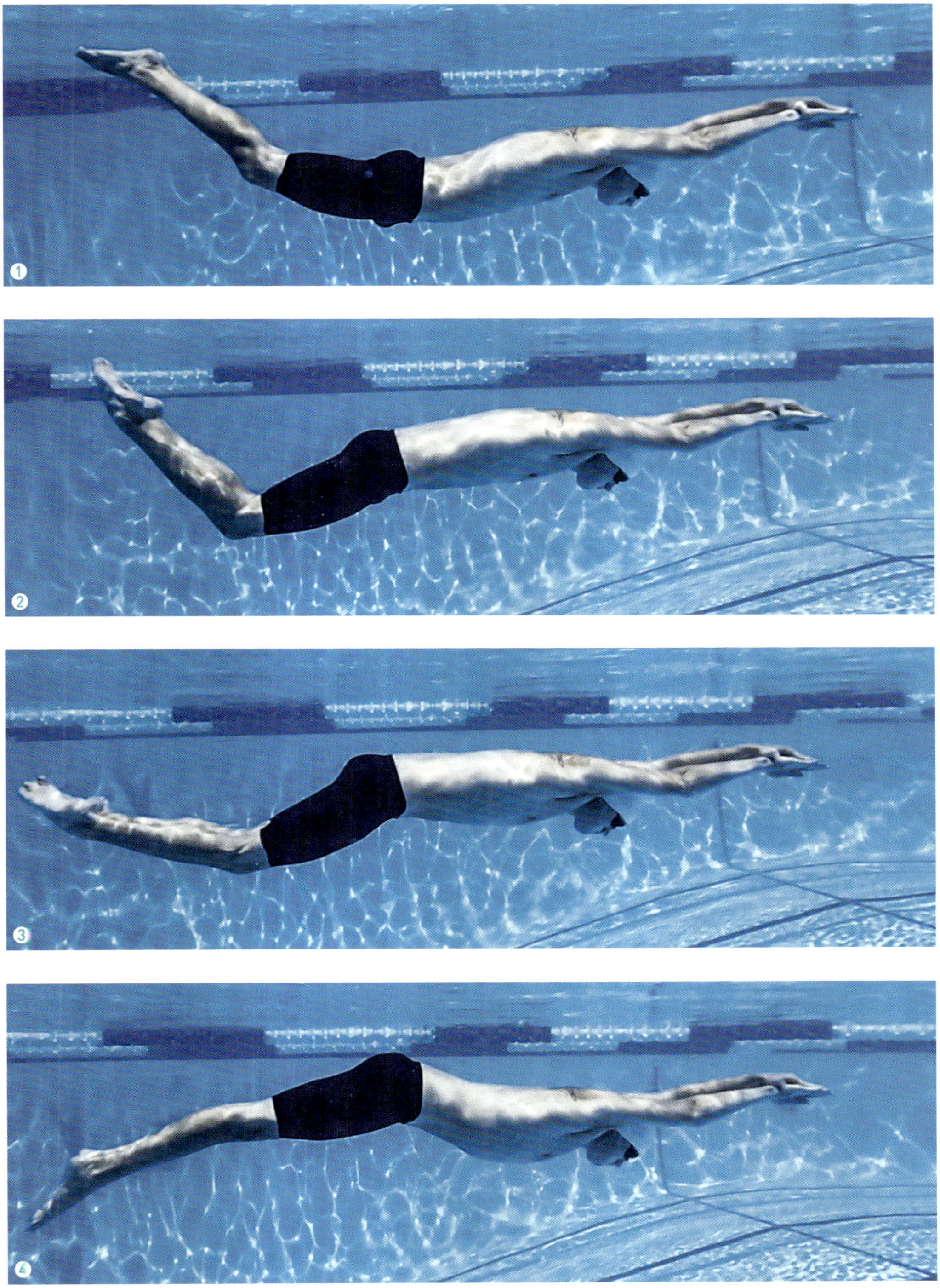

Abb. 5.10 Doug Reynolds führt den Delfinkick kraftvoll von der Brust abwärts aus.

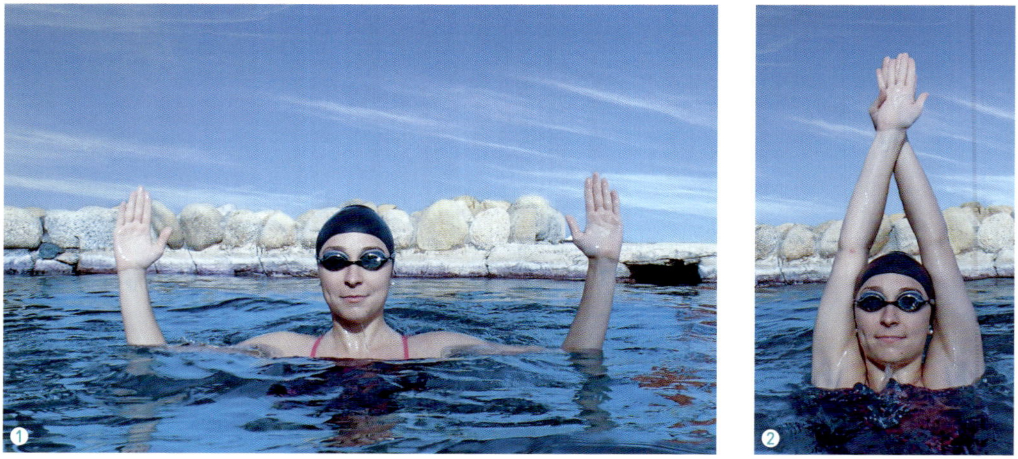

Abb. 5.11 Ariana Kukors führt den senkrechten Delfinkick in zwei unterschiedlichen Schwierigkeitsgraden aus: Arme gebeugt über Wasser (1) oder anspruchsvoller mit stromlinienförmig gestreckter Armhaltung (2).

nach unten und nach vorn bewegt (Fotos 2 bis 4), anstatt den Kick nur aus den Knien auszuüben. Für den Abwärtskick streckt er seine Beine. Obwohl er seinen ganzen Körper für den Delfinkick unter Wasser ausnutzt, sind seine Arme auf allen Fotos gerade gestreckt und folgen nicht der wellenförmigen Bewegung des Rumpfs. Achten Sie ebenfalls auf eine gestreckte Armhaltung und führen Sie den kraftvollen Delfinkick von der Brust abwärts aus.

Technische Übung

Ariana Kukors' Lieblingsübung für einen kraftvollen, schnellen Delfinkick ist der „senkrechte Delfinkick", wie in Abbildung 5.12 dargestellt. Auf Foto 1 hat sie gerade den Delfinkick abgeschlossen und befindet sich in der Erholungsphase, in der sie die Beine gestreckt nach hinten bewegt. Um den nächsten Kick einzuleiten, beugt sie die Knie auf den Fotos 2 und 3. Auf Foto 4 beugt sie ihre Hüfte für den nachfolgenden kraftvollen Kick. Während der Streckung auf den Fotos 5 und 6 führt sie die wellenförmige Bewegung bis in die Zehenspitzen aus. Wie auch Doug Reynolds benutzt sie für den Delfinkick nicht nur ihre Beine, sondern setzt ihren ganzen Körper von der Brust abwärts ein.

In der Abbildung 5.11 zeigt uns Ariana Kukors zwei unterschiedliche Schwierigkeitsgrade für diese Übung. Bei der ersten Übung hält sie die Arme gebeugt, wobei nur die Unterarme und Hände aus dem Wasser zeigen (Foto 1). Bei der zweiten und weitaus anspruchsvolleren Variante auf Foto 2 hält sie die Arme in Stromlinienhaltung gestreckt über dem Kopf.

Wenn Sie diese Übung vier- bis achtmal über 20 Sekunden oder länger ausführen, werden Sie stark wie ein Weltmeister!

Um den Rhythmus und die Schönheit dieser jüngsten olympischen Lage zu fühlen, müssen Sie Kraft im Oberkörper, in den Beinen und im Rumpf entwickeln. Noch wichtiger ist es jedoch, dass Sie den kurvenförmigen Armzug unter Wasser, das richtige Timing des Beinschlags und die Rumpfbewegung aus diesem Kapitel verinnerlichen und üben – und schon werden Sie durch das Becken fliegen!

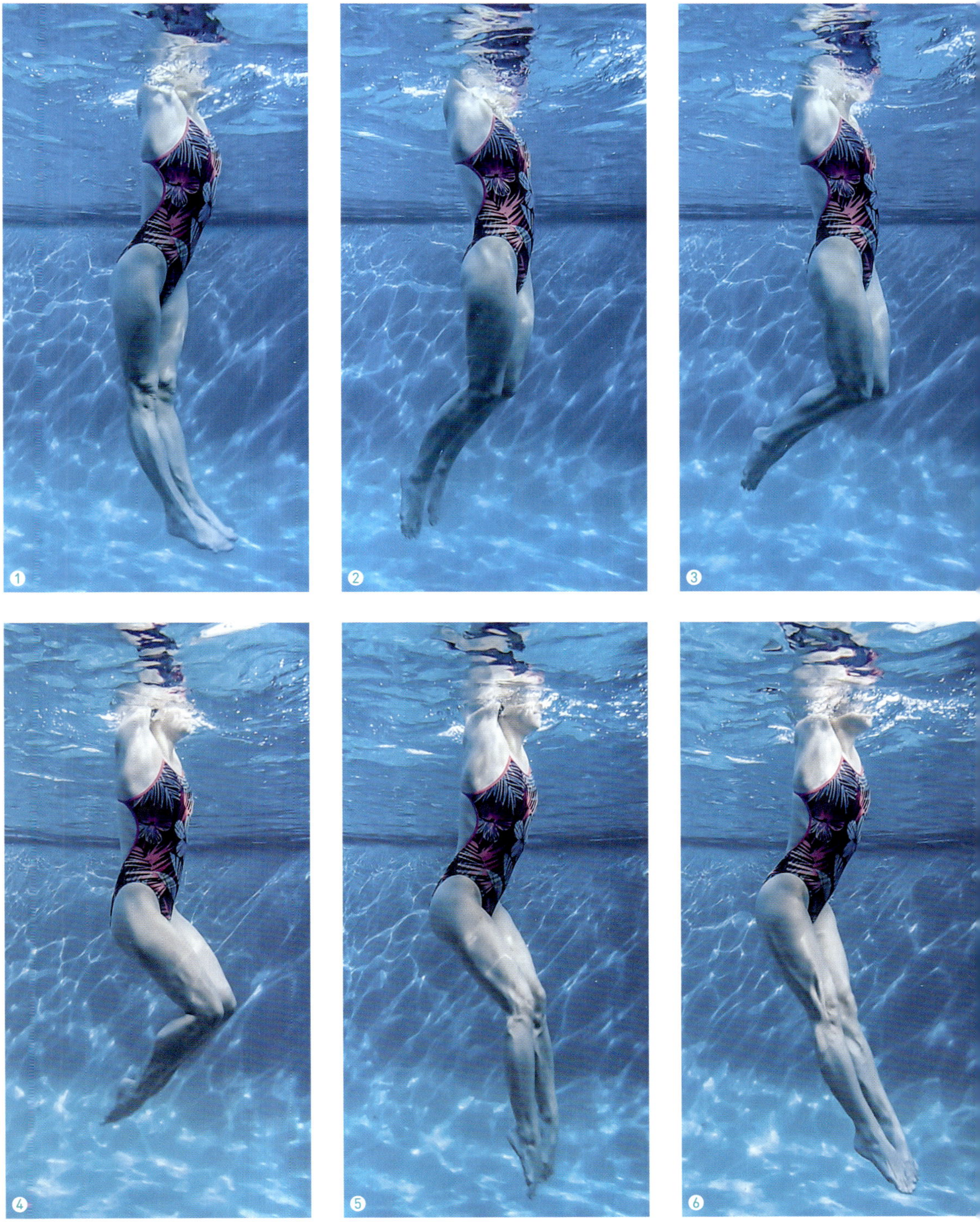

Abb. 5.12 Mit dem senkrechten Delfinkick trainiert Ariana Kukors Spannung für Rumpf und Beine.

5

SCHWIMMDATEN

Dana Vollmer, Olympische Spiele 2012, London

100 Meter Schmetterling | 50-Meter-Becken | Zeit: 55,98 Sekunden (Goldmedaille und Weltrekord)

Bahnen	Zugzahl	Zyklusdauer (s/Armzyklus)	Durchgangszeit
1. 50 m	21	1,05–1,10	26,39 s
2. 50 m	23	1,05–1,10	55,98 s (29,59 s für 2. Bahn)

Daten der Start- und Wendephase
Zeit und Distanz während der Tauchphase nach dem Start: 4,4 s, 11 m
Zeit und Distanz während der Tauchphase nach den Wenden: 3,3 s, 7–8 m
Zeit bei der Wende (Hand-Fuß-Zeitpunkt): 0,90 s

Michael Phelps, Olympische Spiele 2012, London

100 Meter Schmetterling | 50-Meter-Becken | Zeit: 51,21 Sekunden (Goldmedaille)

Bahnen	Zugzahl	Zyklusdauer (s/Armzyklus)	Durchgangszeit
1. 50 m	17	1,15	24,35 s
2. 50 m	18	1,15	51,21 s (26,86 s für 2. Bahn)

Daten der Start- und Wendephase
Zeit und Distanz während der Tauchphase nach dem Start: 5,2 s, 13–14 m
Zeit und Distanz während der Tauchphase nach den Wenden: 4,7 s, 11 m
Zeit bei der Wende (Hand-Fuß-Zeitpunkt): 0,95 s

Elizabeth Beisel, US-Collegemeisterschaften 2014

400 Yards Lagen | 25-Yard-Becken | Zeit: 3:58,84 Minuten | Splitzeit Schmetterling: 55,95 Sekunden

Bahnen	Zugzahl	Zyklusdauer (s/Armzyklus)	Durchgangszeit
1. 25 yd	5	1,15	keine Information
2. 25 yd	8	1,25	26,17 s
3. 25 yd	8	1,25–1,30	keine Information
4. 25 yd	8	1,25–1,30	55,95 s (29,78 s für 3.+4. Bahn)

Daten der Start- und Wendephase
Zeit und Distanz während der Tauchphase nach dem Start: 6,0 s, 14 yd
Zeit und Distanz während der Tauchphase nach den Wenden: 3,4 s, 8 yd
Zeit bei der Wende (Hand-Fuß-Zeitpunkt): 0,95–1,0 s

Doug Reynolds, US-Collegemeisterschaften 2014

100 Yards Schmetterling | 25-Yard-Becken | Zeit: 45,92 Sekunden

Bahnen	Zugzahl	Zyklusdauer (s/Armzyklus)	Durchgangszeit
1. 25 yd	5	0,95–1,0	9,81 s
2. 25 yd	5	1,0	21,63 s (11,82 s für 2. Bahn)
3. 25 yd	5	1,0	33,53 s (11,90 s für 3. Bahn)
4. 25 yd	keine Information	1,05	45,92 s (12,39 s für 4. Bahn)

Anmerkung: Aufgrund der Fernsehübertragung sind die Daten nicht vollständig

Daten der Start- und Wendephase
Zeit und Distanz während der Tauchphase nach dem Start: 5,0 s, 15 yd
Zeit und Distanz während der Tauchphase nach den Wenden: 6,2 s, 15 yd
Zeit bei der Wende (Hand-Fuß-Zeitpunkt): 1,0 s

Ariana Kukors, Weltmeisterschaften 2009, Rom

200 Meter Lagen | 50-Meter-Becken | Zeit: 2:06,15 Minuten (Goldmedaille und Weltrekord) | Splitzeit Schmetterling: 27,72 Sekunden

Bahnen	Zugzahl	Zyklusdauer (s/Armzyklus)	Durchgangszeit
1. 50 m	22	1,03	27,72 s

Daten der Start- und Wendephase
Zeit und Distanz während der Tauchphase nach dem Start: 5,0 s, 12 m

Sheilas Vergleich der Generationen

Mary T. Meagher („Madame Butterfly"), US-Meisterschaften 1981

200 Meter Schmetterling | 50-Meter-Becken | Zeit: 2:05,96 Minuten (Goldmedaille und Weltrekord)

Bahnen	Zugzahl	Zyklusdauer (s/Armzyklus)	Durchgangszeit
1. 50 m	23	1,15	29,53 s
2. 50 m	25	1,15–1,20	1:01,41 min (31,88 s für 2. Bahn)
3. 50 m	26	1,15–1,20	1:33,69 min (32,28 s für 3. Bahn)
4. 50 m	26	1,10–1,15	2:05,96 min (32,27 s für 4. Bahn)

Daten der Start- und Wendephase
Zeit und Distanz während der Tauchphase nach dem Start: 3,1 s, 8 m
Zeit und Distanz während der Tauchphase nach den Wenden: 1,8 s, 5 m
Zeit bei der Wende (Hand-Fuß-Zeitpunkt): 1,0 s

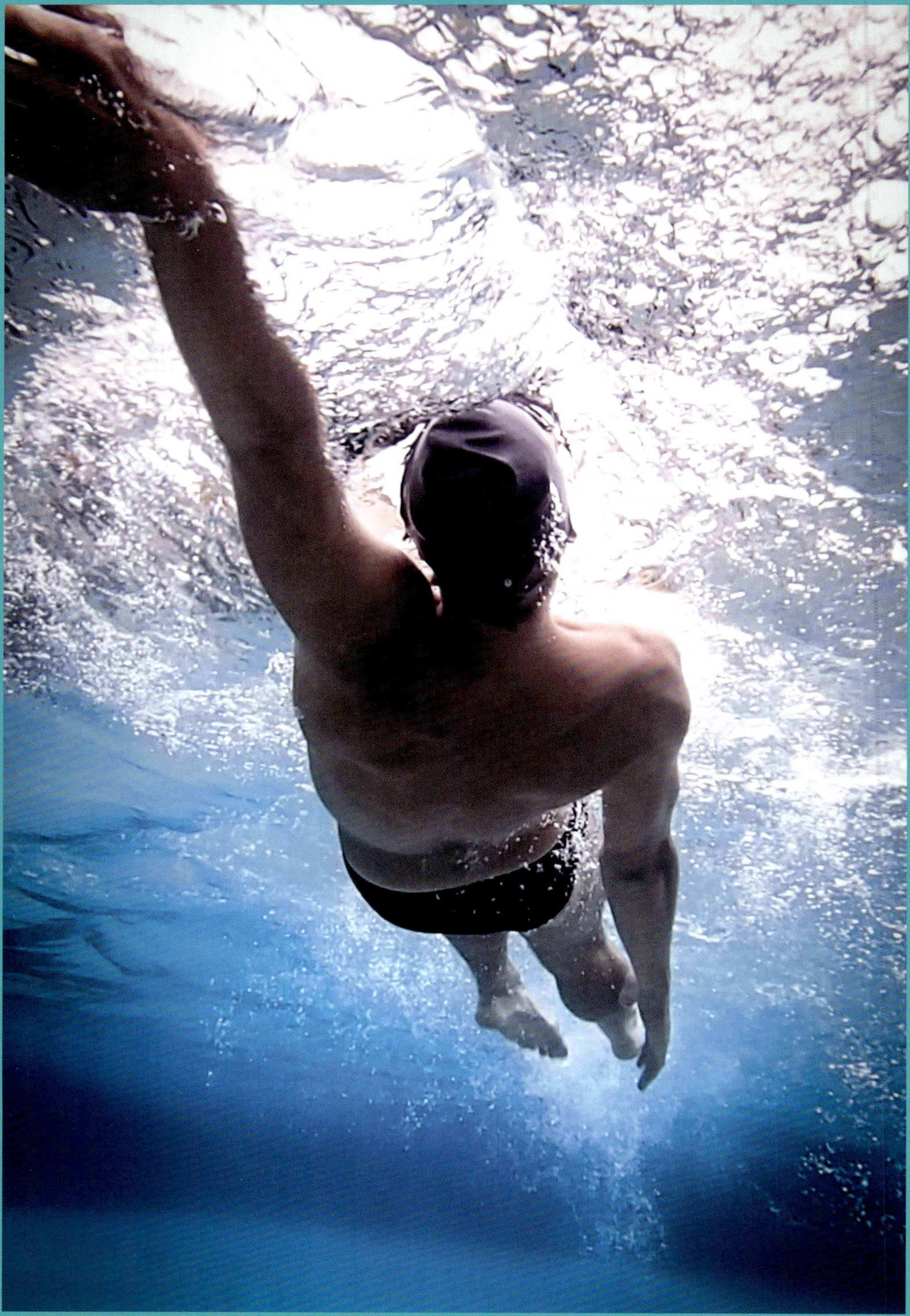

6 RÜCKEN

Das folgende Kapitel über die Rückentechnik möchte ich mit einem Zitat von Eddie Reese beginnen. Er war Chefcoach der US-Mannschaft bei den Olympischen Spielen 2004 und 2008 und führte außerdem das Männer-Schwimmteam der University of Texas acht Mal zum Meistertitel der US-Colleges. Als er gebeten wurde, über seinen Trainingsansatz bei Schmetterlings- und Rückenschwimmern zu schreiben, weist er auf den entscheidenden und engen Zusammenhang von Zugtechnik und Geschwindigkeit hin:

Der Schlüssel zu einer Bestleistung über die Rücken- oder Schmetterlingsstrecken liegt in einer möglichst soliden Technik. Zum Beispiel gibt es auf nationaler Ebene viele gute Elf- und Zwölfjährige, die beim Rückenschwimmen ihre Hand mit dem Handrücken anstatt senkrecht in das Wasser eintauchen. In den Endläufen von US- oder College-Meisterschaften sieht man vielleicht noch alle vier oder fünf Jahre einen Schwimmer, der seine Hand nicht korrekt eintaucht. Je höher das Niveau der Wettkämpfe, desto weniger Technikfehler kann man bei den Schwimmern beobachten, da die schnellsten auch die mit der effektivsten Technik sind. (Reese 2001, 271)

Das Rückenschwimmen stellt die größte Herausforderung dar, an einer sauberen Technik zu feilen und zu üben, da man selbst zu keiner Phase des Armzugs die genaue Position seiner Arme sehen kann. In den anderen Lagen kann man seine Hände und Arme zumindest in der kniffligsten Phase – dem Wasserfassen – beobachten. Da dies beim Rückenschwimmen nicht möglich ist, ist es wichtig, sehr genau auf alle Details zu achten und seine propriozeptiven Fähigkeiten voll auszuschöpfen.

In diesem Kapitel werden wir die Technik von zweien der weltbesten Rückenschwimmer – Elizabeth Beisel und Aaron Peirsol – analysieren. Von ihrer Technik und ihrem Timing können auch Sie lernen und dies in Ihrem eigenen Training anwenden.

DAS ARMZUGMUSTER

Zunächst betrachten wir das kurvenförmige Armzugmuster in seiner vollen Länge, sodass wir im Verlauf des Vortrieb bringenden Armzugzyklus die unterschiedlichen Hand- und Armstellungen kennenlernen. Abbildung 6.1 zeigt Aaron Peirsols Armzugweg vom Ein-

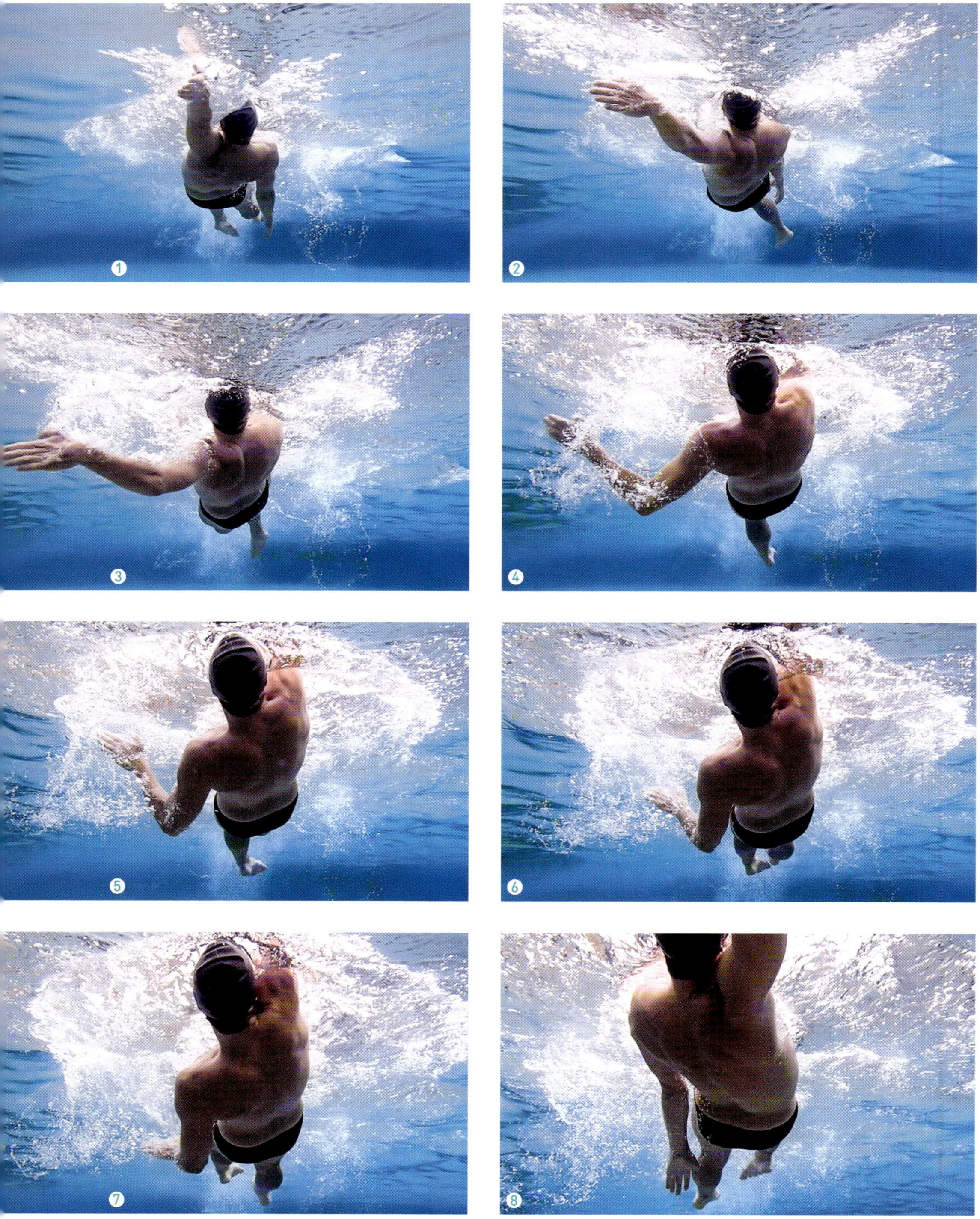

Abb. 6.1 Aaron Peirsol beim kurvenförmigen Armzugmuster während des Rückenschwimmens

tauchen der Hand in das Wasser bis zur Abschlussphase.

In Foto 1 taucht sein linker Arm komplett gestreckt in einer Linie mit der Schulter ins Wasser ein. Seine Handinnenfläche zeigt dabei nach außen (senkrecht auf das Wasser). Beim Wasserfassen auf den Fotos 2 und 3 zeigt seine Hand beziehungsweise sein Unterarm nach hinten auf das Wasser. Diese Armstellung kann er selber nicht sehen, hat sie aber durch stundenlanges Training verinnerlicht. Eine seiner Lieblingsübungen, die im Verlauf dieses Kapitels genauer beschrieben wird, konzentriert sich auf die Phase, in der er nach dem Eintauchen des gestreckten Arms beim Wasserfassens den Arm nach hinten auf das Wasser richtet.

Beachten Sie, wie tief er seinen Arm beim Wasserfassen auf Foto 3 führt. Hand und Arm befinden sich tief genug, um in der Diagonalphase des Armzugs Wasser nach oben zu drücken (Fotos 4 und 5), ohne dass seine Hand dabei das Wasser verlässt. Positioniert er seine Hand zu tief, ist die Belastung auf das Schultergelenk aufgrund des höheren Drehmoments der Schulter zu groß.

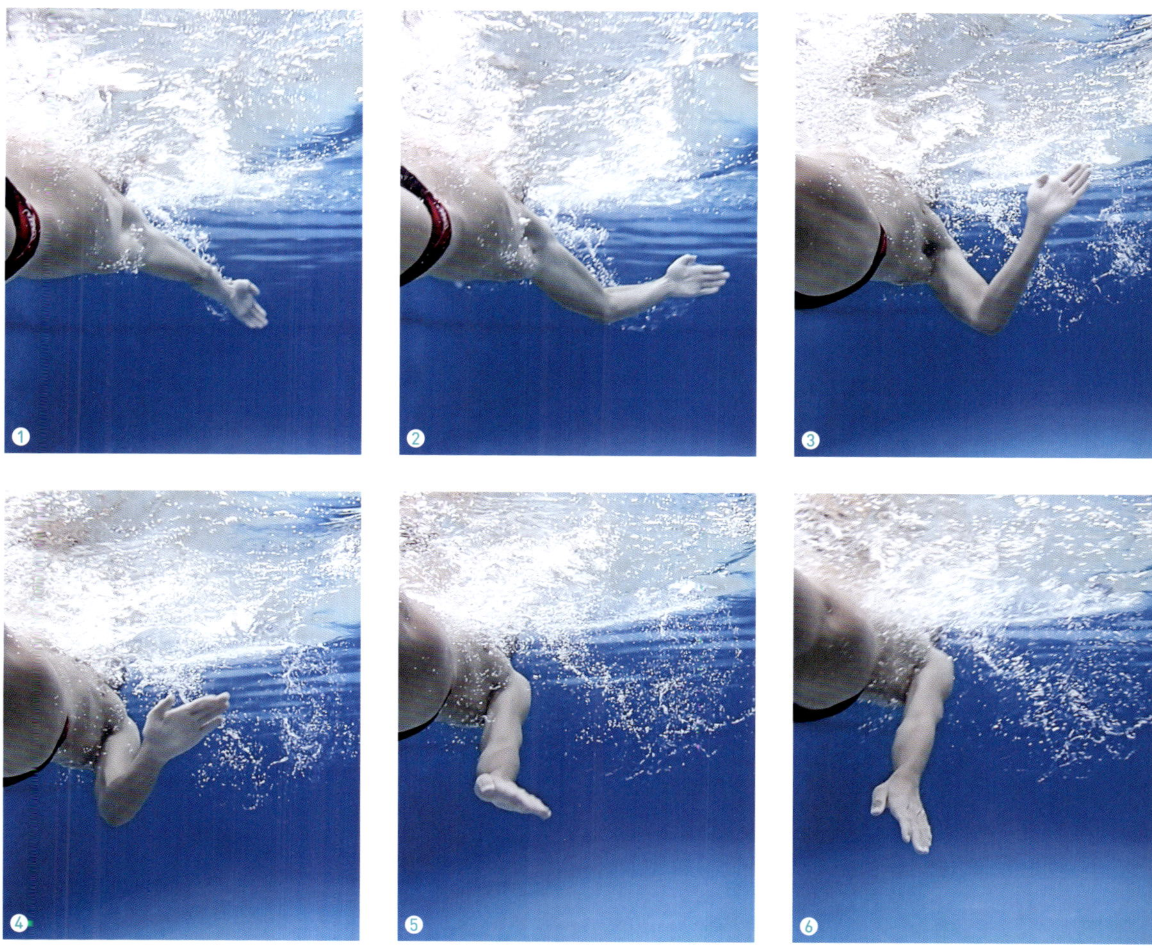

Abb. 6.2 Wasserfassen, Diagonal- und Abschlussphase während des Rückenschwimmens

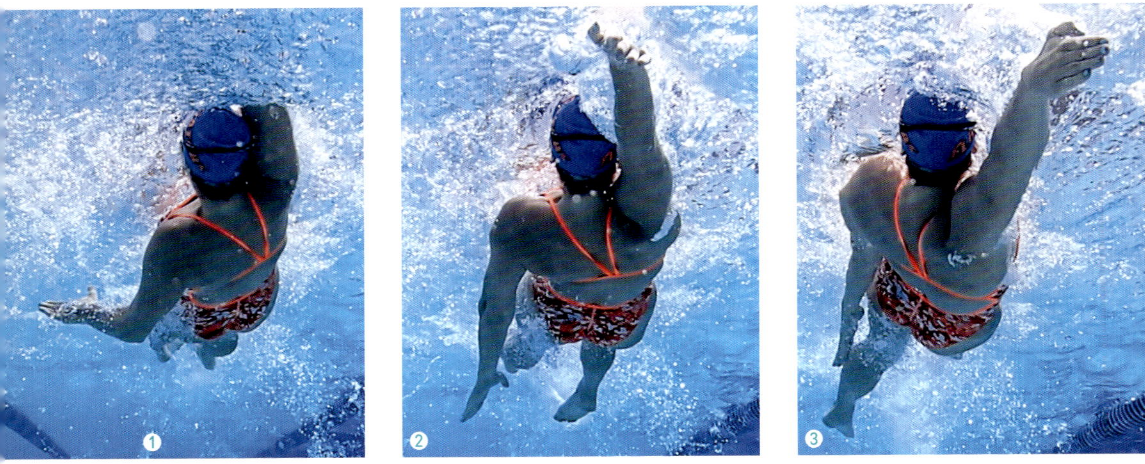

Abb. 6.3 Elizabeth Beisel drückt das Wasser nach hinten und nach unten, sie beendet den Rückenarmzug mit gestrecktem Arm und der Hand unterhalb der Hüfte.

Auf den Fotos 4 und 5 sieht man die Diagonalphase und auf den Fotos 6 bis 8 die Abschlussphase seines Rückenarmzugs. Während des Unterwasserarmzugs lenkt er die resultierenden Auftriebs- und Widerstandskräfte nach hinten, um sich selbst vorwärts zu bewegen.

Betrachtet man den Armzug aus der Perspektive wie in Abbildung 6.2 dargestellt, wird die nach hinten auf das Wasser gerichtete Hand-Unterarm-Stellung während der gesamten Armzugphase noch deutlicher. Auf Foto 2 sieht man das Wasserfassen, auf Foto 3 macht Aaron den ersten Richtungswechsel in die Diagonalphase und den zweiten in die Abschlussphase auf Foto 4. Der Vortrieb bringende Armzug endet mit gestrecktem Arm, wenn sich die Hand unterhalb der Hüfte befindet (Fotos 5 und 6). Aufgrund der Rückenlage kann der Vortrieb bringende Armzug auf diese Weise am besten verlängert werden.

BESCHLEUNIGUNG DER HAND

Wie bereits in Kapitel 2 erläutert, erfordert die Entwicklung eines Wassergefühls auf Topniveau eine Geschwindigkeitssteigerung (und dementsprechend Kraftsteigerung) der Hand im Verlauf des Armzugzyklus. Beim Wasserfassen ist die Geschwindigkeit der Hand am geringsten und zum Ende des Armzugs am höchsten. Topschwimmer können das Wasser in der Abschlussphase noch einmal beschleunigen.

Auf der Nahaufnahme von Elizabeth Beisel in Abbildung 6.3 kann man dieselbe Technik wie bei Aaron Peirsol während der Abschlussphase beobachten. Auf Foto 1 sind Hand und Unterarm genau abgestimmt und positioniert, um den größtmöglichen Vorwärtsantrieb in dieser späten Phase des Armzugs zu erzielen. In Foto 2 beendet sie den Armzug mit gestrecktem Arm und der Hand unterhalb der Hüfte.

Sobald sie den Armzugzyklus beendet, zeigt ihre Handinnenfläche in Richtung Oberschenkel. Jetzt löst sie den Druck auf das Wasser und führt den Arm aus dem Wasser heraus in die Rückholphase über Wasser (Foto 3).

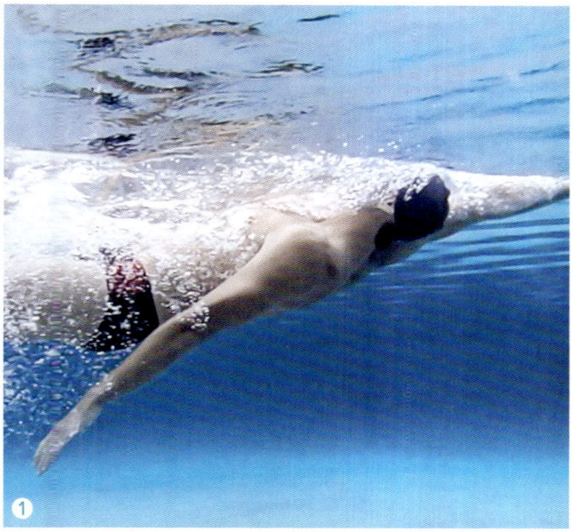

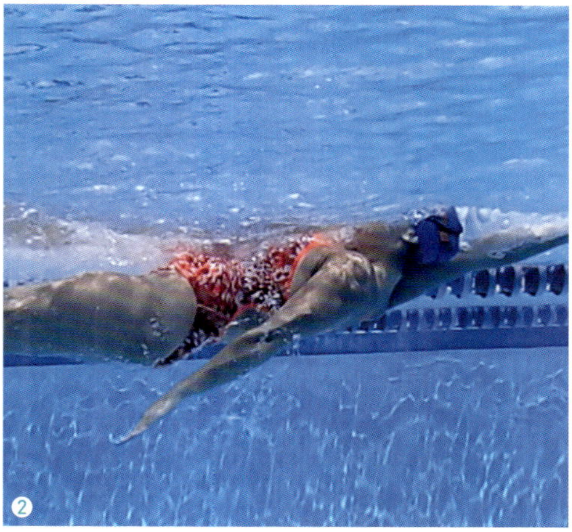

Abb. 6.4 Gesicht und Brust von Aaron Peirsol (1) und Elizabeth Beisel (2) befinden sich direkt an der Wasseroberfläche, die Hüften direkt unterhalb der Wasseroberfläche.

DIE WASSERLAGE

Das kurvenförmige Armzugmuster kann leichter ausgeführt werden, wenn der Körper richtig auf dem Wasser liegt.

Beim Rückenschwimmen zeigen Kopf und Brust aus dem Wasser heraus, der Kopf liegt parallel zur Wasseroberfläche. Die Hüfte befindet sich direkt unterhalb der Wasseroberfläche, wodurch die Körperlage leicht gebeugt ist und die Beine während des Beinschlags im Wasser bleiben. In Abbildung 6.4 kann man die beschriebene Körperlage bei Aaron Peirsol und Elizabeth Beisel erkennen.

Abbildung 6.5 zeigt die Wasserlage des Rückenspezialisten Aaron Peirsol aus der Über-

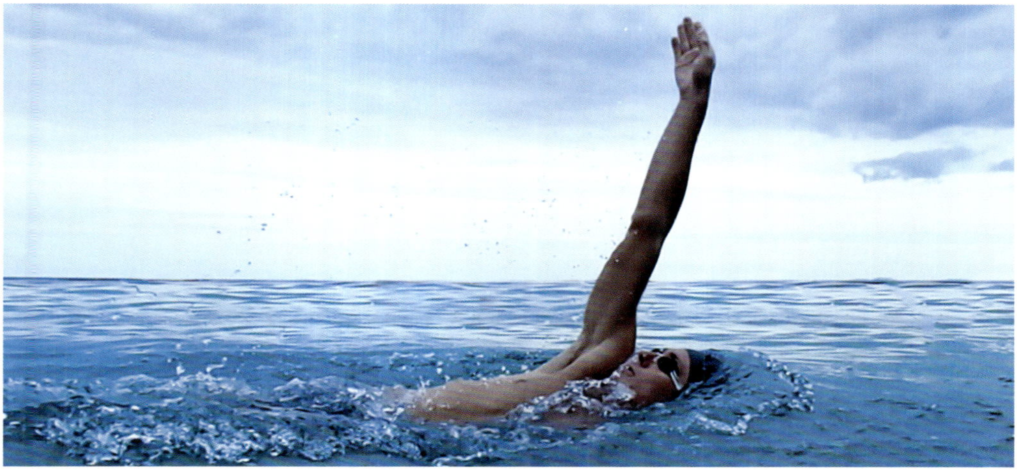

Abb. 6.5 Während des Armzugs ist der Kopf gerade, der Blick ist gen Himmel gerichtet.

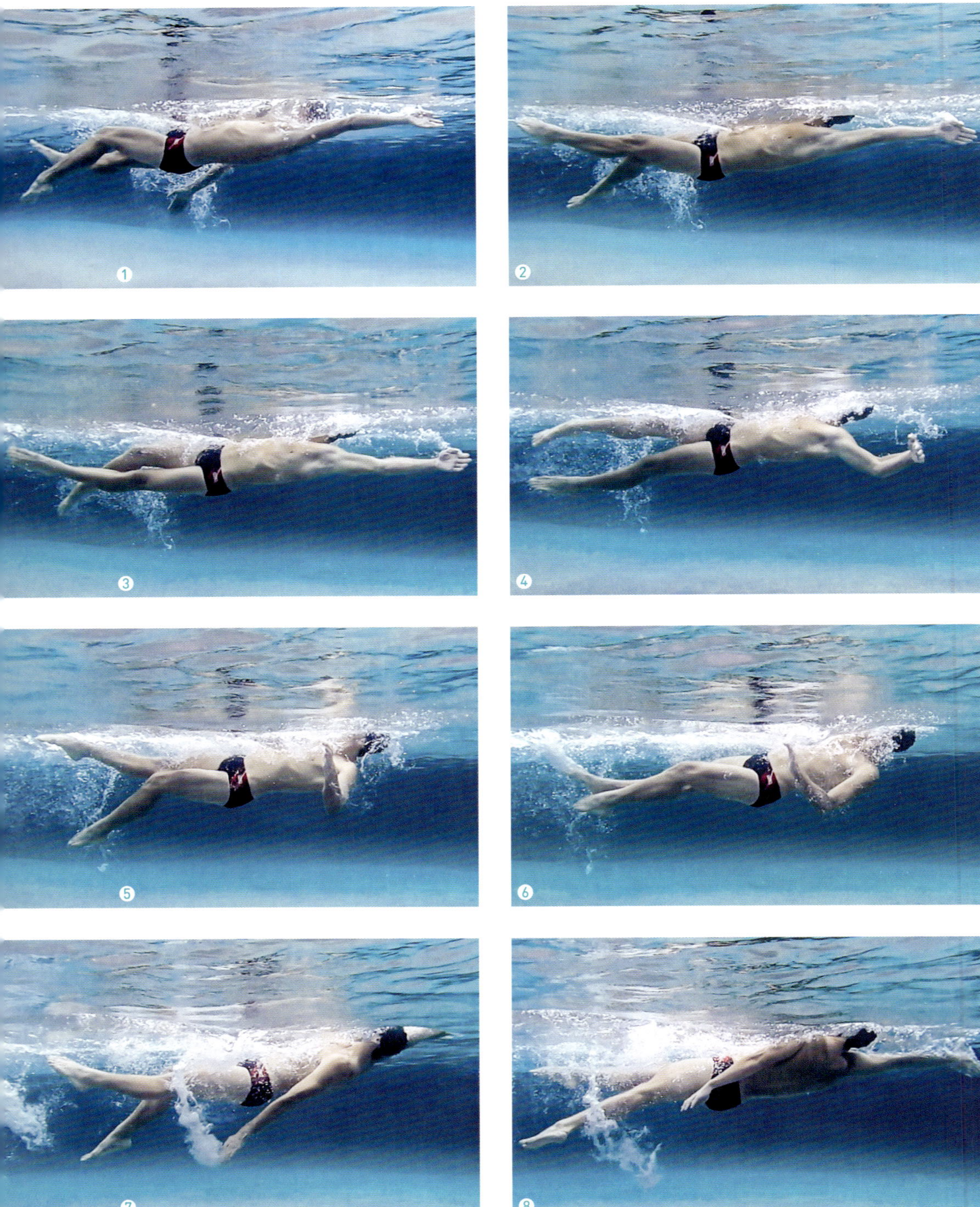

Abb. 6.6 Aaron Peirsol stimmt den Beinschlag zeitlich mit dem Armzug und der Rumpfbewegung ab.

wasserperspektive. Gesicht und Brust liegen an der Wasseroberfläche, seine Hüfte befindet sich direkt unterhalb der Wasseroberfläche. Seine Kinnhaltung ist neutral – weder angezogen noch gestreckt. Sein Blick ist in Richtung Himmel gerichtet. Rückenspezialisten versuchen die ruhige und gerade Kopfhaltung während des gesamten Zugzyklus beizubehalten.

In der Rückholphase über Wasser ist der Arm gestreckt. Nicht die Hand, sondern die Schulter führt den Arm nach der Abschlussphase aus dem Wasser heraus. Wie in der Abbildung zu erkennen, streift die Schulter dicht am Kinn vorbei.

DAS RICHTIGE TIMING UND DIE RUMPFBEWEGUNG

Betrachten wir nun zwei weitere Schlüsselelemente: Das Timing und die Rumpfbewegung.

Abbildung 6.6 zeigt Aaron Peirsol von der Streckphase bis zur Abschlussphase des Armzugzyklus. In Foto 1 koordiniert er seine Arme so, dass sein linker Arm in dem Moment in das Wasser eintaucht, sobald sein rechter Arm den Armzug beendet. In Abbildung 6.3 konnten wir dasselbe Timing bei Elizabeth Beisel beobachten. Ihr Arm über Wasser taucht erst wieder in das Wasser ein, wenn der antreibende Arm die Abschlussphase unterhalb der Hüfte beendet (Foto 2). Sobald der Arm in das Wasser eintaucht, rotiert der Körper in Richtung Eintaucharm (vgl. auch Foto 3 in Abb. 6.3). In der Vorbereitung auf das Wasserfassen ist die Rotation mit 25 bis 30 Grad am größten. Die Fotos 2 und 3 in Abbildung 6.6 zeigen Aaron Peirsols Rotationsbewegung zur linken Seite während der Streckung und beim Wasserfassen mit dem linken Arm.

Nach dem Wasserfassen rotiert die Hüfte zur anderen Seite, wie auf Foto 4 zu sehen. Er beginnt die Rotation nach rechts. Während der Diagonalphase und der Abschlussphase rotiert der Rumpf weiterhin auf der Längsachse, bis sich die Hüfte wieder in der neutralen Position befindet (Fotos 5 bis 7). Im letzten Foto führt er die Rotationsbewegung zur rechten Seite aus (25 bis 30 Grad), während er den rech-

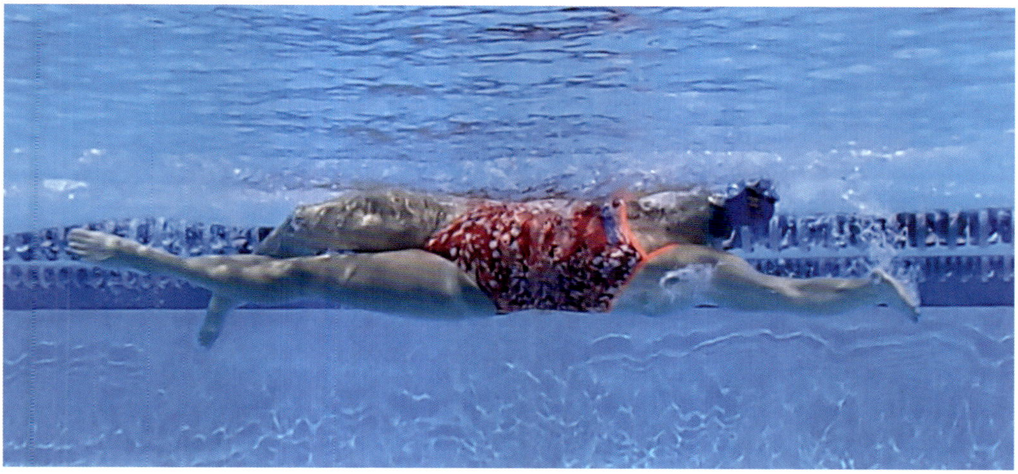

Abb. 6.7 Beim Wasserfassen des linken Arms schlägt das rechte Bein aufwärts.

ten Arm in das Wasser eintaucht und streckt. Aaron berichtet, dass er zum Ende der Zugphase spürt, wie sich der Körper auf der Seite zusammenzieht und auf der Seite der Eintauchphase streckt. So bekommt er Rhythmus und Power in seinen Armzugzyklus.

Auf den letzten zwei Fotos ist ebenfalls zu erkennen, dass sein rechter Arm in das Wasser eintaucht, wenn sein linker Arm den Armzug unterhalb der Hüfte beendet. Durch dieses Timing wird der Geschwindigkeitsverlust minimiert.

DAS TIMING DES BEINSCHLAGS

Um den Geschwindigkeitsverlust weiter zu minimieren, machen Rückenspezialisten einen Sechserbeinschlag pro Armzugzyklus, wobei jeder Schlag zu einem bestimmten Moment während des Armzugs ausgeführt wird. Abbildung 6.6 macht deutlich, wie Aaron Peirsols Beinschlag zeitlich auf den Armzug abgestimmt ist.

- **Beinschlag 1.** Das linke Bein führt den Beinschlag während der Eintauch- und Streckphase des linken Arms aus (Fotos 1 und 2).
- **Beinschlag 2.** Das rechte Bein führt den Beinschlag während des Wasserfassens des linken Arms aus (Fotos 3 und 4).
- **Beinschlag 3.** Das linke Bein führt den Beinschlag während der Diagonal- und Abschlussphase des linken Arms aus. Dies ist der explosive kraftvolle Kick (Fotos 5 bis 7).
- **Beinschlag 4.** Das rechte Bein führt den Beinschlag aus, während der linke Arm das Wasser verlässt (Foto 8).
- **Beinschlag 5 und 6.** Diese Beinschläge werden während der Rückholphase der Arme über Wasser ausgeführt.

DIE KNIEHALTUNG

Beachten Sie auf den Fotos, dass Elizabeth Beisel und Aaron Peirsol die Knie stets zusammenhalten. Somit bleiben ihre Knie dicht unter der Wasseroberfläche, durchbrechen sie aber nicht.

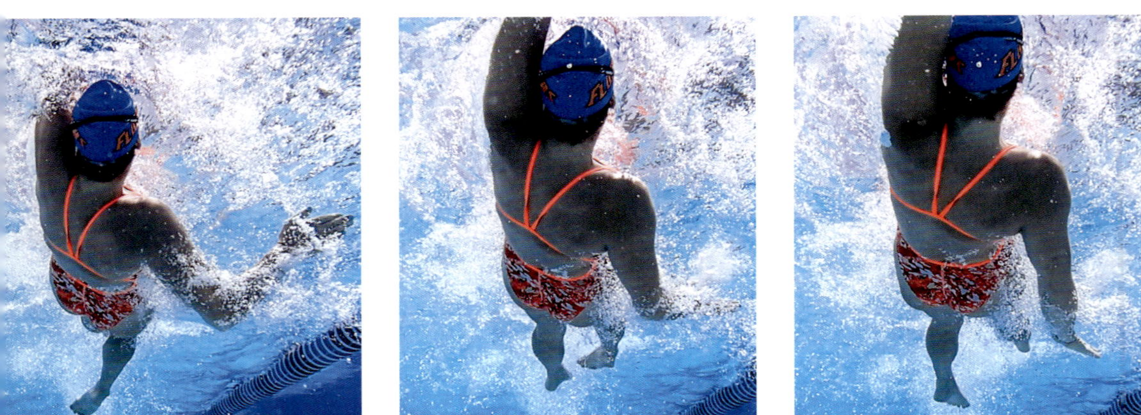

Abb. 6.8 Armzug und Beinschlag sind zeitlich aufeinander abgestimmt.

Wie auch Aaron stimmt Elizabeth Armzug und Beinschlag zeitlich aufeinander ab. Nachfolgend betrachten wir zwei Momente während des Zugzyklus etwas genauer. In Abbildung 6.7 beugt Elizabeth Beisel ihr Knie für den explosiven kraftvollen Kick ihres rechten Beins, während der linke Arm Wasser fasst (vgl. Aaron Peirsol Foto 3 in Abbildung 6.6).

In Abbildung 6.8 wird der explosive kraftvolle Kick wie bei Aaron deutlich. In Foto 1 beugt sie ihr rechtes Knie, während sich ihr rechter Arm in der Diagonalphase des Armzugs befindet. In der Abschlussphase folgt der explosive kraftvolle Kick, wie auf den Fotos 2 und 3 zu sehen.

DER DELFINKICK WÄHREND DER TAUCHPHASE

Nach der Startphase und den Wenden machen Rückenspezialisten Delfinkicks unter Wasser. Auch beim Rückenschwimmen darf die Tauchphase nicht länger als 15 Meter sein, und na-

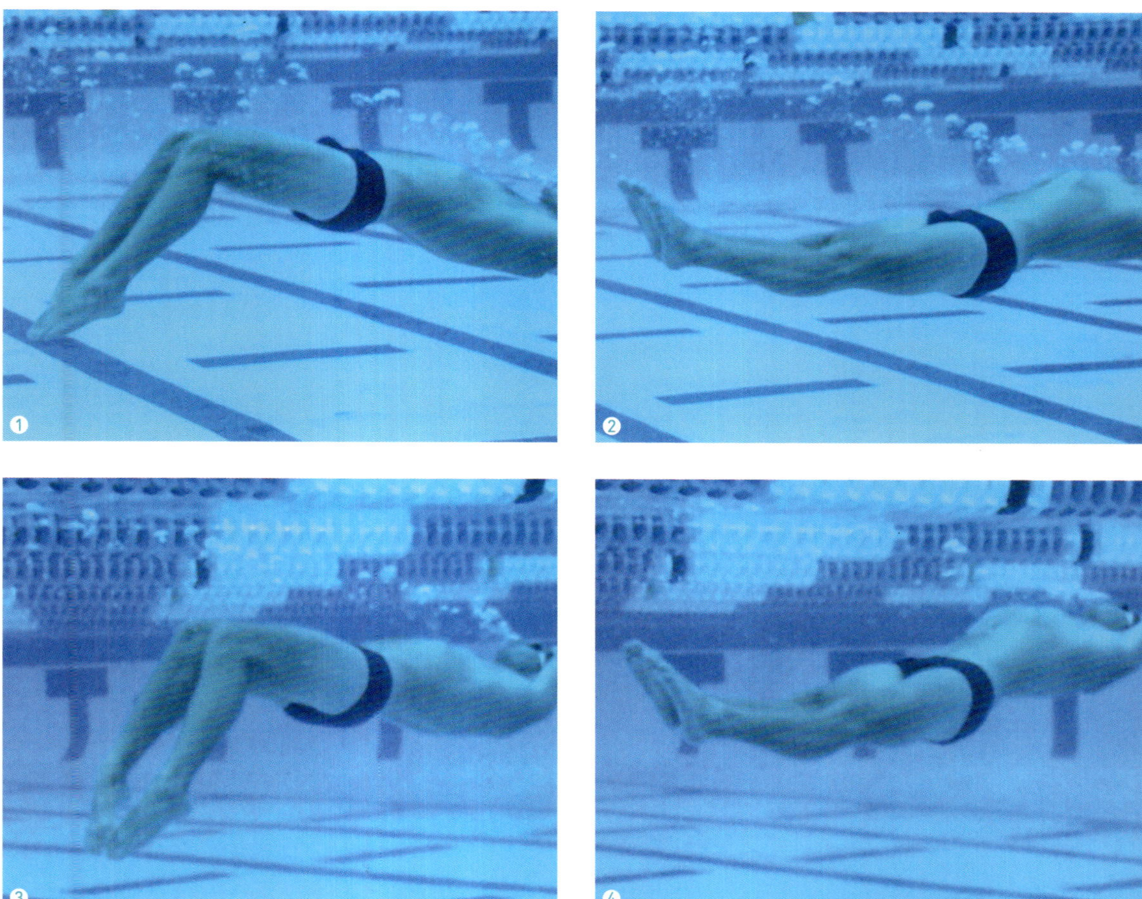

Abb. 6.9 Nach und nach nähert sich Aaron Peirsol der Wasseroberfläche an der 15-Meter-Marke, anstatt abrupt aufzutauchen.

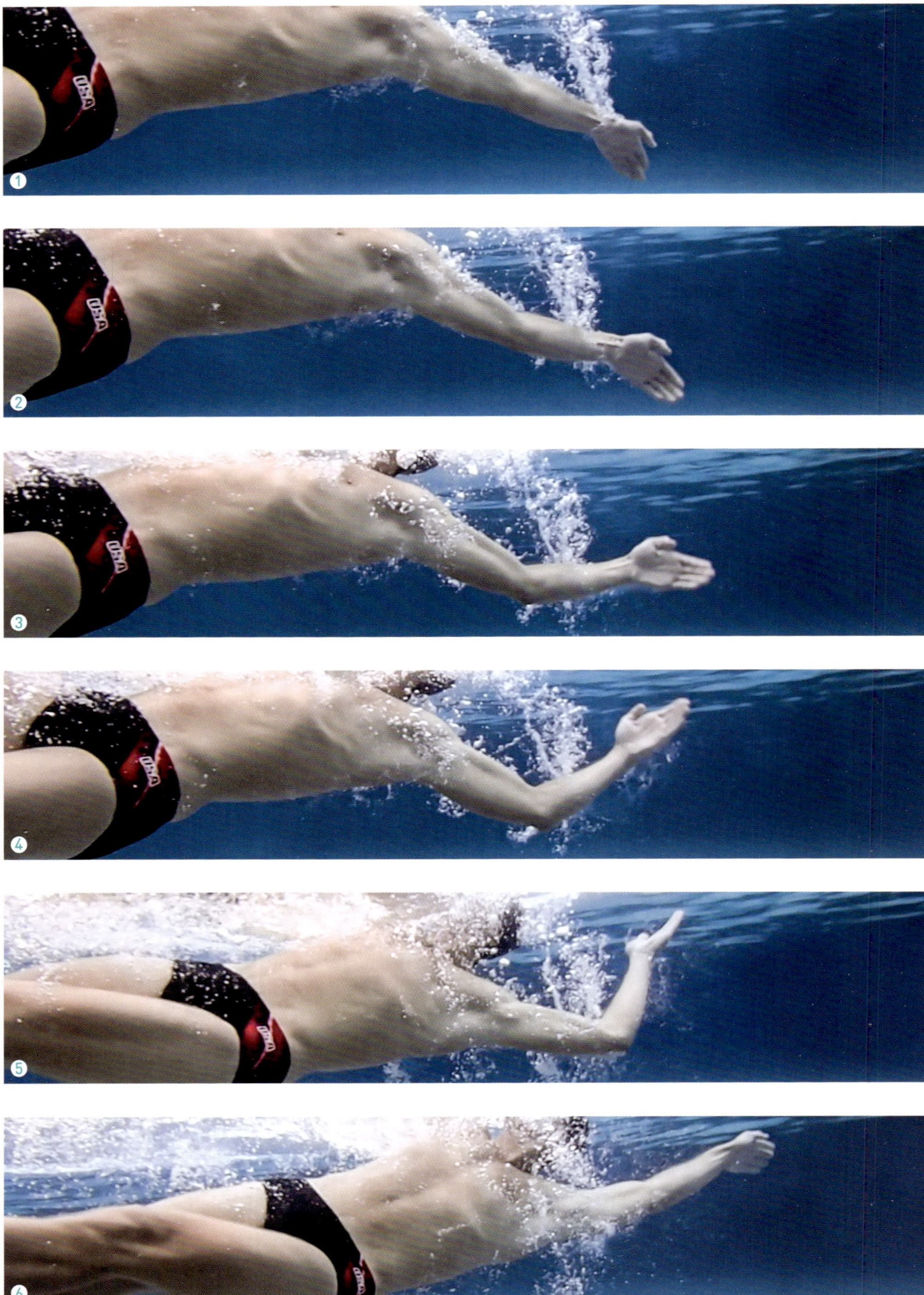

Abb. 6.10 Aaron Peirsol übt das Wasserfassen mittels Paddeln in Rückenlage vor dem Kopf.

hezu jeder Topschwimmer nutzt sie nach dem Start auch aus. Im Durchschnitt werden ungefähr neun bis elf Kicks über eine Distanz von 13 bis 14 Meter gemacht und dafür circa 5,5 bis 6,0 Sekunden (bei 0,35–0,45 Sekunden pro Delfinkick) benötigt.

Nach der Wende fällt die Tauchphase in der Regel kürzer aus. Im Durchschnitt bleiben Rückenschwimmer 3,5 Sekunden unter Wasser und tauchen sieben bis neun Meter weit.

Abbildung 6.9 zeigt Aaron Peirsol während der Tauchphase. Er beugt seine Knie, um die Auftriebs- und Widerstandskräfte für den Vorwärtsschub während des Delfinkicks auszunutzen. Auf den Fotos 3 und 4 ist gut zu erkennen, wie er nach und nach die Wasseroberfläche an der 15-Meter-Marke erreicht und nicht abrupt auftaucht.

Technische Übung

Eine der Lieblingsübungen Aaron Peirsols ist „Paddeln in Rückenlage vor dem Kopf", bei der er das Wassergefühl für das Wasserfassen des gestreckten Arms entwickelt. Da Rückenschwimmer den Arm während dieser Phase nicht sehen können, ist es wichtig, diese Phase isoliert zu üben und die propriozeptiven Fähigkeiten zu entfalten, um zu wissen, dass Hand und Arm nach hinten auf das Wasser zeigen.

Abbildung 6.10 zeigt Aaron bei der Ausführung dieser technischen Übung. In Foto 1 sieht man die Eintauch- und Streckphase seines linken Arms. Durch das Paddeln entwickelt er Wassergefühl für das anschließende Wasserfassen (Fotos 2 und 3). Sobald seine Hand nach hinten zeigt (Foto 3), streckt er den Arm wieder (Fotos 4 bis 6), um die Übung erneut ausführen zu können. Anschließend führt er die komplette Zugphase des Unterwasserarmzugs aus und wechselt den Arm.

Selbst Weltrekordhalter wie er trainieren kontinuierlich ihre propriozeptiven Fähigkeiten. Probieren Sie diese technische Übung auch einmal in Ihrem Schwimmtraining aus, um das Gefühl für die nach hinten gerichtete Handposition zu entwickeln.

Vergessen Sie nicht, dass eine gute Technik der Schlüssel zum Erfolg ist. Trainieren Sie das kurvenförmige Zugmuster, die Rumpfbewegung, das richtige Timing und den Sechserbeinschlag, wann immer Sie können. So wird es Ihnen gelingen, Ihre Rückentechnik bald zu verbessern.

SCHWIMMDATEN

Aaron Peirsol, Weltmeisterschaften 2009, Rom

200 Meter Rücken | 50-Meter-Becken | Zeit: 1:51,92 Minuten (Goldmedaille und Weltrekord)

Bahnen	Zugzahl*	Zyklusdauer (s/Armzyklus)	Durchgangszeit
1. 50 m	15	1,5	26,52 s
2. 50 m	16	1,48	54,90 s (28,38 s für 2. Bahn)
3. 50 m	16,5	1,42–1,45	1:23,30 min (28,40 s für 3. Bahn)
4. 50 m	18,5	1,3–1,35	1:51,92 min (28,62 s für 4. Bahn)

6

** Die Zugzahlen beziehen sich auf einen vollen Zugzyklus*

Daten der Start- und Wendephase
Zeit und Distanz während der Tauchphase nach dem Start: 5,5 s, 13–14 m
Zeit und Distanz während der Tauchphase nach den Wenden: 3,6–3,9 s, 9–11 m
Zeit bei der Wende (Hand-Fuß-Zeitpunkt): 1,25–1,35 s

Missy Franklin, Olympische Spiele 2012, London

200 Meter Rücken | 50-Meter-Becken | Zeit: 2:04,06 Minuten (Goldmedaille und Weltrekord)

Bahnen	Zugzahl*	Zyklusdauer (s/Armzyklus)	Durchgangszeit
1. 50 m	17	1,3	29,53 s
2. 50 m	19	1,4	1:00,50 min (30,97 s für 2. Bahn)
3. 50 m	19,5	1,4	1:32,16 min (31,66 s für 3. Bahn)
4. 50 m	20,5	1,4	2:04,06 min (31,90 s für 4. Bahn)

** Die Zugzahlen beziehen sich auf einen vollen Zugzyklus*

Daten der Start- und Wendephase
Zeit und Distanz während der Tauchphase nach dem Start: 5,6 s, 12 m
Zeit und Distanz während der Tauchphase nach den Wenden: 3,4 s, 7–8 m
Zeit bei der Wende (Hand-Fuß-Zeitpunkt): 1,0–1,2 s

Elizabeth Beisel, Olympische Spiele 2012, London

200 Meter Rücken | 50-Meter-Becken | Zeit: 2:06,55 Minuten (Bronzemedaille)

Bahnen	Zugzahl*	Zyklusdauer (s/Armzyklus)	Durchgangszeit
1. 50 m	16,5	1,3	30,12 s
2. 50 m	19,5	1,42	1:02,04 min (31,92 s für 2. Bahn)
3. 50 m	20	1,42	1:34,40 min (32,36 s für 3. Bahn)
4. 50 m	20,5	1,37–1,40	2:06,55 min (32,15 s für 4. Bahn)

** Die Zugzahlen beziehen sich auf einen vollen Zugzyklus*

Daten der Start- und Wendephase
Zeit und Distanz während der Tauchphase nach dem Start: 6,5 s, 14 m
Zeit und Distanz während der Tauchphase nach den Wenden: 3,5 s, 7–8 m
Zeit bei der Wende (Hand-Fuß-Zeitpunkt): 1,2–1,4 s

Aaron Peirsol, US-Meisterschaften 2009

100 Meter Rücken | 50-Meter-Becken | Zeit: 51,94 Sekunden (Goldmedaille und Weltrekord)

Bahnen	Zugzahl*	Zyklusdauer (s/Armzyklus)	Durchgangszeit
1. 50 m	15,5	1,25	25,35 s
2. 50 m	18	1,2–1,25	51,94 s (26,59 s für 2. Bahn)

** Die Zugzahlen beziehen sich auf einen vollen Zugzyklus*

Daten der Start- und Wendephase
Zeit und Distanz während der Tauchphase nach dem Start: 5,5 s, 13–14 m
Zeit und Distanz während der Tauchphase nach den Wenden: 5,2 s, 11–12 m
Zeit bei der Wende (Hand-Fuß-Zeitpunkt): 1,25 s

Elizabeth Beisel, US-Collegemeisterschaften 2014

400 Yards Lagen | 25-Yard-Becken | Zeit: 3:58,84 Minuten | Splitzeit Rücken: 59,7 Sekunden

Bahnen	Zugzahl*	Zyklusdauer (s/Armzyklus)	Durchgangszeit
1. 25 yd	6,5	1,6	keine Information
2. 25 yd	7	1,6	30,1 s
3. 25 yd	7	1,6	keine Information
4. 25 yd	7	1,6	59,7 s (29,60 s für 3.+4. Bahn)

** Die Zugzahlen beziehen sich auf einen vollen Zugzyklus*

Daten der Start- und Wendephase
Zeit und Distanz während der Tauchphase nach dem Start: keine Information
Zeit und Distanz während der Tauchphase nach den Wenden: 3,2–3,8 s, 7–8 yd
Zeit bei der Wende (Hand-Fuß-Zeitpunkt): 1,25–1,35 s

Sheilas Vergleich der Generationen

Rick Carey, US-Collegemeisterschaften 1983

100 Yards Rücken | 25-Yard-Becken | Zeit: 48,25 Sekunden (1. Platz und US-College-Rekord)

Bahnen	Zugzahl*	Zyklusdauer (s/Armzyklus)	Durchgangszeit
1. 25 yd	7	1,05	keine Information
2. 25 yd	9	1,07	22,93 s
3. 25 yd	9	1,07	keine Information
4. 25 yd	9,5	1,10–1,12	48,25 s (25,32 s für 3.+4. Bahn)

** Die Zugzahlen beziehen sich auf einen vollen Zugzyklus*

Daten der Start- und Wendephase
Zeit und Distanz während der Tauchphase nach dem Start: 3,85 s, 9–10 yd
Zeit und Distanz während der Tauchphase nach den Wenden: 2,1–2,5 s, 6–7 yd
Zeit bei der Wende (Hand-Fuß-Zeitpunkt): 0,5 s

Anmerkung: Bis 1992 musste die Hand bei der Rückenwende die Wand berühren, bevor die Drehung ausgeführt wurde.

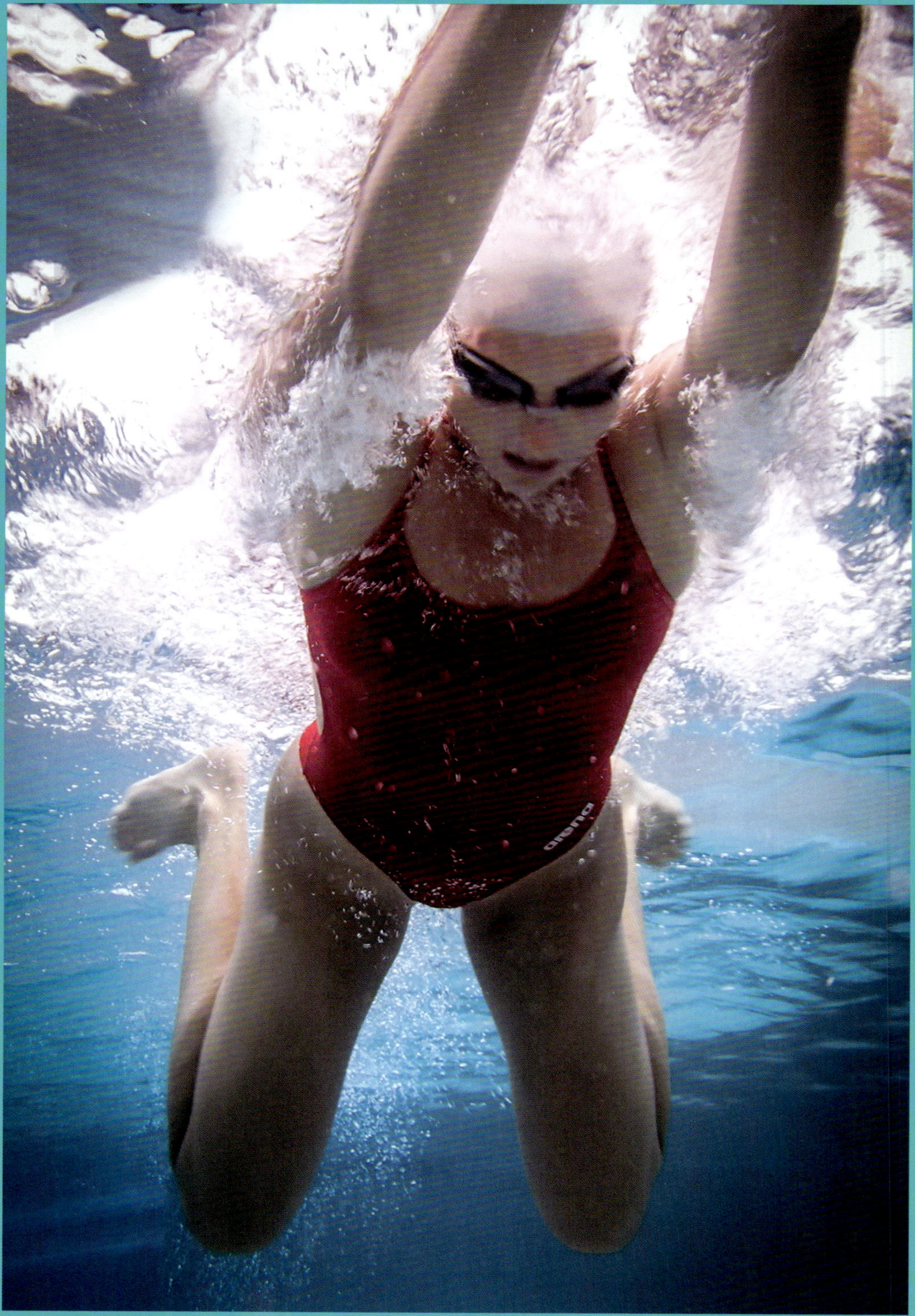

7 BRUST

Über die Jahre sind die Schwimmzeiten auf allen vier Lagen stetig schneller geworden, besonders jedoch beim Brustschwimmen. Vergleicht man die Zeiten der Goldmedaillengewinner bei den Olympischen Spielen 1972 in München mit denen von 2012 in London, kann man über die Bruststrecken eine viel deutlichere Steigerung erkennen als in den anderen Lagen.

Bei den Männern ist die Siegerzeit von 2012 über 200 Meter Kraul um 9,64 Sekunden schneller als 1972, über 200 Meter Rücken 9,41 Sekunden und über 200 Meter Schmetterling 7,74 Sekunden.* Im Vergleich dazu lag der Sieger über 200 Meter Brust in London sagenhafte 14,27 Sekunden unter der damaligen Siegerzeit in München.

Die Siegerzeiten der Frauen zeigen ähnliche Ergebnisse. Um 2012 bei den Olympischen Spielen Gold zu gewinnen, mussten die Damen 9,95 Sekunden schneller über die 200 Meter Kraul schwimmen als 1972, 11,51 Sekunden schneller über 200 Meter Schmetterling, 15,13 Sekunden über 200 Meter Rücken und sogar 22,12 Sekunden über 200 Meter Brust.

Gleiche Resultate kann man bei den US-amerikanischen Qualifikationswettkämpfen beobachten. Bei Kraul, Rücken und Schmetterling haben sich die Qualifikationszeiten für die Olympischen Spiele 2012 kaum zu denen von 1988 verändert. Über vier Strecken (200 Meter, 400 Meter und 1.500 Meter Kraul sowie 200 Meter Schmetterling) waren die Qualifikationszeiten der Männer 2012 sogar *langsamer* als 1988.

Über die Bruststrecken waren die Qualifikationszeiten 2012 jedoch deutlich schneller als 1988. Über 100 Meter Brust lag die Qualifikation für die Männer 1,3 Sekunden unter der von 1988 und über 200 Meter 3,8 Sekunden. Bei den Frauen waren es 3,2 Sekunden über 100 Meter und 5,2 Sekunden über 200 Meter im Vergleich zu 1988.

Warum dieser Unterschied? Was ist im Brustschwimmen geschehen, das über die anderen Lagen nicht geschehen ist? Die Antwort liegt in der radikalen Entwicklung der Brusttechnik im Verlauf der letzten Jahrzehnte. Während sich die Zeiten in allen Lagen dank

** Bis September 1992 musste die Rückenwende in Rückenlage angeschwommen und die Wand mit der Hand berührt werden, bevor die Wende erfolgte. Seit September 1992 ist es erlaubt, sich vor der Wand in die Bauchlage zu drehen und vor der Wende einen einfachen Armzug oder einen Doppelarmzug zu machen.*

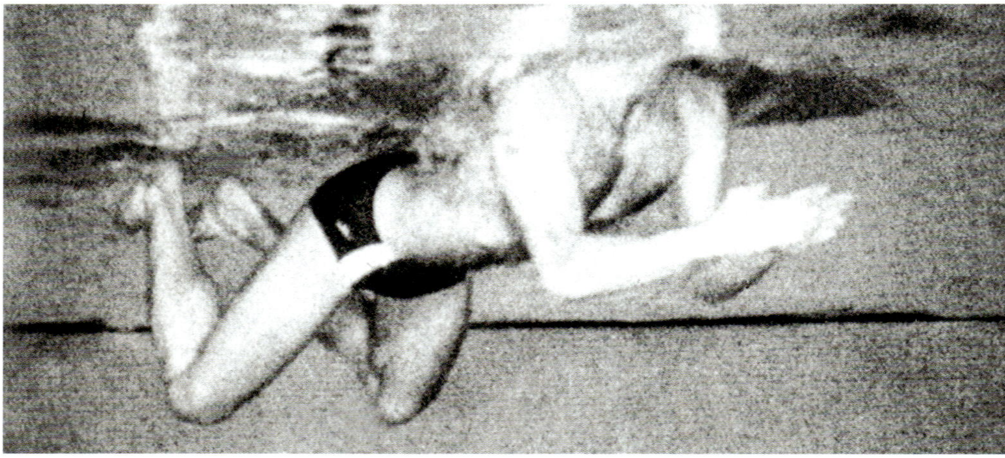

Abb. 7.1 Durch die flache Wasserlage der 1970er-Jahre wird zwar der Widerstand minimiert, doch wirkt den Armen des Brustschwimmers eine erhebliche Frontalwiderstandskraft entgegen.

Hightech-Anzügen, besseren Start- und Wendetechniken und einem weiterentwickelten Krafttraining verbessert haben, hat sich die Brusttechnik zusätzlich einer Generalüberholung unterzogen wie keine andere Lage. Analysiert man die Technik von Spitzenschwimmern der 1970er- bis 80er-Jahre bei Schmetterling, Rücken oder Kraul, wird man nahezu genauso viele nützliche Informationen über die Technik erfahren, als würde man heutige Schwimmer analysieren. Im Brustschwimmen ist das anders.

Technische Veränderungen hinsichtlich der Minimierung des Widerstandes sind sowohl in der Rumpfbewegung als auch in der Wasserlage und im Timing zu beobachten. Das Brustschwimmen ist die einzige Lage, bei der man mit beiden Armen und Beinen das Wasser während der Erholungsphase nach vorn drückt und somit einen massiven Widerstand und Geschwindigkeitsverlust auslöst. Deswegen fokussieren sich technische Übungen diesbezüglich auf eine Minimierung des Widerstandes.

In den 1970er-Jahren glaubte man, dass Brustschwimmer während des gesamten Zugzyklus so flach wie möglich im Wasser liegen und nur den Kopf zum Atmen aus dem Wasser heben sollten. Diese flache Wasserlage, wie in Abbildung 7.1 dargestellt, wurde damals als besonders effektiv angesehen, um den Widerstand gering zu halten.

Der Schwimmer liegt zwar flach im Wasser und kann so den Widerstand minimieren, doch während er die Arme unter Wasser nach vorn bringt, wirkt auf diese eine erhebliche Frontalwiderstandskraft.

Vergleicht man die Wasserlage von damals mit der heutigen von Olympiasiegerin Rebecca Soni in Abbildung 7.2, wird deutlich, dass sie Kopf, Schultern und Oberkörper aus dem Wasser hebt, während sie in der Erholungsphase ihre Arme nach vorn führt. Es erscheint vielleicht nicht eingängig, den Körper so weit aus dem Wasser zu heben, will man sich doch vorwärts bewegen und nicht nach oben, doch der frontale Widerstand wird dadurch viel kleiner als auf den Fotos aus den 1970ern.

Die Brusttechnik von heute ist anspruchsvoll und dynamisch – und wenn sie korrekt ausgeführt wird, auch verdammt schnell. Glücklicherweise können wir in diesem Kapitel Technik, Timing und Rumpfbewegung der aktuellen Weltklasseschwimmer Rebecca Soni, Laura Sogar und Nicolas Fink analysieren.

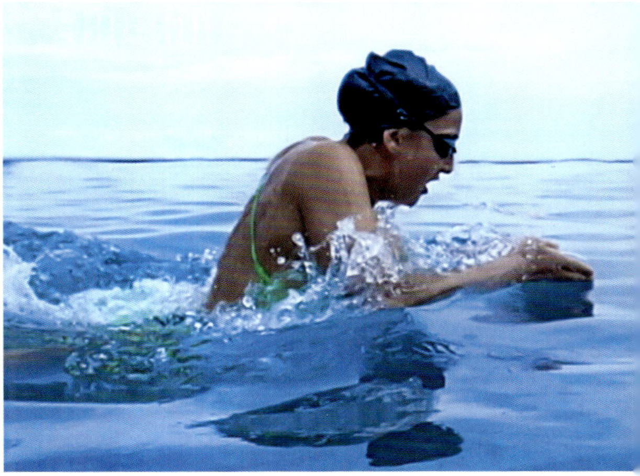

Abb. 7.2 Rebecca Soni hebt ihren Oberkörper an und führt die Arme in der Erholungsphase über Wasser nach vorn.

DAS ARMZUG- UND BEINSCHLAGMUSTER

Im Brustschwimmen ist es entscheidend, den Widerstand zu minimieren. Technische Übungen diesbezüglich werden wir im späteren Verlauf dieses Kapitels auch vorstellen, doch betrachten wir zunächst die kurvenförmigen Muster des Armzugs und des Beinschlags, die den Vortrieb bringen. Der Beinschlag bekommt dabei aufgrund seines dreidimensionalen Wegs und der alleinigen Vortriebsquelle während des halben Zugzyklus die gleiche Aufmerksamkeit wie der Armzug. Das Brustschwimmen besteht somit aus zwei Teilen. Erst wird ein Armzug und *danach* ein Beinschlag ausgeführt, anstatt gleichzeitig wie bei den anderen Lagen.

Betrachten wir zunächst den Armzug bei Rebecca Soni in Abbildung 7.3. Jeden Armzug beginnt sie in einer stromlinienförmigen Wasserlage, bei der sich Arme und Kopf unterhalb der Wasseroberfläche befinden (Foto 1). Aus der gestreckten stromlinienförmigen Position führt sie ihre Arme weiter als schulterbreit nach außen (Foto 2). Die Auswärtsbewegung bringt keinen Vortrieb, ist jedoch der Schlüssel für ein kraftvolles Wasserfassen. Rebecca beugt ihre Ellenbogen, sodass Hände und Unterarme nach hinten zeigen und sie Wasser fassen kann (Fotos 3 und 4).

Diese beiden Fotos machen deutlich, dass das Wasserfassen beim Brustschwimmen weiter außen stattfindet als bei den anderen Lagen. Da die Zugphase beim Brustschwimmen nur bis zu den Schultern und nicht wie in den anderen Lagen bis zur Hüfte verläuft, ist der Zugweg kürzer. Brustschwimmer verlängern den Zugweg, indem sie die Arme für das Wasserfassen weit nach außen führen und während der Diagonalphase das Wasser auf einem kurvenförmigen Weg nach *hinten* und *innen* drücken. Die Diagonalphase, wie auf den Fotos 5 und 6 zu sehen, ist die Vortriebsphase des Armzugzyklus. Die Diagonalphase wird im Brustschwimmen übrigens auch „Einwärtsphase" genannt und im weiteren Verlauf auch als Begriff benutzt.

> Die erreichte Geschwindigkeit durch den Beinschlag ist beim Brustschwimmen ähnlich hoch wie beim Armzug. Beide haben einen gleich großen Anteil am Gesamtvortrieb.

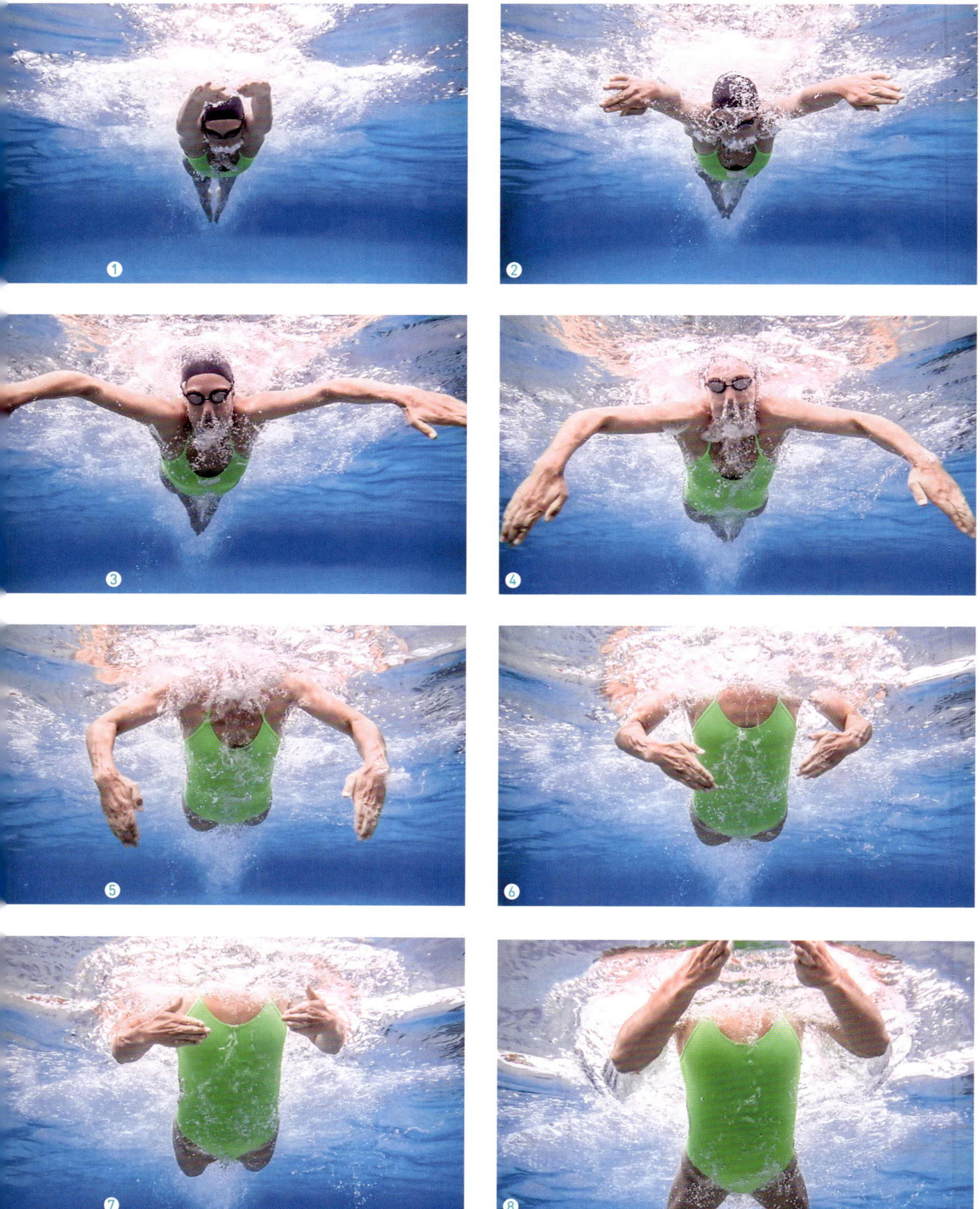

Abb. 7.3 Der Brustarmzug von Rebecca Soni

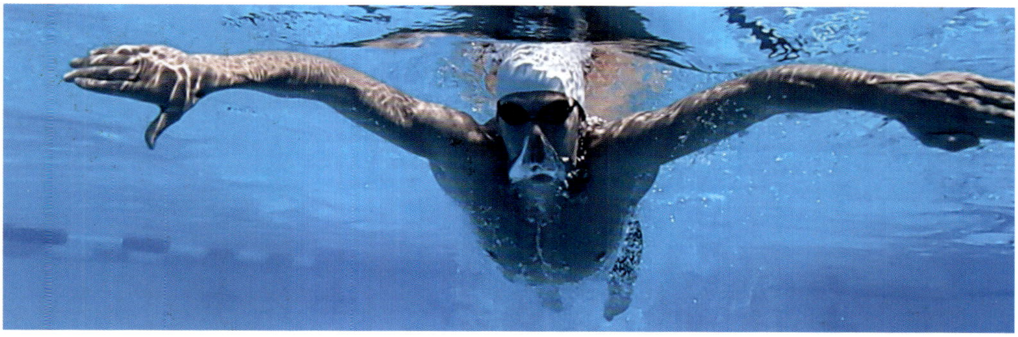

Abb. 7.4 Nicolas Fink beim weiten Wasserfassen im Brustschwimmen

In Abbildung 7.4 führt Nicolas Fink die Arme für das Wasserfassen wie auch Rebecca Soni weit nach außen. Aus dieser weiten Auswärtsposition hat er die Möglichkeit, einen längeren Vortrieb bringenden Armzug nach hinten und innen während der folgenden Einwärtsphase zu machen.

Auf Foto 7 führt Rebecca ihre Hände und Unterarme in Richtung Wasseroberfläche. Während der Einwärtsphase hebt sie Kopf, Schultern und Oberkörper aus dem Wasser, wobei die Hände und Unterarme ebenfalls angehoben werden. Aus dieser angehobenen Position wirkt den oberen Extremitäten in der Erholungsphase (Foto 8) ein geringerer Frontalwiderstand entgegen, als wenn sie unter Wasser nach vorn geführt würden.

BESCHLEUNIGUNG DER HAND

Wie bereits in Kapitel 2 erläutert, erfordert die Entwicklung eines Wassergefühls auf Topniveau eine Geschwindigkeitssteigerung (und dementsprechend Kraftsteigerung) der Hand im Verlauf des Armzugzyklus. Da die Vortrieb bringende Phase des Armzugs beim Brustschwimmen mit der Einwärtsphase endet, ist die Geschwindigkeit der Hand während der Auswärtsphase für das Wasserfassen konstant und steigt während der Einwärtsphase.

Führen Sie Ihre Arme während der Auswärtsbewegung nur so weit nach außen, wie es sich kraftvoll und koordiniert anfühlt, und nicht bis zur Schmerzgrenze der Sehnen an den Schultern. Im Verlauf der Zeit können Sie die Auswärtsbewegung ausweiten.

Abbildung 7.5 zeigt aus der Überwasserperspektive, wie Nicolas Fink Kopf, Schultern und Oberkörper aus dem Wasser anhebt. Auf dem letzten Foto kommt der Oberkörper so weit aus dem Wasser, dass er seine Hände und Unterarme in der Erholungsphase über Wasser nach vorn führen kann.

Betrachten wir noch einmal die stromlinienförmige Position der Beine Rebeccas auf den ersten sieben Fotos in Abbildung 7.3. In Foto 8 befinden sich ihre Arme in der Erholungsphase. Hier sieht man zum ersten Mal ihre Beine. Diese entscheidende Phase des Zugzyklus wollen wir im nachfolgenden Abschnitt über das richtige Timing betrachten. Konzentrieren wir uns nun aber zunächst auf das Muster des antreibenden Beinschlags.

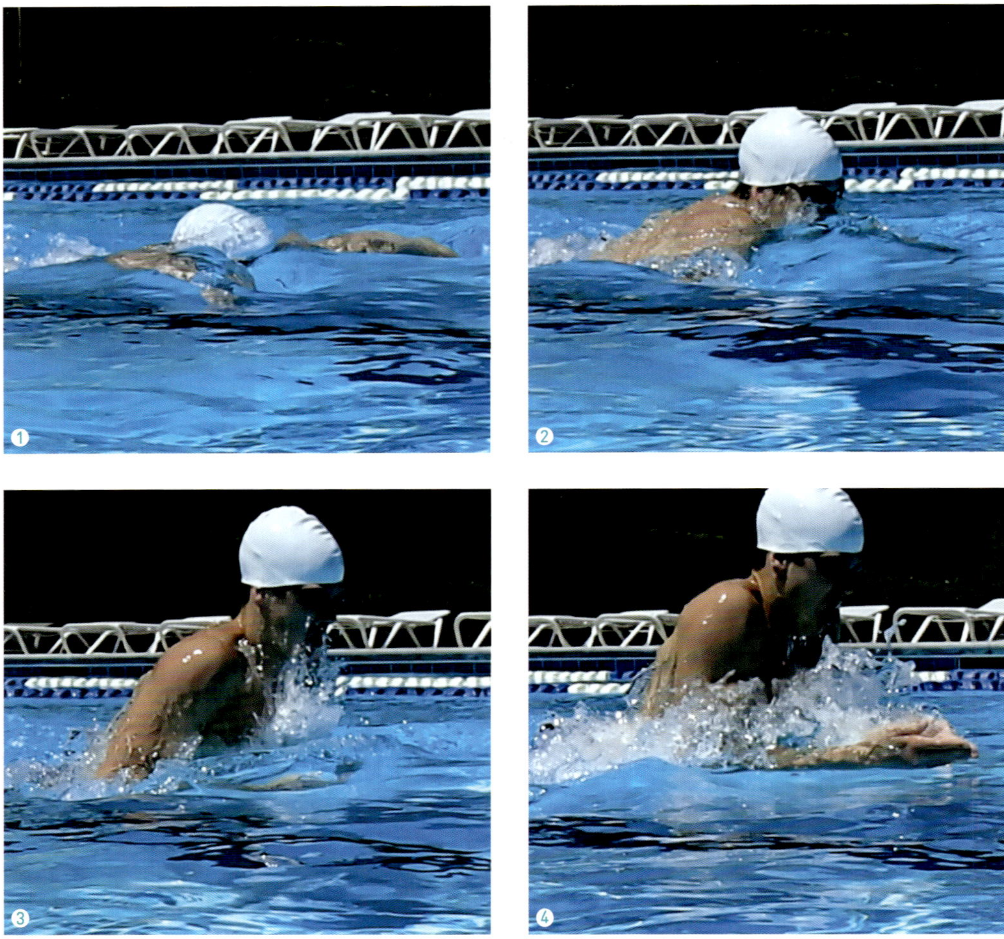

Abb. 7.5 Nicolas Fink hebt Kopf, Schultern und Oberkörper während des Armzugs aus dem Wasser an und kann so in der Erholungsphase Unterarme und Hände über Wasser nach vorn führen (4) und somit den Wicerstand minimieren.

DER BEINSCHLAG

Der Brustbeinschlag ist der einzige Beinschlag aller vier Lagen, der dreidimensional ausgeführt wird und bei dem auch die Beine Wasser fassen. Damit mithilfe des Beinschlags Vortrieb erzeugt werden kann, beschreiben die Beine einen Halbkreis nach *außen, hinten und unten*, um den Beinschlag zu beginnen, und dann nach *innen, hinten und unten*, um den Beinschlag zu beenden.

Abbildung 7.6 zeigt den Brustbeinschlag von Laura Sogar. In Foto 1 führt sie ihre Fersen so nah wie möglich an ihr Gesäß heran. Je näher, desto länger wird der Vortrieb bringende Weg des Beinschlags. Ihre Unterschenkel und Füße sind auf diesem Foto kaum zu sehen, weil sie ihre unteren Extremitäten hinter ihrem angehobenen Körper „versteckt" und so den Widerstand während der Erholungsphase der Arme minimiert.

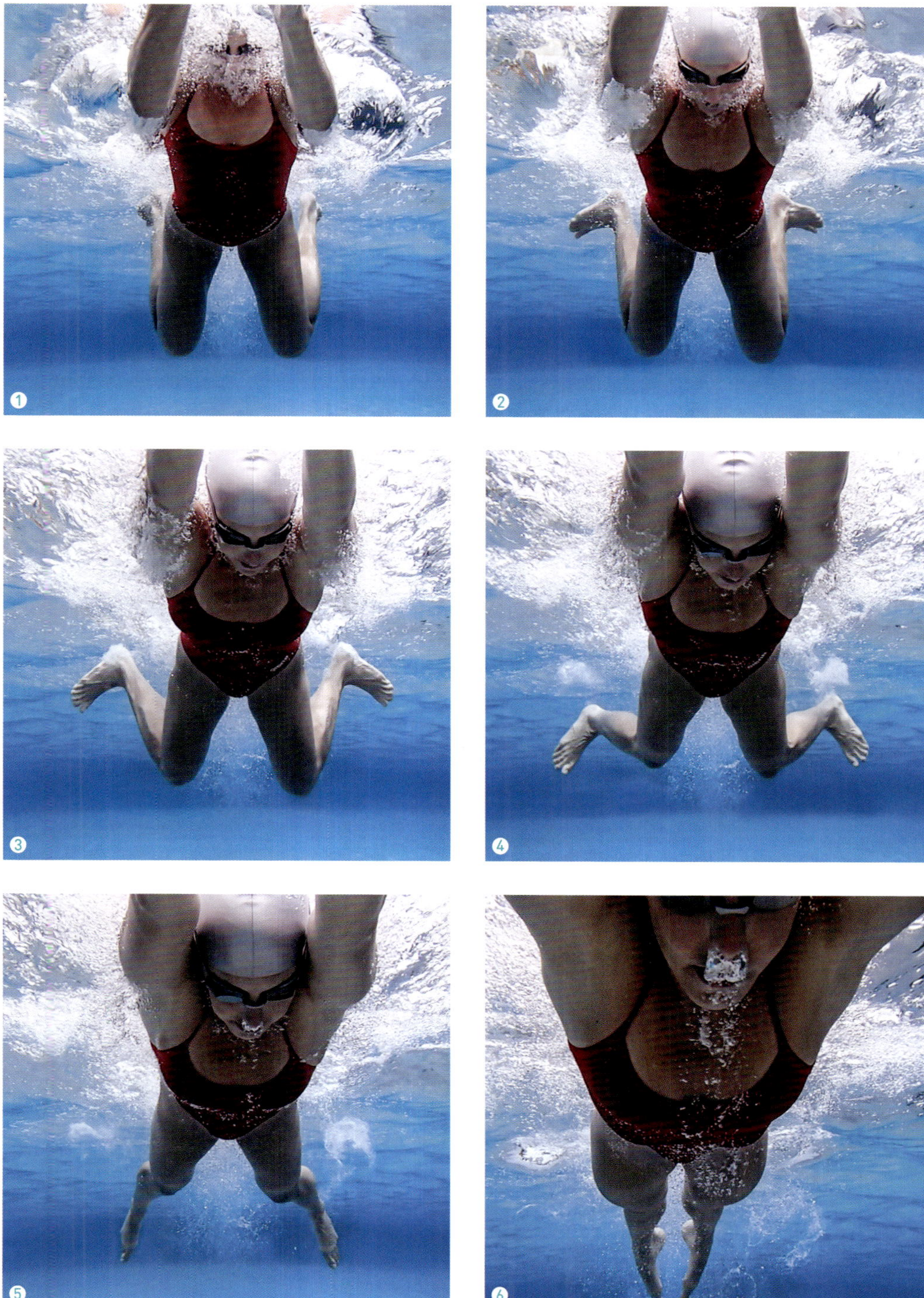

Abb. 7.6 Laura Sogar drückt das Wasser beim Beinschlag mit einem Halbkreisschwung weg.

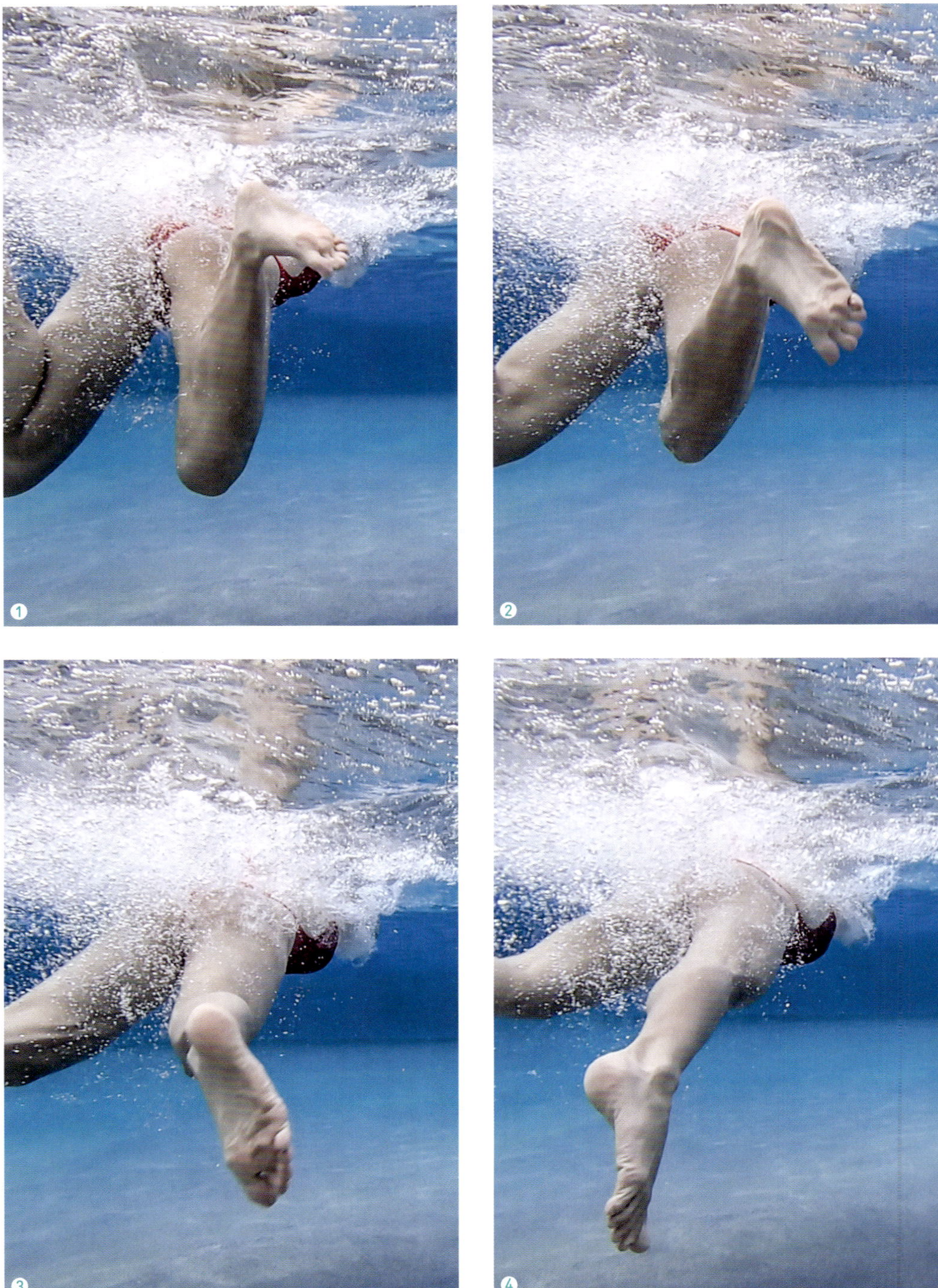

Abb. 7.7 Während des Brustbeinschlags fixiert Laura Sogar ihre Sprunggelenke so lange wie möglich, wobei die Füße nach hinten auf das Wasser gerichtet sind.

Auf diesem Foto wird auch deutlich, dass sie ihre Knie ungefähr bis auf Schulterbreite öffnet, um den nächsten Beinschlag einzuleiten. Der Knieöffnungswinkel (ungefähr auf Hüftbreite) ermöglicht ihr eine kraftvolle Ausgangsposition, um die ganze Energie der Beine nach dem Wasserfassen in den Beinschlag zu bringen.

In Foto 2 beugt sie ihre Füße in den Sprunggelenken, sodass die Fußsohlen nach hinten auf das Wasser gerichtet sind. Gleichzeitig dreht sie ihre Füße etwas weiter als die Knie nach außen und dreht die Oberschenkel zur Körpermitte. Brustschwimmer drehen die Oberschenkel nach *innen* und die Waden und Füße nach *außen. Hierbei handelt es sich um die Phase des Wasserfassens.* Jetzt kann Laura das Wasser mit den Füßen halten und nach hinten drücken, um sich vorwärts zu bewegen.

Beim Wasserfassen schwingt sie die Füße nach *außen, hinten und unten* wie auf den Fotos 3 sowie 4 und danach nach *innen, hinten und unten* wie auf den Fotos 5 und 6. Beachten Sie, dass nur ihre Füße und Unterschenkel den Halbkreis beschreiben, nicht aber die Oberschenkel. Im Verlauf des gesamten Beinschlags behält sie den gleichen Knieöffnungswinkel bei, bis sie am Ende die Beine zusammenführt. Der Vortrieb endet, sobald die Füße schulterbreit nach innen schwingen (Foto 5). Wichtig ist es, den Beinschlag mit geschlossenen Beinen und Füßen wie in Foto 6 zu beenden, damit der Widerstand möglichst gering ist.

Der Brustbeinschlag erfordert Beweglichkeit in der Hüfte und den Kniegelenken. Beim Trainieren der Innenrotation der Oberschenkel und der Außenrotation der Unterschenkel sollten die Kniegelenke nicht zu sehr beansprucht werden. Rotieren Sie nur so weit, wie Sie keine Schmerzen in den Bändern und Sehnen verspüren. Wie auch beim Armzug entwickeln sich Beweglichkeit und Kraft mit der Zeit.

Aus der Unterwasserperspektive wie in Abbildung 7.7 dargestellt, kann man weitere Details wie die Abwärtsbewegung des dreidimensionalen Beinschlags erkennen, die aus der Überwasserperspektive nicht auszumachen waren. Beim Wasserfassen in Foto 1 befinden sich die Füße weit oben nahe der Wasseroberfläche. Wenn die Beine den Halbkreis beschreiben, zeigen ihre Füße leicht *nach unten.* Der Beinschlag erfolgt nicht nach hinten.

Außerdem ist in dieser Perspektive gut zu erkennen, dass Laura auf den Fotos 1 bis 3 die Sprunggelenke beugt (die Füße zeigen nach hinten). Erst auf dem letzten Foto zum Ende des Beinschlags streckt sie ihre Füße. Die besten Brustbeinschlagschwimmer beugen die Sprunggelenke und richten die Füße so lange wie möglich nach hinten. Erst wenn die Füße auf Schulterbreite sind, endet die Vortriebsphase und die Füße werden gestreckt, um eine stromlinienförmige Wasserlage einzunehmen.

DAS RICHTIGE TIMING UND DIE RUMPFBEWEGUNG

Brustschwimmer haben einen starken Vortrieb und sind schnell im Wasser, wenn sie Armzug und Beinschlag unter Wasser richtig ausführen. Ist ihre Technik während der Erholungsphase jedoch unsauber, verpufft dieser Einsatz. In seinem Buch *Swimming Fastest* weist Ernie Maglischo auf den Einfluss des Geschwindigkeitsverlustes während der Erholungsphase des Zugzyklus hin:

Einer der größten Unterschiede zwischen Weltklasseschwimmern und weniger erfolgreichen Brust-

7

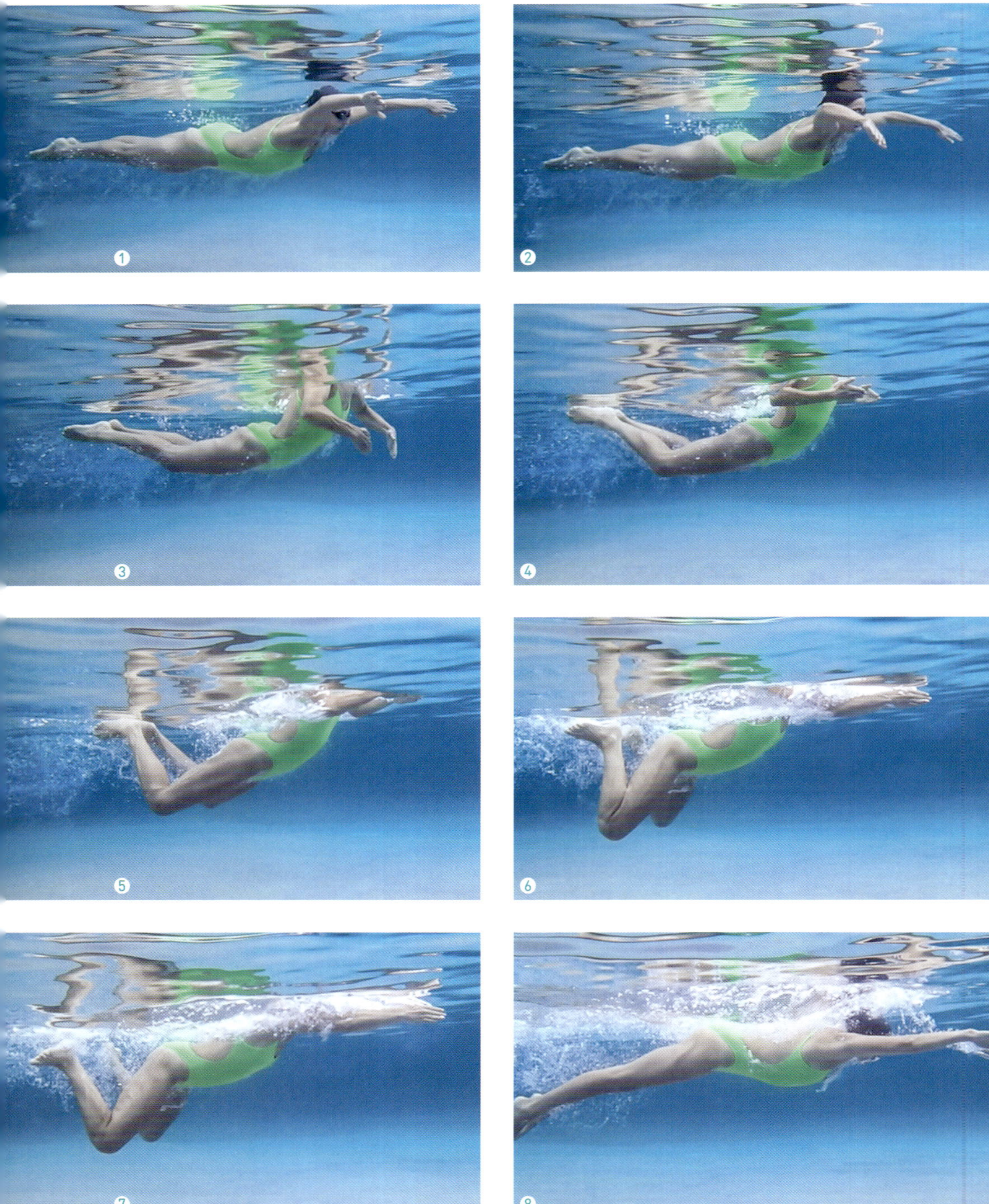

Abb. 7.8 Mit ihrem Armzug und Beinschlag sowie einer technisch perfekten Rumpfbewegung und gezieltem Timing erzeugt Rebecca Soni Vortrieb beim Brustschwimmen und verringert zugleich den Widerstand.

schwimmern kann auf diese Phase des Zugzyklus zurückgeführt werden. Topschwimmer verlieren weniger an Geschwindigkeit und verbringen weniger Zeit in diesem Tal. Ihr Geschwindigkeitsverlust beträgt einen Meter pro Sekunde in dieser Zeit, und sie bleiben nicht länger als 0,3 Sekunden im Tal. Im Vergleich dazu beträgt der Geschwindigkeitsverlust nicht so guter Brustschwimmer 1,5 Meter pro Sekunde, und sie bleiben 0,4 bis 0,6 Sekunden im Tal, bis die Erholungsphase des Beinschlags abgeschlossen ist. (Maglischo 2003, 229)

Bruststpezialisten minimieren Ausmaß und Länge des Geschwindigkeitsverlustes während der Erholungsphase von Armzug und Beinschlag. Nachfolgend betrachten wir dahingehend Rebecca Sonis Weltklassetechnik in Abbildung 7.8.

Beim Wasserfassen befinden sich Körper und Beine in einer stromlinienförmigen Wasserlage (Foto 1 und 2). Erst wenn Rebecca ihre Hände während der Einwärtsphase auf Foto 3 auf Schulterbreite nach innen führt, bringt sie die Beine in die richtige Position für den Beinschlag. Sie beugt die Knie (Fotos 3 bis 5) und zieht die Füße nah an das Gesäß heran. Dabei ist ihre Hüfte *nicht* gebeugt. Rebecca verzögert die Beugung der Hüfte bis zum Wasserfassen der Füße (Foto 6; aus diesem Grund können wir ihre Beine erst auf Foto 8 in der Abb. 7.3 sehen). Die Verzögerung der Hüftbeugung ist wichtig, um den Widerstand zu minimieren, denn durch die gebeugte Hüfte drücken die Oberschenkel nach vorn gegen das Wasser.

Durch das Anheben des Oberkörpers um 45 Grad in der Einwärtsphase (Fotos 3 bis 5) kann Rebecca die Hüftbeugung verzögern. Ihre Oberschenkel sind tiefer unter Wasser, sodass sie die Knie beugen kann, ohne dass die Füße die Wasseroberfläche durchbrechen. Das Wasser kann an dem um 45 Grad geneigten Körper (Foto 5) viel ruhiger vorbeiströmen, als wenn die Hüfte bereits gebeugt wäre und nach vorn drückte (Foto 6). Dieses Merkmal (verzögerte Hüftbeugung durch Körperneigung) ist ein weiterer Grund für die signifikante Verbesserung der Brustzeiten im Verlauf der letzten Jahrzehnte. Bei der flachen Brusttechnik der 1970er-Jahre beugten Schwimmer die Hüfte viel eher im Verlauf des Zugzyklus, um das Durchbrechen der Wasseroberfläche durch die Füße während der Kniebeugung zu vermeiden. Brustschwimmer, die diese flache Technik anwenden, erfahren den Widerstand an den Oberschenkeln viel eher und länger im Zugzyklus und verlieren somit drastisch an Vortrieb.

Wie auch andere Brustschwimmer streckt Rebecca auf Foto 6 ihre Arme stromlinienförmig, bevor sie den Beinschlag ausführt, um so das Maximum aus ihrem Beinschlag zu holen (genauso wie sie die Beine während des Armzugs streckt, um das Maximum aus dem Armzug zu holen). Sie bleibt in der stromlinienförmigen Haltung, bis sie den Beinschlag abschließt (Foto 8).

Beachten Sie die Hüftposition direkt unterhalb der Wasseroberfläche auf allen Fotos.

> Was Ernie Maglischo als Tal des Geschwindigkeitsverlusts bezeichnet, sehen wir auf den Fotos 4 bis 6 in Abbildung 7.8. Die Erholungsphase von Armzug und Beinschlag findet zur gleichen Zeit statt und erzeugt signifikanten Widerstand. Es ist wichtig, diesen Teil des Zugzyklus schnell hinter sich zu bringen. Elite-Brustschwimmer schaffen dies innerhalb blitzschneller 0,3 Sekunden. Dafür heben sie ihre Füße an und durchlaufen die Erholungsphase sehr schnell. Arbeiten Sie an Ihrer Geschwindigkeit in dieser Zyklusphase, damit Sie keine Zehntelsekunde länger als notwendig im Tal des Geschwindigkeitsverlusts verbringen.

Brustspezialisten halten die Hüfte in jeder Phase weit oben und bewegen ihren Rumpf auf der Querachse. Wie auch beim Schmetterlingsschwimmen erzeugen sie durch die wellenförmige Rumpfbewegung eine Vorwärtsbewegung. Topschwimmer fühlen die Verbindung zwischen Brust und Hüfte. Wenn Brust und Kopf in der Einwärtsphase aus dem Wasser gehoben werden, bewegt sich die Hüfte *vorwärts*. Das Anheben des Oberkörpers hat wie erwähnt viele Vorteile. Das Anheben bringt jedoch nichts, wenn der Schwimmer die Rumpfbewegung nicht richtig ausführt. Achten Sie deshalb immer darauf, die Hüfte nach vorn zu führen, sobald Sie den Oberkörper in der Einwärtsphase anheben.

Genauso müssen Sie dann in der Erholungsphase der Arme den Oberkörper wieder absenken (Foto 6) und Brust, Kopf und Hände nach vorn bringen. Achten Sie darauf, dass *die Hände dabei nicht nach unten abtauchen*. Auf den Fotos 6 bis 8 ist zu erkennen, wie Rebecca während des Beinschlags Kopf und Hände beziehungsweise Arme gerade nach vorn streckt.

DAS GANZE ZUSAMMENGESETZT: EINE RÜCKANSICHT

Abbildung 7.9 zeigt Rebecca Soni von hinten. Betrachten Sie die Details ihrer Armzug- und Beinschlagtechnik und achten Sie besonders auf die zeitliche Abstimmung der Knie- und Hüftbeugung auf den Fotos 6 bis 9. Alles, was in diesem Kapitel bislang besprochen wurde, kann man auf diesen Fotos wunderbar erkennen. Genießen Sie diese Perspektive!

DER BRUSTTAUCHZUG

Laut Regelwerk ist es im Brustschwimmen erlaubt, einen Tauchzug nach der Start- und Wendephase auszuführen. Hierbei handelt es sich um einen vollen Brustzugzyklus, bei dem die Arme nicht nur bis zur Hüfte, sondern vollständig bis zu den Oberschenkeln durchgezogen werden dürfen. Anstatt eines Brustbeinschlags ist außerdem ein Delfinkick unter Wasser erlaubt. Der Tauchzug hat große Vorteile, zum einen aufgrund des verlängerten Armzugwegs bis zu den Beinen, zum anderen werden durch die stromlinienförmige Haltung während der Gleitphase weniger Verwirbelungen erzeugt.

Im Gegensatz zu den Tauchphasen in den anderen Lagen gibt es beim Brusttauchzug keine Begrenzung, an der man die Wasseroberfläche durchbrechen muss; die 15-Meter-Regel existiert also nicht. Die meisten Schwimmer tauchen acht bis zehn Meter nach dem Abstoß von der Wand wieder auf, um den ersten Zug auszuführen. Dies entspricht einer Zeit von 4,0 bis 4,5 Sekunden unter Wasser.

In der Abbildung 7.10 macht Rebecca Soni einen Brusttauchzug. Nach dem Abstoßen von der Wand gleitet sie stromlinienförmig (Foto 1) und beginnt dann mit dem Wasserfassen (Fotos 2 bis 4). In Foto 5 geht sie in die Diagonalphase des Armzugs über und drückt das Wasser nach *hinten*, um den Vortrieb bringenden Tauchzug auf Hüft- beziehungsweise Oberschenkelhöhe zu beenden (Foto 6).

Um den Widerstand zu minimieren, ist es wichtig, in der Erholungsphase der Arme den Strömungsschatten des Körpers auszunutzen. Nach dem Tauchzug bringt Rebecca Soni in Abbildung 7.11 ihre Arme so nah wie möglich am Körper nach vorn. Dabei hält sie die Ellenbogen eng und führt die Arme dicht unterhalb

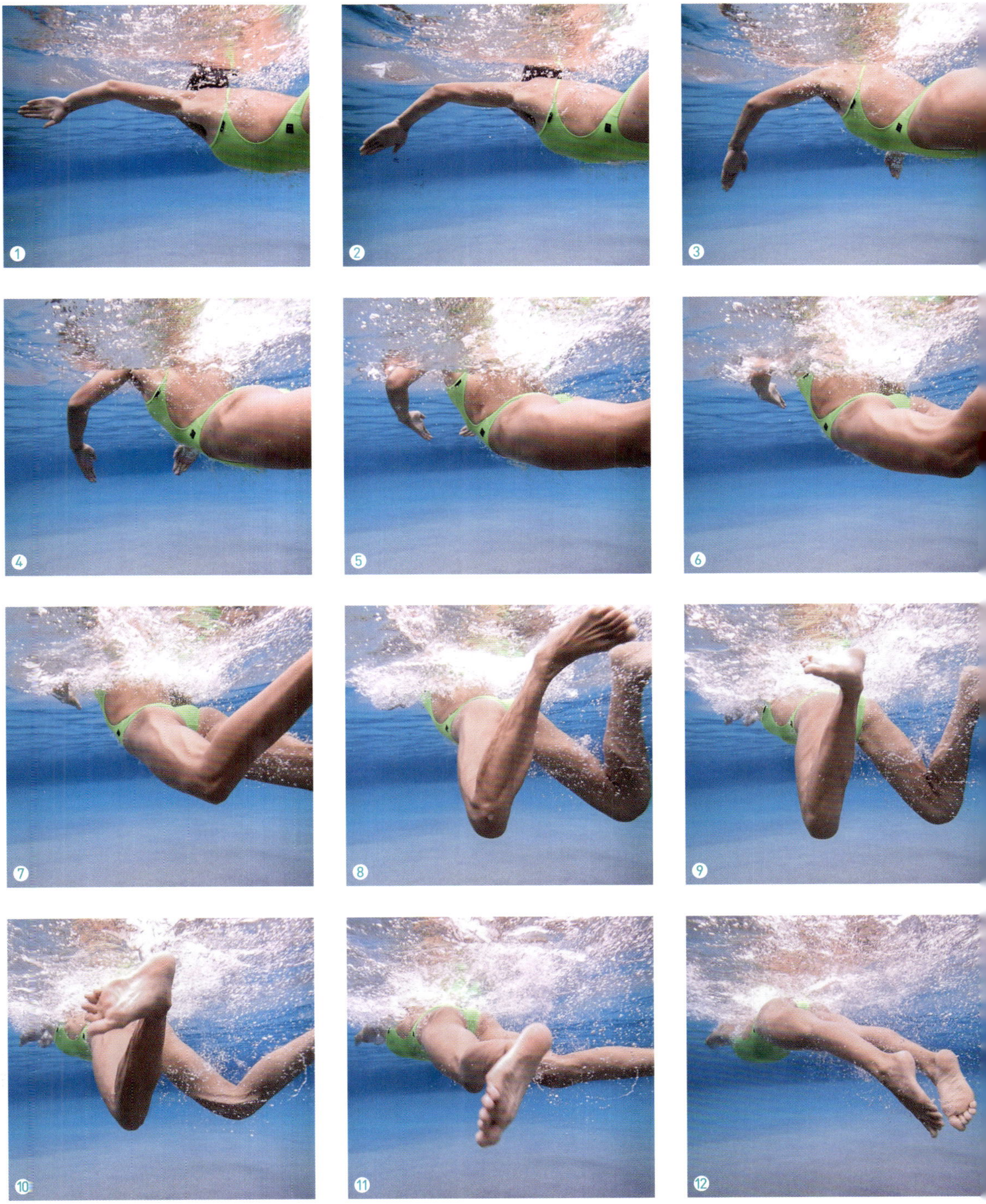

Abb. 7.9 Das Brustschwimmen aus einer einzigartigen Perspektive

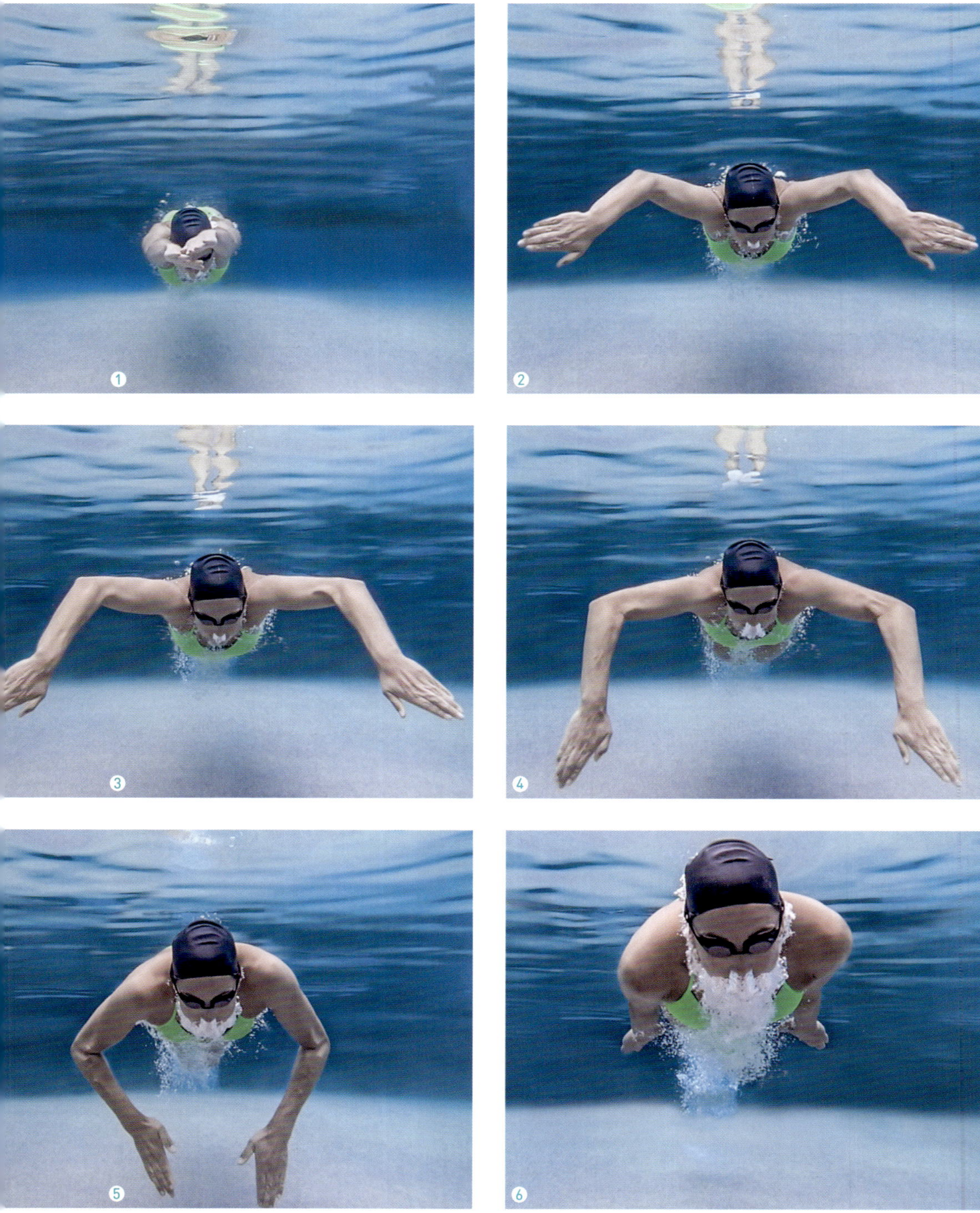

Abb. 7.10 Rebecca Sonis kraftvoller Brusttauchzug

des Körpers nach vorn. Der Blick ist nach unten gerichtet, damit der Kopf die Stromlinie nicht verlässt.

Im gleichen Moment führt sie ihre Füße nah ans Gesäß und beugt die Hüfte für den anschließenden Beinschlag (Foto 3). Mit dem Beinschlag kommt sie wieder an die Wasseroberfläche und führt den ersten Zugzyklus aus.

Beim Tauchzug ist zu einem beliebigen Zeitpunkt während des Armzugs ein Delfinkick erlaubt. Einige Topschwimmer machen ihn zu Anfang, während andere den Delfinkick zum Ende des Tauchzugs nutzen. In Abbildung 7.12 macht Nicolas Fink einen Delfinkick zum Ende seines Tauchzugs. Sie erinnern sich, welchen Vorteil dies hat: Nicolas macht einen explosiven kraftvollen Delfinkick während der Erholungsphase der Arme und kommt dann an die Wasseroberfläche.

Technische Übung

Eine von Laura Sogars Lieblingsübungen ist der Brustarmzug mit Wechselbeinschlag. Bei dieser technischen Übung kombiniert sie normale Brustarmzüge mit Kraulbeinschlägen.

Sie mag diese Übung, da sie das Wasserfassen und das Gefühl für die Verbindung zwischen Brust und Hüfte während der Rumpfbewegung auf der Querachse verbessert. Des Weiteren bringt die Übung Tempo in den Zugzyklus.

Während des gesamten Zugzyklus macht Laura einen *konstanten, ununterbrochenen* Kraulbeinschlag wie in Abbildung 7.13. Auf den Fotos 1 und 2 sieht man sie während des Beinschlags in der Streckung und beim Wasserfassen. Auch bei der Einwärtsphase (Fotos 3 und 4) und der Erholungsphase (Fotos 5 und 6) unterbricht sie den Beinschlag nicht. Ihre Hüfte bleibt während des gesamten Zugzyklus unterhalb der Wasseroberfläche und bewegt sich auf der Querachse wie auch beim normalen Brustzyklus. Im Verlauf der Einwärtsphase des Armzugs hebt sie Kopf, Schultern und Brust an, bringt ihre Hüfte nach vorn (Fotos 3 und 4) und drückt die Brust zurück ins Wasser, während sie die Arme in der Erholungsphase gerade nach vorn bringt, anstatt nach unten zu tauchen (Fotos 5 und 6).

Der Kraulbeinschlag sorgt für einen dauerhaften Antrieb, sodass sie durch die-

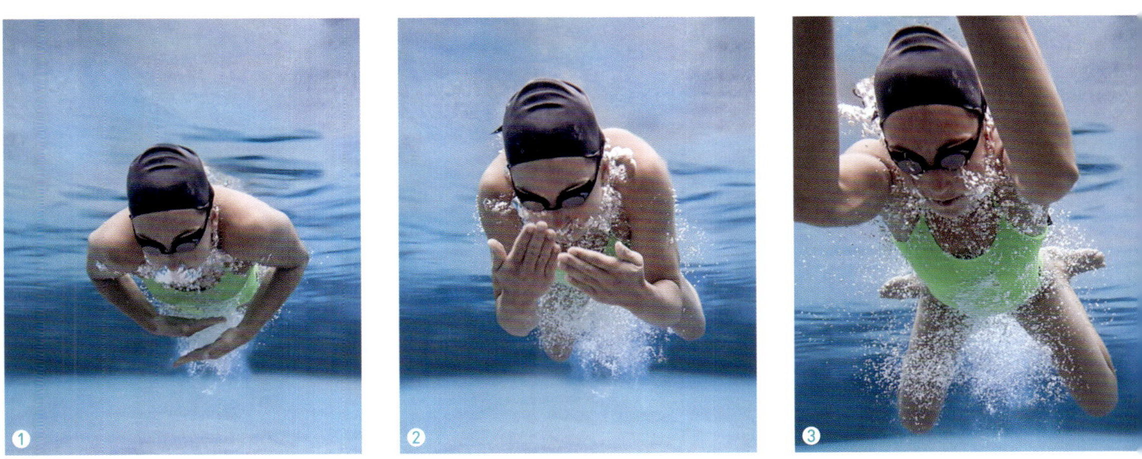

Abb. 7.11 Nach dem Tauchzug bringt Rebecca Soni die Arme in der Erholungsphase so nah wie möglich unter ihrem Körper nach vorn und macht mit dem Auftauchen einen Beinschlag.

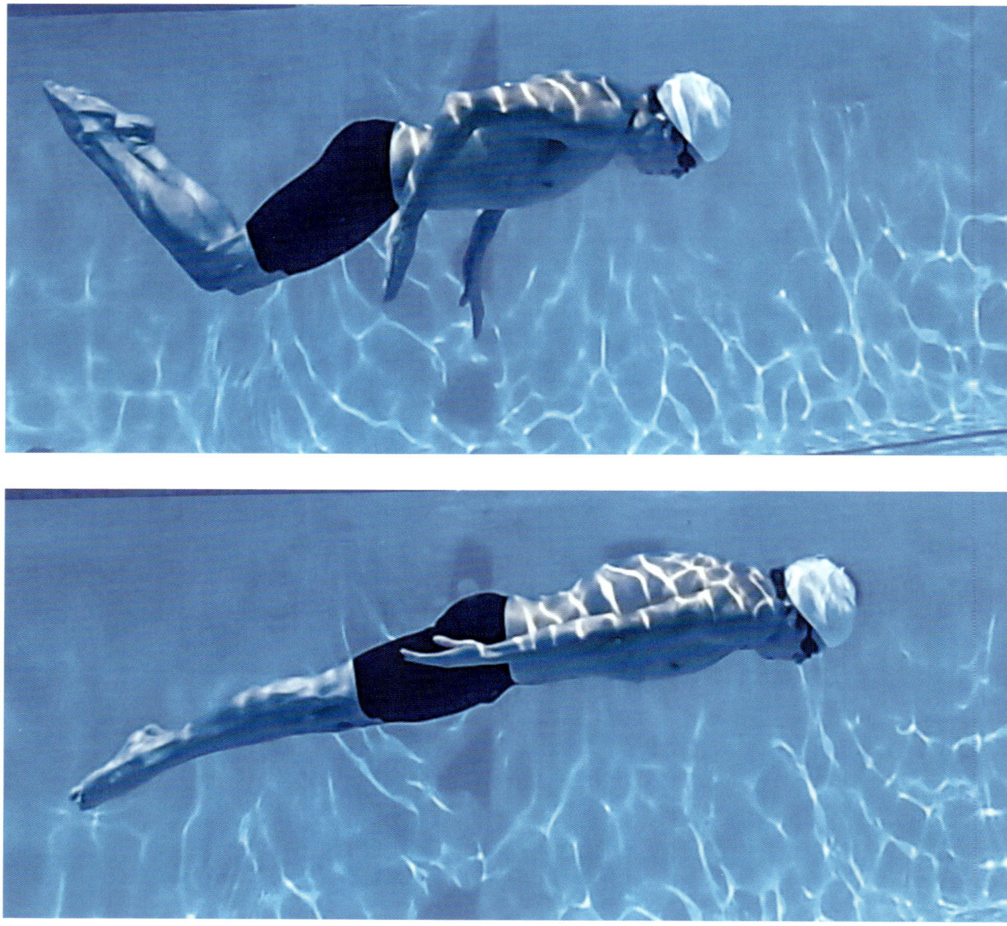

Abb. 7.12 Der Delfinkick am Ende des Tauchzugs

se technische Übung zusätzlich das Gefühl eines konstanten Tempos erfährt anstelle des Geschwindigkeitsverlustes während der Erholungsphase der Arme. Wenn Laura nach dieser Übung mit normalem Brustbeinschlag schwimmt, kann sie Grad und Dauer des Geschwindigkeitsverlustes besser wahrnehmen.

Sie führt diese Übung bei hohem Tempo durch. Wenn Sie den Bewegungsablauf beherrschen, versuchen Sie das Tempo zu steigern. Auch wenn Sie kein Brustspezialist sein sollten, können Sie mithilfe dieser Übung das Wasserfassen trainieren.

Aus gutem Grund haben heutige Brustschwimmer eine einzigartige Technik entwickelt. Versuchen Sie die Elemente bezüglich Armzug und Beinschlag in Ihre Technik zu integrieren. Wenn Sie dabei besonders darauf achten, den Geschwindigkeitsverlust während der Erholungsphasen von Armzug und Beinschlag zu minimieren, werden Sie so schnell Brustschwimmen wie noch nie! Denken Sie auch an die Tauchzüge!

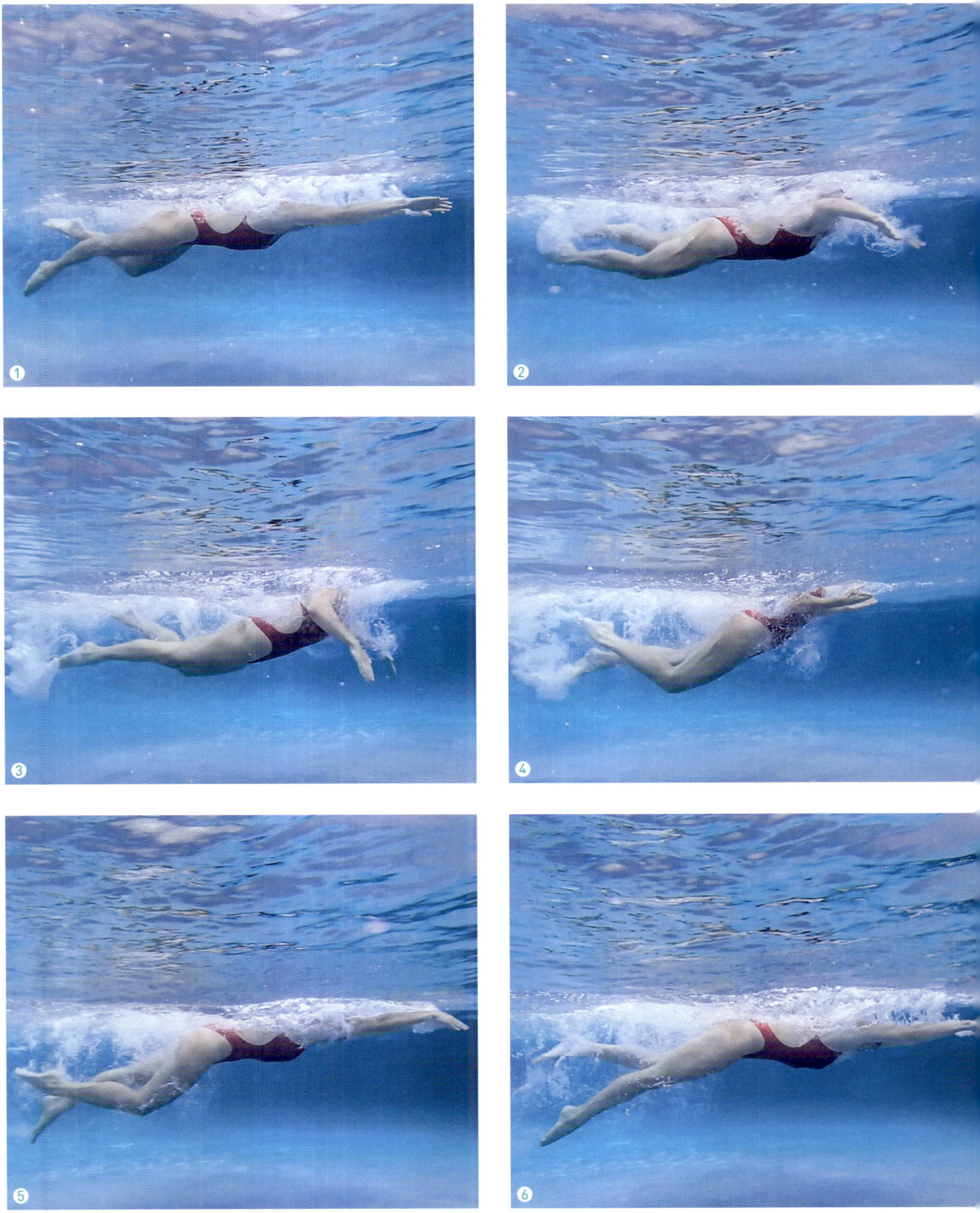

Abb. 7.13 Lauras Lieblingsübung: Brustarmzug mit Kraulbeinschlag

SCHWIMMDATEN

Nicolas Fink, US-Collegemeisterschaften 2014

100 Yards Brust | 25-Yard-Becken | Zeit: 51,48 Sekunden (2. Platz)

Bahnen	Zugzahl	Zyklusdauer (s/Armzyklus)	Durchgangszeit
1. 25 yd	5	1,05	10,85 s
2. 25 yd	7	1,07	23,99 s (13,14 s für 2. Bahn)
3. 25 yd	7	1,07	37,50 s (13,51 s für 3. Bahn)
4. 25 yd	8	1,07	51,48 s (13,98 s für 4. Bahn)

Daten der Start- und Wendephase
Zeit und Distanz während der Tauchphase nach dem Start: 5,5 s, 15 yd
Zeit und Distanz während der Tauchphase nach den Wenden: 4,4 s, 10–11 yd
Zeit bei der Wende (Hand-Fuß-Zeitpunkt): 0,75–0,85 s

Rebecca Soni, Olympische Spiele 2012, London

200 Meter Brust | 50-Meter-Becken | Zeit: 2:19,59 Minuten (Goldmedaille und Weltrekord)

Bahnen	Zugzahl	Zyklusdauer (s/Armzyklus)	Durchgangszeit
1. 50 m	20	1,45–1,50	32,49 s
2. 50 m	21	1,45	1:08,10 min (35,61 s für 2. Bahn)
3. 50 m	22	1,35–1,40	1:43,95 min (35,85 s für 3. Bahn)
4. 50 m	26	1,25 (1,15 auf den letzten 20–25 m)	2:19,59 min (35,64 s für 4. Bahn)

Daten der Start- und Wendephase
Zeit und Distanz während der Tauchphase nach dem Start: 5,7 s, 10–11 m
Zeit und Distanz während der Tauchphase nach den Wenden: 3,8–4,1 s, 7–8 m
Zeit bei der Wende (Hand-Fuß-Zeitpunkt): 0,85–0,95 s

Laura Sogar, US-Collegemeisterschaften 2013

200 Yards Brust | 25-Yard-Becken | Zeit: 2:05,41 Minuten (1. Platz)

Bahnen	Zugzahl	Zyklusdauer (s/Armzyklus)	Durchgangszeit
1. 50 yd	12	1,45–1,50	27,99 s
2. 50 yd	14	1,45–1,50	59,68 s (31,69 s für 2. Bahn)
3. 50 yd	16	1,35	1:31,88 min (32,20 s für 3. Bahn)
4. 50 yd	18	1,30	2:05,41 min (33,53 s für 4. Bahn)

Daten der Start- und Wendephase
Zeit und Distanz während der Tauchphase nach dem Start: 5,7 s, 12 yd
Zeit und Distanz während der Tauchphase nach den Wenden: 4,0–4,1 s, 8–9 yd
Zeit bei der Wende (Hand-Fuß-Zeitpunkt): 0,9–0,95 s

Anmerkung: Züge pro 25 Yards: 5, 7, 7, 7, 8, 8, 8, 10

Cameron Van Der Burgh, Olympische Spiele 2012, London

100 Meter Brust | 50-Meter-Becken | Zeit: 58,46 Sekunden (Goldmedaille und Weltrekord)

Bahnen	Zugzahl	Zyklusdauer (s/Armzyklus)	Durchgangszeit
1. 50 m	18	1,2	27,07 s
2. 50 m	24	1,10–1,15	58,46 s (31,39 s für 2. Bahn)

Daten der Start- und Wendephase
Zeit und Distanz während der Tauchphase nach dem Start: 5,0 s, 14 m
Zeit und Distanz während der Tauchphase nach den Wenden: 4,2 s, 9 m
Zeit bei der Wende (Hand-Fuß-Zeitpunkt): 0,85 s

Rebecca Soni, Weltmeisterschaften 2009, Rom

100 Meter Brust | 50-Meter-Becken | Zeit: 1:04,84 (Goldmedaille und Weltrekord)

Bahnen	Zugzahl	Zyklusdauer (s/Armzyklus)	Durchgangszeit
1. 50 m	22	1,18	31,03 s
2. 50 m	24	1,18–1,22	1:04,84 s (33,81 s für 2. Bahn)

Daten der Start- und Wendephase
Zeit und Distanz während der Tauchphase nach dem Start: 5,0 s, 10 m
Zeit und Distanz während der Tauchphase nach den Wenden: 4,3 s, 8 m
Zeit bei der Wende (Hand-Fuß-Zeitpunkt): 0,93 s

Sheilas Vergleich der Generationen

Penny Heynes, Olympische Spiele 1996, Atlanta

100 Meter Brust | 50-Meter-Becken | Zeit: 1:07,73 Sekunden (Goldmedaille)

Bahnen	Zugzahl	Zyklusdauer (s/Armzyklus)	Durchgangszeit
1. 50 m	22	1,2	31,65 s
2. 50 m	27	1,1	1:07,73 min (36,08 s für 2. Bahn)

Daten der Start- und Wendephase
Zeit und Distanz während der Tauchphase nach dem Start: 5,5 s, 10 m
Zeit und Distanz während der Tauchphase nach den Wenden: 3,7 s, 7 m
Zeit bei der Wende (Hand-Fuß-Zeitpunkt): 0,95 s

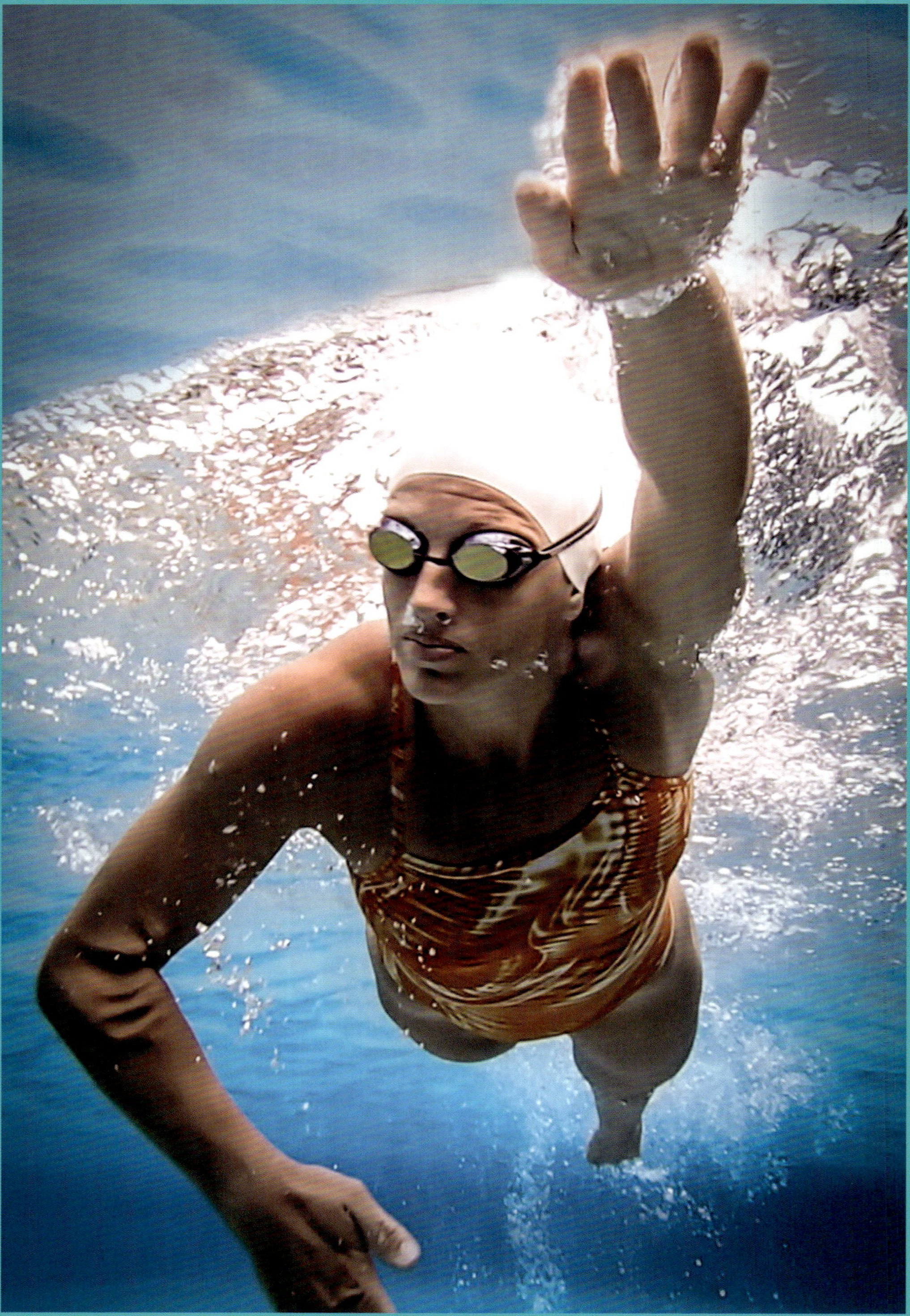

8 KRAUL

8

In den Kraulwettbewerben, auch Freistil genannt, können Schwimmer *frei* wählen, welchen *Schwimmstil* sie schwimmen. Es gibt keine Regeln bezüglich des Bewegungsablaufs wie bei Schmetterling, Rücken oder Brust, sodass man Körper und Extremitäten im Wasser bewegen und drehen kann, wie man will.

Freiheit entspricht in diesem Fall Geschwindigkeit. Die Weltrekorde über die Kraulstrecken liegen im Durchschnitt fünf Sekunden pro 100 Meter unterhalb der von Schmetterling und Rücken sowie zwölf Sekunden unterhalb der Weltrekorde im Brustschwimmen.

Trotz der Freiheiten schwimmen alle, ob Sprinter oder Langstreckenschwimmer, den gleichen Stil: Wechselseitiger Armzug und Beinschlag in Brustlage mit einer Rotationsbewegung auf der Längsachse.

Nebst Freiheit bietet das Freistilschwimmen auch Abwechslung. Sowohl über Schmetterling und Rücken als auch Brust werden bei den Olympischen Spielen nur 100- und 200-Meter-Wettbewerbe ausgetragen, wohingegen im Freistilschwimmen sogar sieben Einzelwettbewerbe geschwommen werden – 50, 100, 200, 400, 800 und 1.500 Meter im Becken sowie 10 Kilometer im Freiwasser.

REGELWERK FREISTIL

Drei grundsätzliche Regeln müssen bei Freistilwettbewerben berücksichtigt werden, die sich jedoch nicht auf den Bewegungsablauf von Körper und Extremitäten beziehen.

1. Beim Wenden beziehungsweise beim Zielanschlag im Freistilschwimmen muss der Schwimmer die Wand mit einem beliebigen Teil seines Körpers berühren.

2. Ein Teil des Körpers muss während des gesamten Wettkampfs die Wasseroberfläche durchbrechen. Es ist dem Schwimmer jedoch erlaubt, während der Wende völlig untergetaucht zu sein sowie nach dem Start und nach jeder Wende eine Strecke von nicht mehr als 15 Metern völlig untergetaucht zu schwimmen.

3. Freistil bedeutet, dass der Schwimmer in einem so bezeichneten Wettkampf jede Schwimmart schwimmen darf, mit der Ausnahme, dass in einer Lagenstaffel oder im Lageneinzel jede andere Schwimmart außer Brust, Schmetterling oder Rücken geschwommen werden darf.

Somit ist über die Freistildistanzen für jeden Schwimmer etwas dabei. In diesem Kapitel untersuchen wir die Kraultechnik verschiedener Spezialisten, die von den Mittelstrecken (200 Meter) im Becken bis zu den Langstrecken (10 Kilometer) im Freiwasser auf internationaler Ebene erfolgreich sind – Ashley Whitney, Peter Vanderkaay und Andrew Gemmell. Im Anhang B werden wir zusätzlich die Technik des gestreckten Arms des schnellsten Schwimmers aller Zeiten – des Sprinters Vladimir Morozov – betrachten.

DAS ARMZUGMUSTER

Schwimmer haben die Freiheit, ihre Arme beim Kraulschwimmen zu bewegen, wie sie wollen. Doch alle Mittel- und Langstreckenschwimmer führen das kurvenförmige Armzugmuster wie in diesem Buch beschrieben aus.

Abbildung 8.1 zeigt Peter Vanderkaays rechten Kraularmzug von der Streckung bis zur Abschlussphase des Armzugs. In Foto 1 streckt er seinen rechten Arm in Verlängerung der rechten Schulter vor dem Kopf nach vor-

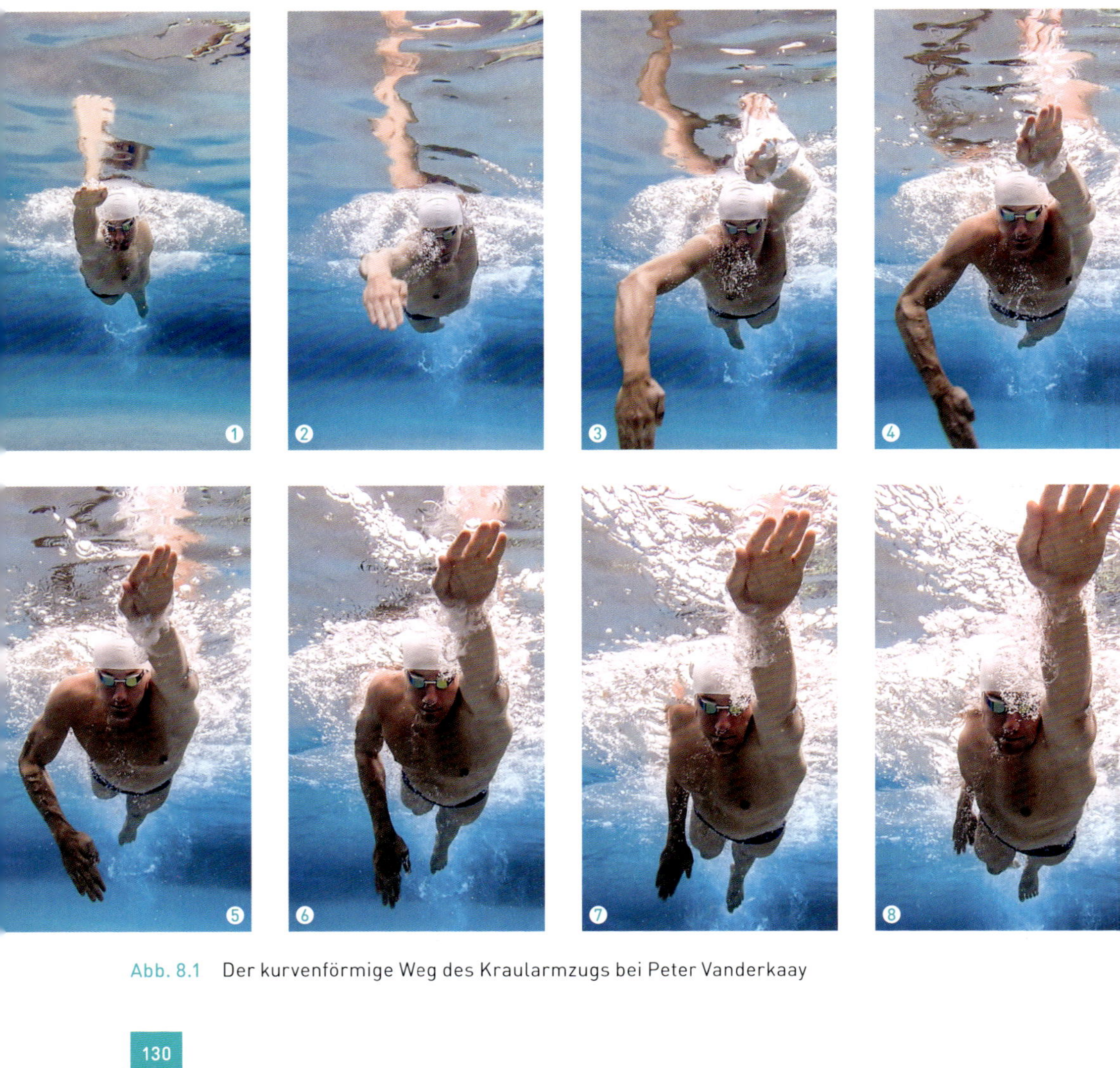

Abb. 8.1 Der kurvenförmige Weg des Kraularmzugs bei Peter Vanderkaay

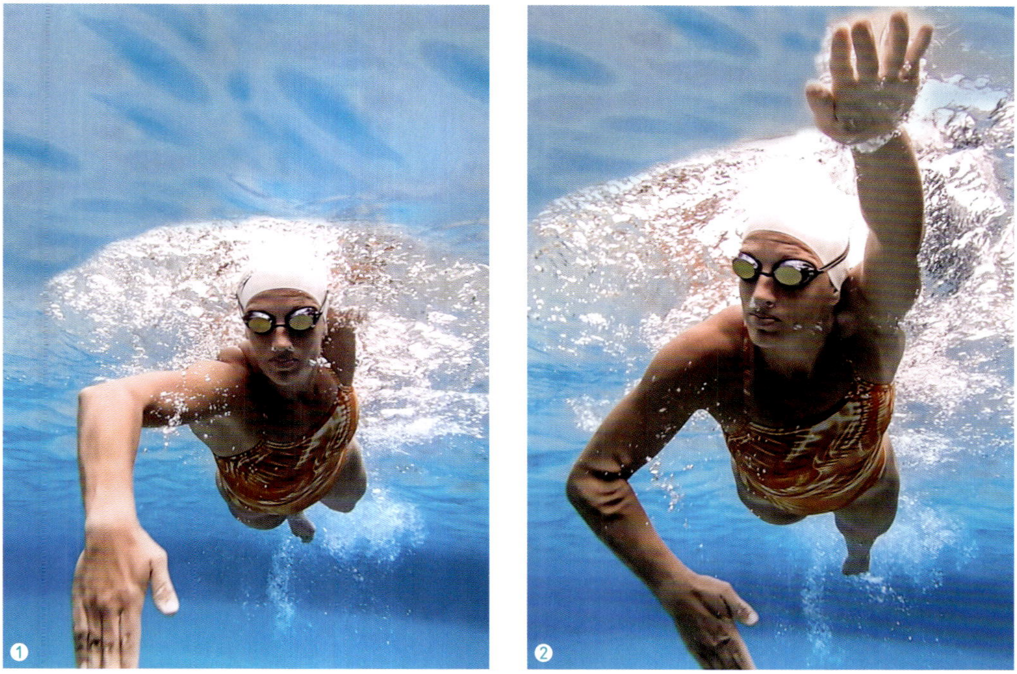

Abb. 8.2 Beim Wasserfassen (1) zeigt der Ellenbogen von Ashley Whitney nach oben, in der Diagonalphase (2) nach außen.

ne, bevor er zum Wasserfassen übergeht (Fotos 2 und 3). Beim Wasserfassen auf Foto 3 führt er seinen Oberarm weiter als schulterbreit nach außen, sein Ellenbogen ist gebeugt und zeigt nach *oben*, seine Hand sowie sein Unterarm sind nach hinten auf das Wasser gerichtet.

Während der Diagonalphase (Fotos 4 und 5) und der Abschlussphase (Fotos 6 bis 8) bleiben Hand und Unterarm weiterhin angestellt und zeigen nach hinten. Im Übergang in die Diagonal- (Fotos 4 und 5) und anschließend in die Abschlussphase (Fotos 6 bis 8) verändert Peter den Anstellwinkel seiner Hand. Der Winkel ändert sich nur leicht, diese Änderung ist jedoch wichtig, um den Arm auf eine angrenzende Ebene mit ruhigem Wasser zu führen sowie den Vortrieb bringenden Armzugweg zu verlängern, um die resultierende Kraft aus Auftriebs- und Widerstandskräften für den Vortrieb zu nutzen.

Beim Wasserfassen auf den Fotos 2 und 3 zeigt der Ellenbogen nach *oben*, während er in

BESCHLEUNIGUNG DER HAND

Wie bereits in Kapitel 2 erläutert, erfordert die Entwicklung des Wassergefühls auf Topniveau eine Geschwindigkeitssteigerung (und dementsprechend eine Kraftsteigerung) der Hand im Verlauf des Armzugzyklus. Beim Wasserfassen ist die Geschwindigkeit der Hand am geringsten, zum Ende des Armzugs am höchsten. Topschwimmer können das Wasser in der Abschlussphase noch einmal beschleunigen.

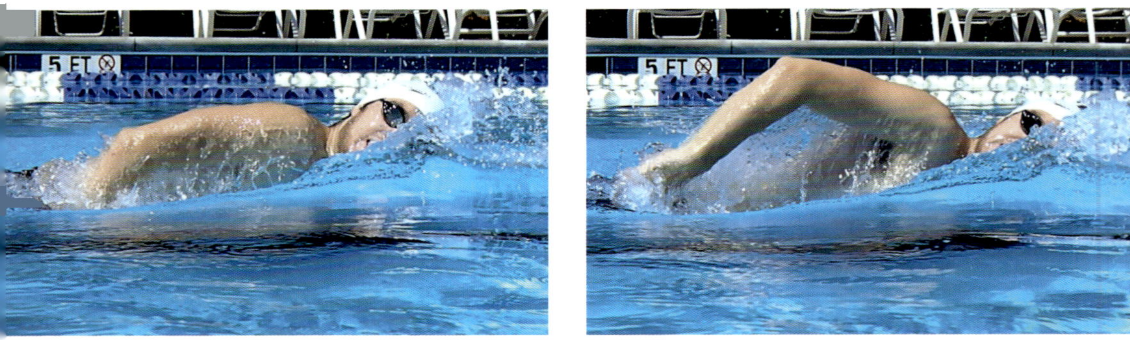

Abb. 8.3 Am Ende des Armzugs ist der Ellenbogen von Andrew Gemmell weiterhin gebeugt.

der Diagonalphase auf den Fotos 4 und 5 nach *außen* zeigt.

Die Nahaufnahme von Ashley Whitneys Kraularmzug in Abbildung 8.2 bestätigt diese Technik. In Foto 1 zeigt ihr Ellenbogen beim Wasserfassen nach *oben* und in der Diagonalphase auf Foto 2 nach *außen*. Auch der Anstellwinkel ihrer Hand während der Diagonalphase in Foto 2 ist identisch mit der Peter Vanderkaays (Abb. 8.1, Foto 4). Sowohl der Oberarm als auch die Hand sind aktiv am kurvenförmigen Armzug beteiligt.

In Abbildung 8.1 endet der Armzug von Peter auf Hüfthöhe (Fotos 7 und 8). In der Frontansicht ist es schwierig zu erkennen, dass er seinen Arm am Ende nicht ganz durchstreckt, sondern in der Druckphase leicht beugt. Aus der Perspektive in Abbildung 8.3 ist die gebeugte Armhaltung am Ende des Armzugs besser zu erkennen. Andrew Gemmells Ellenbogen ist sowohl während der Druckphase unter Wasser als auch während der Rückholphase über Wasser gebeugt.

DAS RICHTIGE TIMING UND DIE RUMPFBEWEGUNG

Alle Topschwimmer stimmen den Bewegungsablauf ihrer Arme und ihres Rumpfes auf der Längsachse auf nahezu identische Art und Weise zeitlich aufeinander ab. Abbildung 8.4 zeigt Peter Vanderkaays Timing und Rumpfbewegung im Verlauf des Armzugzyklus.

In Foto 1 streckt er den rechten Arm nach vorne, während er mit dem linken Arm (hier nicht zu erkennen) den Unterwasserarmzug beendet. Dabei dreht er seine Hüfte nach links oben, um den Impuls aus der Abschlussphase des linken Arms mitzunehmen, während er den rechten Arm, Schulter und Oberkörper nach vorn streckt. Die rechte Körperhälfte ist komplett gestreckt, um das Wasserfassen vorzubereiten.

In Foto 2 erkennt man, dass für das Wasserfassen die rechte Hand und der Unterarm nach hinten auf das Wasser gerichtet sind und die Hüfte zur anderen Seite rotiert. Mit dem Wasserfassen beginnt die Hüftrotation auf der Längsachse während der einzelnen Phasen des Armzugzyklus bis hin zu Foto 8. Sie folgt immer dem Impuls des Armzugs.

Auch das Timing der Arme ist in dieser Abbildung gut zu erkennen. Auf Foto 3 befindet sich

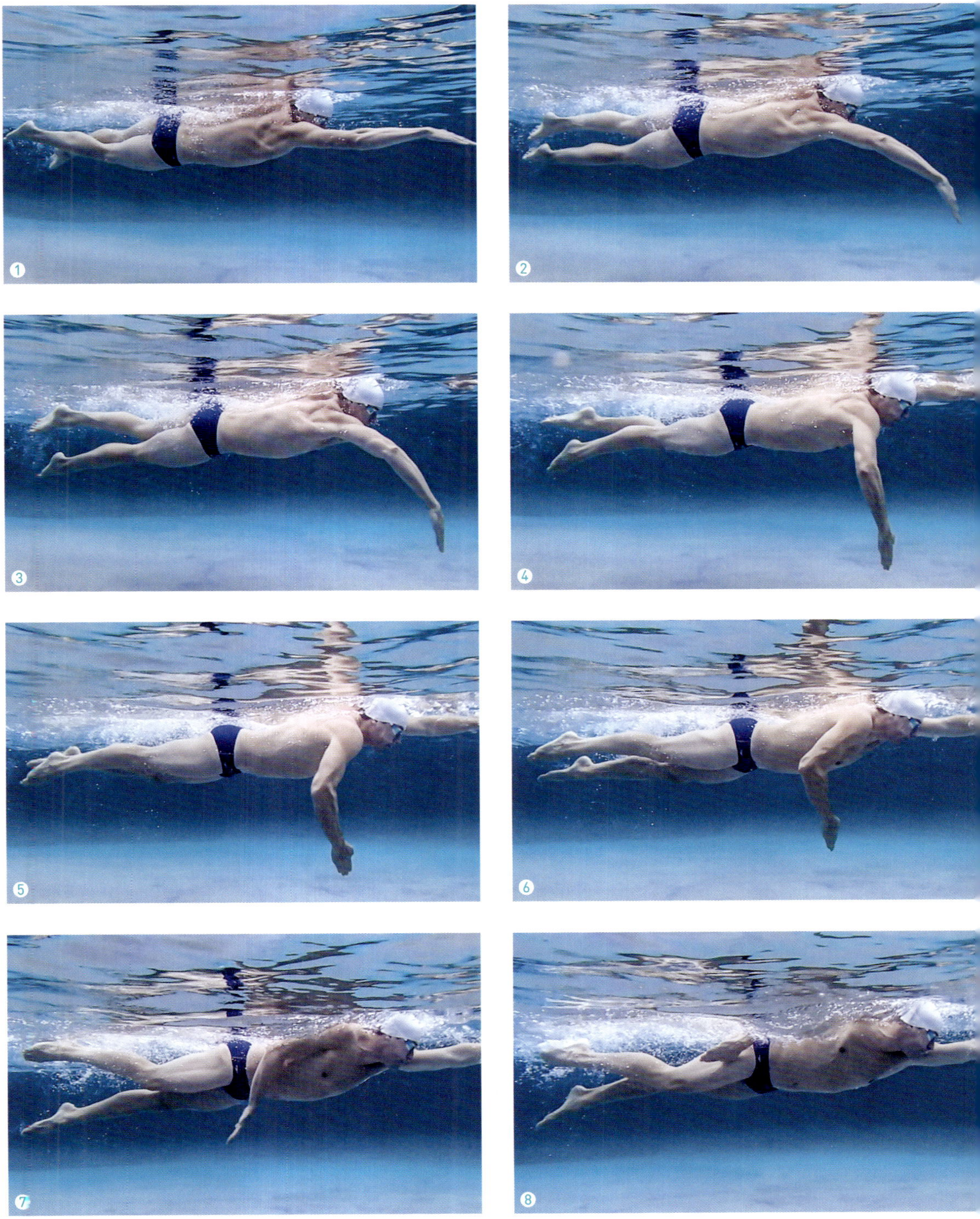

Abb. 8.4 Peter Vanderkaay koordiniert die Rumpfbewegung auf der Längsachse mit seinem Armzug.

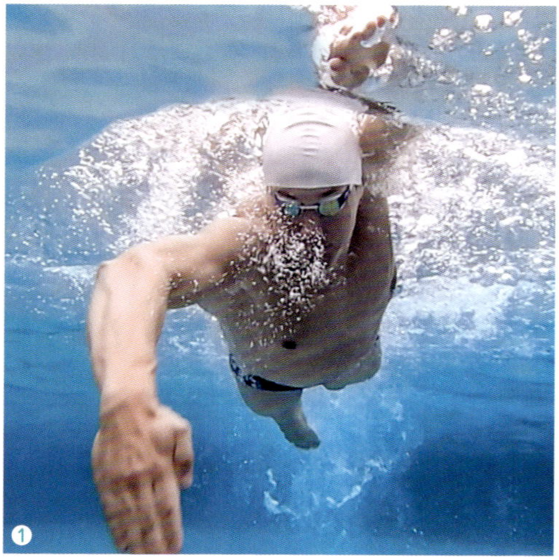

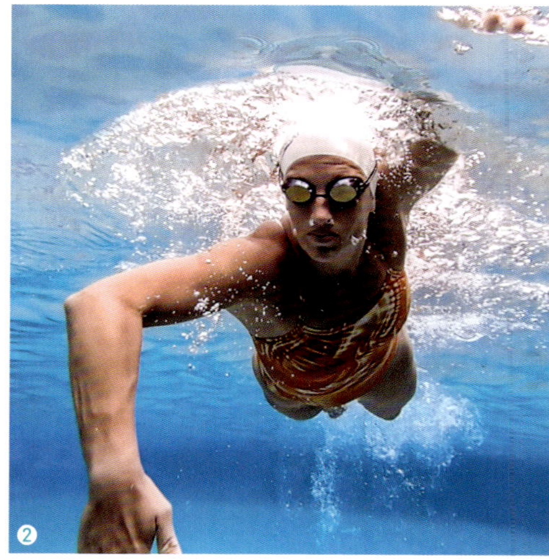

8

Abb. 8.5 Während sich ihre Arme im vorderen Quadranten in entgegengesetzten Richtungen passieren, müssen Peter Vanderkaay (1) und Ashley Whitney (2) ihren Rumpf auf der Längsachse ausbalancieren.

Peter mitten im Wasserfassen, Hand und Unterarm zeigen gegen die Schwimmrichtung nach hinten auf das Wasser. Seine linke Hand taucht vor dem Kopf ins Wasser ein. In der Fachterminologie wird diese Phase des Zugzyklus „front-quadrant swimming" genannt. Beide Arme befinden sich vor dem Kopf – im vorderen Quadranten des Armzugs – und nicht im hinteren Quadranten an der Hüfte oder den Beinen. Voraussetzung für das „front-quadrant swimming" ist eine gute Rumpfstabilität, um die Körperrotation auf der Längsachse ausbalancieren zu können.

EIN RIESIGES PADDEL

Schauen Sie in Abbildung 8.4 genau auf die Position von Peters Unterarm in Bezug auf seine Hand. Sein Handgelenk bleibt im Verlauf des Unterwasserarmzugs gestreckt, sodass Hand und Unterarm auf allen Fotos eine Linie bilden. Er benutzt sie wie ein riesiges Paddel, das er den Auftriebs- und Widerstandskräften entgegendrückt.

In der Frontansicht in Abbildung 8.5. sind die Rumpfstabilität und das Timing bei Peters (1) und Ashleys (2) Armzugzyklen im vorderen Quadranten gut zu beobachten. Wenn der linke Arm in das Wasser eintaucht (Ashleys Fingerspitzen sind gerade unterhalb der Wasseroberfläche zu sehen), fasst der rechte Arm das Wasser. Beide Arme befinden sich vor dem Kopf und bewegen sich in entgegengesetzte Richtungen, man kann zusätzlich eine leichte Rotation im Rumpf beobachten. Die Rotation auf der Längsachse mit zeitgleicher Bewegungsausführung beider Arme vor dem Kopf erfordert eine gute Rumpfstabilität, um nicht zur Seite wegzukippen.

Wenn Sie noch einmal die Fotos 4 bis 8 der Abbildung 8.4 betrachten, sehen Sie, dass Peter mit dem rechten Arm in die Diagonal- und anschließend in die Abschlussphase übergeht. Mit dem linken Arm geht er in die Streckung, nachdem sich beide Arme im vorderen Quadranten passiert haben.

DER BEINSCHLAG

Die Anzahl der Beinschläge pro Armzugzyklus im Kraulschwimmen variiert je nach Schwimmer zwischen einem Zweier-, Viererund Sechserbeinschlag. Bei einem Zweierbeinschlag werden zwei (einer pro Bein) Beinschläge auf einen vollen Armzugzyklus ausgeführt, bei einem Sechserbeinschlag sind es entsprechend sechs (drei pro Bein) auf einen Zyklus. Je mehr Beinschläge pro Zugzyklus, desto größer der Antrieb durch die Beine.

Somit ist ein Sechserbeinschlag für ein hohes Tempo unabdingbar. Schwimmer, die über die 50- oder 100-Meter-Kraulstrecken zur absoluten Spitze gehören wollen, kommen um einen Sechserbeinschlag nicht herum, und auch der Großteil der Mittelstreckler (200 Meter und 400 Meter Kraul) macht einen Sechserbeinschlag. Obwohl einige Langstreckenschwimmer (800 Meter, 1500 Meter und 10 Kilometer) auf Teilstücken ihrer Rennen Energie durch einen weniger antreibenden Zweier- oder Viererbeinschlag sparen, wissen die besten unter ihnen ganz genau, wann und wie lange sie einen Sechserbeinschlag im Wettkampf einbauen müssen, um einen Gang höher zu schalten.

Auch Freiwasserschwimmer sollten in der Lage sein, einen Sechserbeinschlag zu machen. Sei es, um sich in der hektischen Startphase schnell aus Gefechten heraushalten zu können, eine Lücke im Verlauf des Wettkampfs zu schließen oder ins Ziel zu sprinten. Schwimmer, die keinen Sechserbeinschlag schaffen, haben kaum eine Chance und werden von denen, die noch einen Gang höher schalten können, abgehängt.

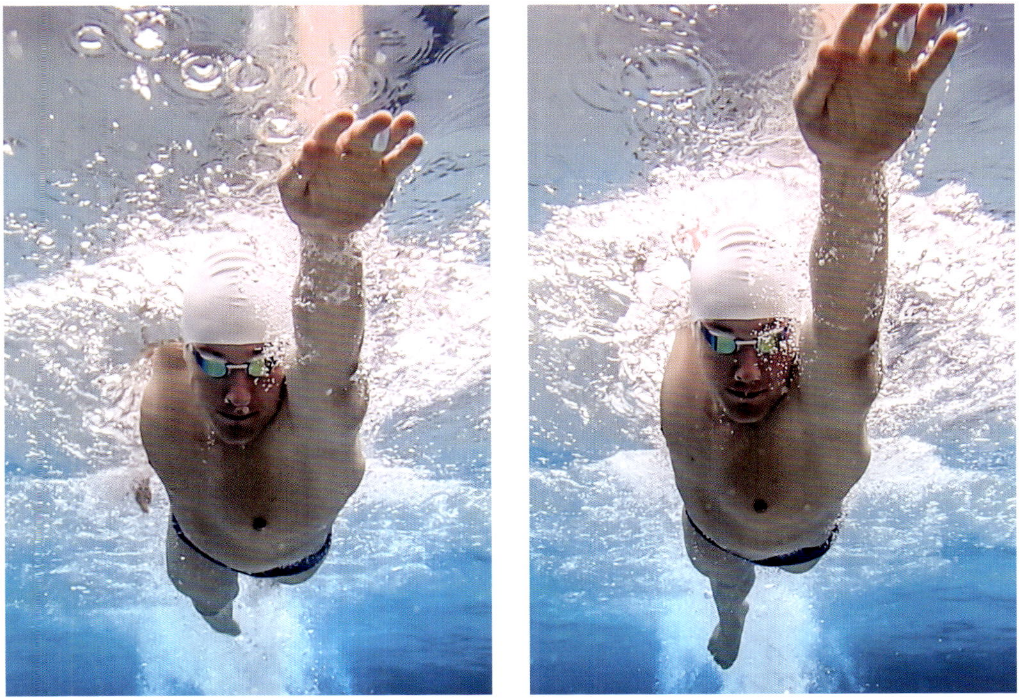

Abb. 8.6 Wenn der rechte Arm den Unterwasserarmzug beendet und das Wasser verlässt, schlägt das rechte Bein nach unten.

Unabhängig davon, ob ein Schwimmer einen Zweier-, Vierer- oder Sechserbeinschlag macht, haben alle eins gemeinsam: Den explosiven kraftvollen Kick, wie in Abbildung 8.6 dargestellt. Wenn der rechte Arm den Unterwasserarmzug beendet und das Wasser verlässt, schlägt das rechte Bein nach unten.

DAS TIMING DES SECHSERBEINSCHLAGS

Die einzelnen Schläge des Sechserbeinschlags erfolgen zu einem bestimmten Zeitpunkt im Zugzyklus:

- → **Beinschlag 1:** Das linke Bein führt den Beinschlag während der Streckphase des rechten Arms aus.
- → **Beinschlag 2:** Das rechte Bein führt den Beinschlag während des Wasserfassens des rechten Arms aus.
- → **Beinschlag 3:** Das linke Bein führt den Beinschlag während der Diagonalphase des rechten Arms aus.
- → **Beinschlag 4:** Der explosive kraftvolle Kick. Das rechte Bein führt den Beinschlag während der Abschlussphase des rechten Arms aus.
- → **Beinschlag 5 und 6:** Erst das linke, dann das rechte Bein führen den Beinschlag während der Rückholphase des Arms über Wasser aus.

Der neue Zyklus beginnt, wenn der rechte Arm wieder in die Streckung übergeht. Bei den Schwimmern auf den Fotos in diesem Kapitel sowie im Anhang B bei Vladimir Morozov können Sie jeweils einen Sechserbeinschlag beobachten. Im Training üben alle Schimmer - auch Langstrecken- und Freiwasserschwimmer sowie Triathleten - einen Sechserbeinschlag, damit sie im Wettkampf in der Lage sind, das Tempo zu verschärfen, wenn es erforderlich ist.

DIE ATMUNG

Einige Topschwimmer atmen ausschließlich zu einer Seite, während andere zu beiden Seiten atmen. Es ist unwichtig, ob Sie zu einer oder zu beiden Seiten atmen, wichtig ist nur die korrekte Atemtechnik.

Die richtige Technik ist die Kombination aus der Kopfdrehung und der Rumpfrotation auf der Längsachse. Abbildung 8.7 zeigt Ashley Whitney bei der Atmung zur rechten Seite. Beim Wasserfassen in Foto 1 ist ihre Kopfhaltung neutral. Auf den Fotos 2 bis 4 dreht sie den Kopf kontinuierlich zur rechten Seite, während sie mit dem Arm in die Diagonal- und die Abschlussphase des Unterwasserarmzugs übergeht. Gleichzeitig führt sie eine Rotation im Rumpf aus.

Abbildung 8.8 zeigt Ashley bei der Atmung nach rechts aus der Überwasserperspektive. Ihr Kopf liegt flach im Wasser. Sie dreht ihn nur zur Seite, ohne ihn dabei anzuheben. Es ist auch nicht notwendig, den Kopf zum Atmen anzuheben, da sich durch den Sog eine kleine Luftblase in Mundnähe bildet.

Wie in Abbildung 8.9 bei Ashley zu erkennen, dreht der Kopf nach dem Atmen wieder in Richtung Wasser, während der Rumpf zur anderen Seite dreht und sich der Arm auf der gleichen Seite in der Rückholphase über Wasser befindet.

Auf jedem dieser Fotos ist zu beobachten, dass Ashley auch während der Atmung mit einer perfekten Technik schwimmt und so keinen Vortriebsverlust erleidet.

Technische Übung

Eine von Peter Vanderkaays Lieblingsübungen ist das „Abschlagschwimmen“, mit dem er die Hand- und Armstellung für das Wasserfassen und das Timing übt. Die richtige Position zu finden, bevor man das Wasser zurück

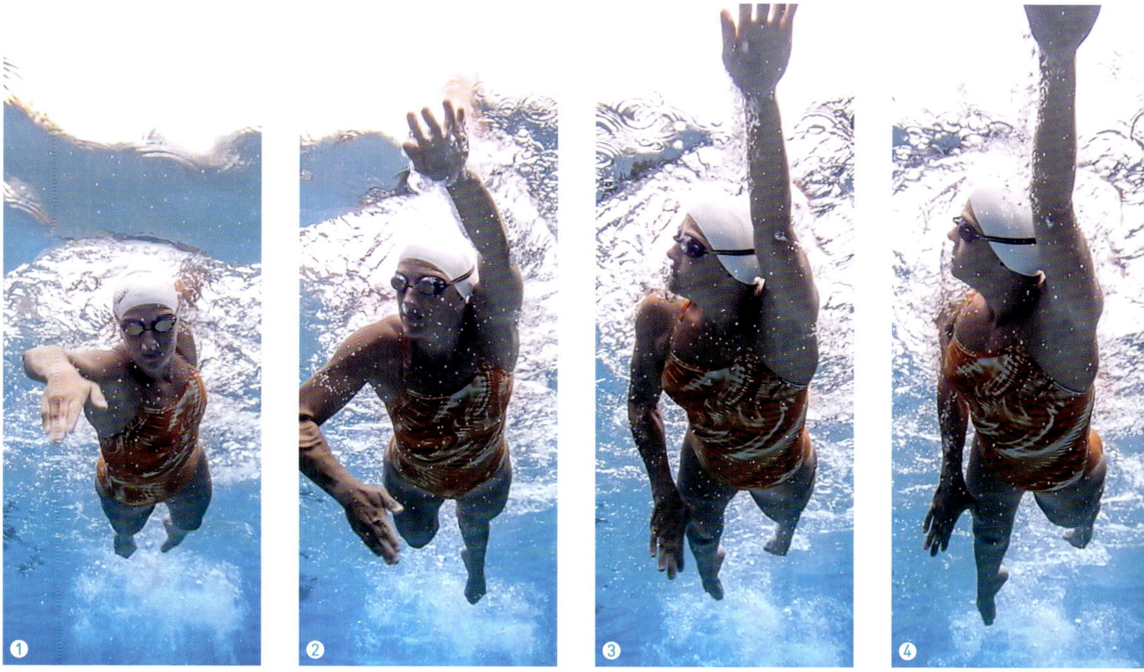

Abb. 8.7 Atmung und Rumpfrotation zur rechten Seite sind zeitlich aufeinander abgestimmt.

drückt, ist ein wichtiges Element des bereits angesprochenen „front-quadrant swimming“. Das Abschlagschwimmen übertreibt genau diesen Aspekt des Armzugs und soll Schwimmer daran erinnern, die Hand nach dem Eintauchen nicht sofort durchzuziehen, sondern zunächst vor dem Kopf für das Wasserfassen zu positionieren.

Schwimmen Sie für diese Übung wie beim Kraulschwimmen, aber lassen Sie den (vor dem Kopf) gestreckten Arm in dieser Position, bis der andere seinen Armzug abgeschlossen hat

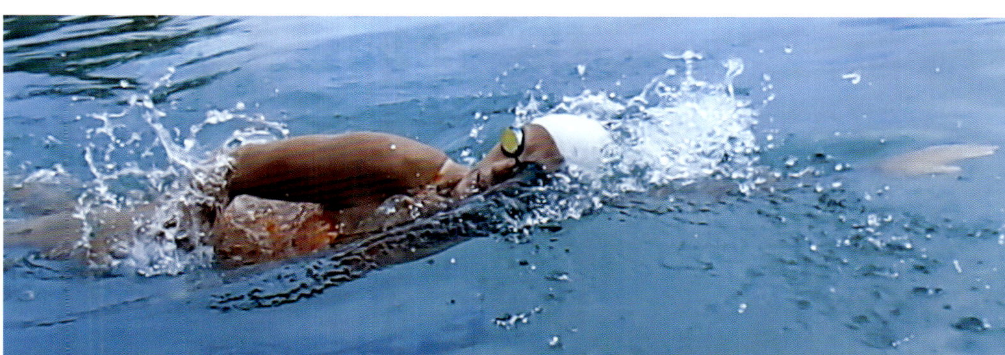

Abb. 8.3 Ashley Whitney atmet nach rechts, wenn ihr Arm unter Wasser in die Abschlussphase übergeht.

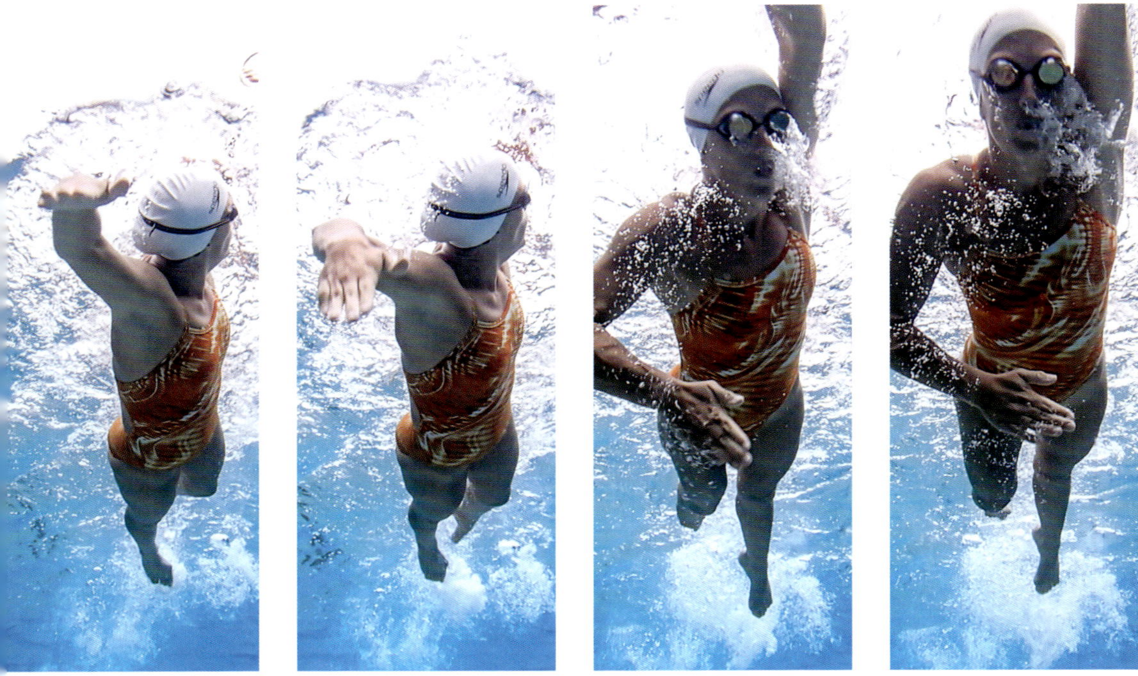

Abb. 8.9 Ashley atmet nach links und dreht den Kopf wieder in Richtung Wasser, während sich ihr linker Arm in der Rückholphase über Wasser befindet.

und den gestreckten Arm „abschlägt". Sobald der ziehende Arm auf den wartenden Arm trifft, geht dieser in das Wasserfassen über und führt den Armzug komplett aus. Schwimmen Sie auf diese Weise die Bahn zu Ende, wobei Sie sich besonders auf die Hand-Unterarm-Position für das Wasserfassen konzentrieren sollten, bevor Sie in die Druckphase übergehen.

In Abbildung 8.10 können Sie das Abschlagschwimmen bei Peter beobachten. In Foto 1 streckt er seinen rechten Arm weit vor dem Kopf, bis sein linker den Armzug beendet hat und den rechten Arm abschlägt. Dieser geht dann in Foto 2 in das Wasserfassen über. Auch hier befindet sich der Arm noch weit vor seinem Kopf. Entscheidend ist, dass er erst nach dem Wasserfassen in die Druckphase übergeht (Fotos 3 und 4) und sein linker Arm in der Streckung wartet, bis der rechte ihn wieder abschlägt (Foto 6) und dann den neuen Unterwasserarmzug vorbereitet.

Wenn sich beide Arme im vorderen Quadranten befinden, muss der Oberkörper dies auf der Längsachse ausbalancieren, sodass durch das Abschlagschwimmen zusätzlich der Oberkörper gekräftigt wird. Auf den Fotos 1 und 2 kann man gut erkennen, wie Peter seinen kräftigen Oberkörper kontrolliert, um die Arbeit der Arme vor dem Kopf auf der Längsachse ausgleichen zu können, ohne dabei zur Seite zur wegzukippen. Er rotiert in der Hüfte, und sein gestreckter Arm (der rechte in Foto 1 und der linke in Foto 6) bildet auf Höhe seiner Wange und seines Kinns eine stabile Plattform.

Das Abschlagschwimmen ist der Klassiker unter den technischen Übungen, ich kenne keinen Topschwimmer, der diese Übung nicht in seinem ständigen Repertoire hat. Durch das Abschlagschwimmen kann man sowohl das Wasserfassen als auch das richtige Timing sowie die Kräftigung und Balance des Rumpfs trainieren.

In diesem Kapitel haben wir gesehen, wie die Besten der Welt ihren Körper durch das Wasser bewegen. Doch vergessen Sie nicht, letzten Endes sind Sie frei in der Wahl ihrer Freistiltechnik (bis auf einige wenige Regeln; vgl. Seite 129). Schauen Sie ruhig einmal über den Tellerrand hinaus! Nur so kann man große Dinge erreichen, wie wir in Anhang B an Vladimir Morozovs Kraultechnik sehen werden. Auftriebs- und Widerstandskräfte stehen zu Ihrer Verfügung! Viel Spaß!

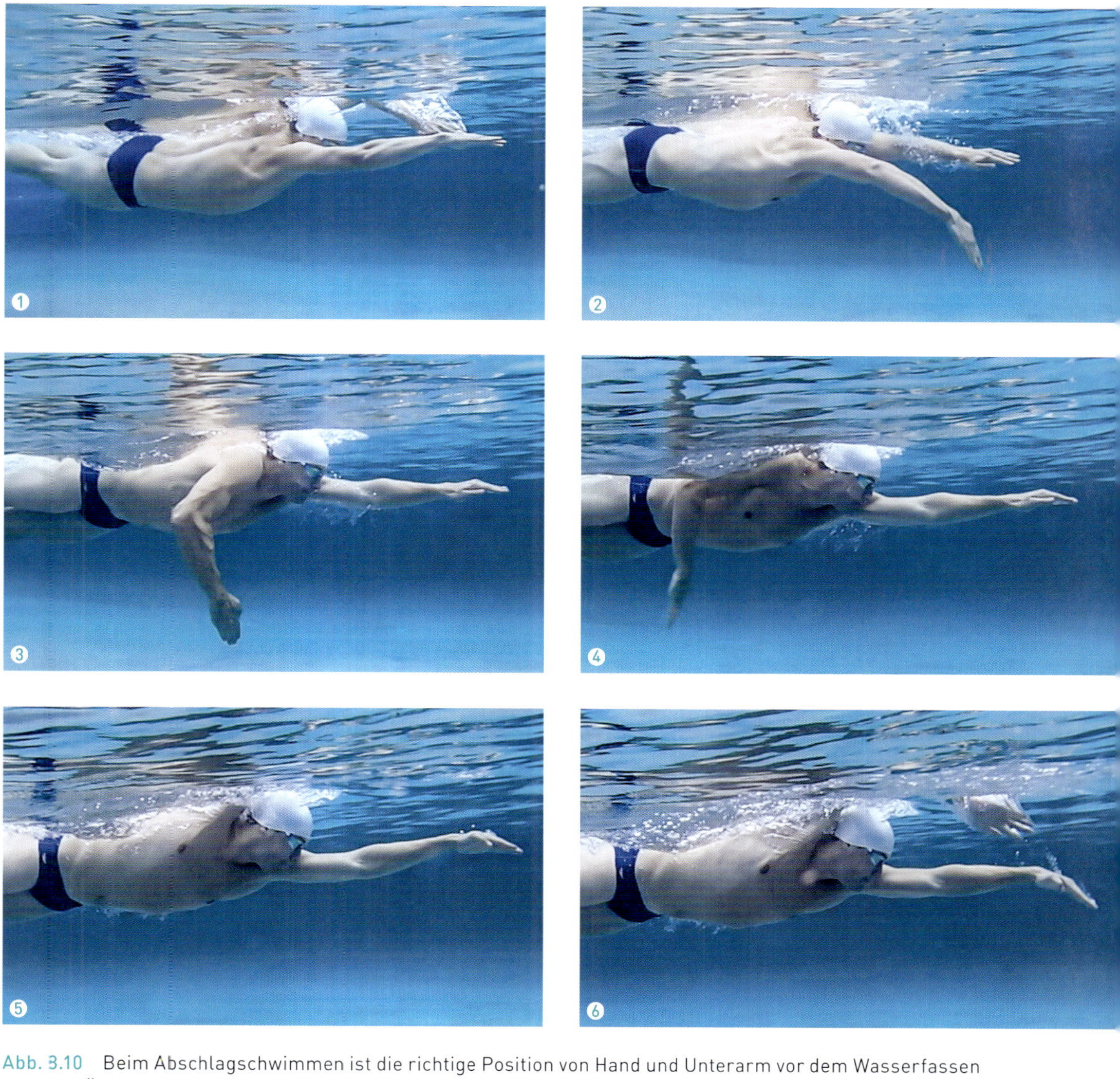

Abb. 3.10 Beim Abschlagschwimmen ist die richtige Position von Hand und Unterarm vor dem Wasserfassen und dem Übergang in die Druckphase entscheidend.

SCHWIMMDATEN

Chase Kalisz, US-Collegemeisterschaften 2014

400 Yards Lagen | 25-Yard-Becken | Zeit: 3:34,50 Minuten (US-College- und nationaler Rekord) | Splitzeit Kraul: 50,93 Sekunden

Bahnen	**Zugzahl***	**Zyklusdauer (s/Armzyklus)**	**Durchgangszeit**
1. 25 yd	7,5	1,35	keine Information
2. 25 yd	7,5	1,35	25,77 s
3. 25 yd	8	1,35	keine Information
4. 25 yd	8	1,35	50,93 s (25,16 s für 3.+4. Bahn)

** Die Zugzahlen beziehen sich auf einen vollen Zugzyklus*

Daten der Start- und Wendephase
Zeit und Distanz während der Tauchphase nach dem Start: keine Information
Zeit und Distanz während der Tauchphase nach den Wenden: 1,7 s, 5 yd
Zeit bei der Wende (Hand-Fuß-Zeitpunkt): 1,1–1,5 s

Missy Franklin, US-Collegemeisterschaften 2014

4 × 200 Yards Freistil | 25-Yard-Becken | Zeit: 1:40,08 Minuten

Bahnen	**Zugzahl***	**Zyklusdauer (s/Armzyklus)**	**Durchgangszeit**
1. 50 yd	14	1,2	23,01 s
2. 50 yd	15,5	1,3	48,39 s (25,38 s für 2. Bahn)
3. 50 yd	16	1,3	1:14,40 min (26,01 s für 3. Bahn)
4. 50 yd	16,5	1,25	1:40,08 min (25,68 s für 4. Bahn)

** Die Zugzahlen beziehen sich auf einen vollen Zugzyklus*

Daten der Start- und Wendephase
Zeit und Distanz während der Tauchphase nach dem Start: 3,0 s, 10 yd
Zeit und Distanz während der Tauchphase nach den Wenden: 2,2 s, 6 yd
Zeit bei der Wende (Hand-Fuß-Zeitpunkt): 0,9–1,20 s

Anmerkung: Zugzahlen pro 25 Yards: 6; 8; 7,5; 8; 8; 8; 8; 8,5

Peter Vanderkaay, Olympische Spiele 2008, Peking

4 × 200 Meter Freistil | 50-Meter-Becken | Zeit: 1:44,68 Minuten (Goldmedaille und Weltrekord)

Bahnen	**Zugzahl***	**Zyklusdauer (s/Armzyklus)**	**Durchgangszeit**
1. 50 m	14	1,55	
2. 50 m	15	1,55	
3. 50 m	16,5	1,4	
4. 50 m	17,5	1,35–1,38	1:44,68 min

** Die Zugzahlen beziehen sich auf einen vollen Zugzyklus*

Daten der Start- und Wendephase
Zeit und Distanz während der Tauchphase nach dem Start: 3,6 s, 11 m
Zeit und Distanz während der Tauchphase nach den Wenden: 2,8 s, 8 m
Zeit bei der Wende (Hand-Fuß-Zeitpunkt): 1,10 s

Allison Schmitt, Olympische Spiele 2012, London			
200 Meter Freistil | 50-Meter-Becken | Zeit: 1:53,61 Minuten (Goldmedaille und olympischer Rekord)			
Bahnen	**Zugzahl***	**Zyklusdauer (s/Armzyklus)**	**Durchgangszeit**
1. 50 m	16,5	1,35–1,40	27,18 s
2. 50 m	18	1,35–1,40	55,38 s (28,20 s für 2. Bahn)
3. 50 m	19	1,35	keine Information
4. 50 m	20	1,35	1:53,61 min

** Die Zugzahlen beziehen sich auf einen vollen Zugzyklus*

Daten der Start- und Wendephase
Zeit und Distanz während der Tauchphase nach dem Start: 4,1 s, 10 m
Zeit und Distanz während der Tauchphase nach den Wenden: 2,7 s, 7 m
Zeit bei der Wende (Hand-Fuß-Zeitpunkt): 1,10–1,30 s

Nathan Adrian, Olympische Spiele 2012, London			
100 Meter Freistil | 50-Meter-Becken | Zeit: 47,52 Sekunden (Goldmedaille)			
Bahnen	**Zugzahl***	**Zyklusdauer (s/Armzyklus)**	**Durchgangszeit**
1. 50 m	16,5	1,15–1,20 Sekunden	22,64 s
2. 50 m	19	1,15–1,20 Sekunden	47,52 s (24,88 s für 2. Bahn)

** Die Zugzahlen beziehen sich auf einen vollen Zugzyklus*

Daten der Start- und Wendephase
Zeit und Distanz während der Tauchphase nach dem Start: 3,4 s, 11 m
Zeit und Distanz während der Tauchphase nach den Wenden: 2,5 s, 7 m
Zeit bei der Wende (Hand-Fuß-Zeitpunkt): 1,05 s

Sheilas Vergleich der Generationen

Mark Spitz, Olympische Spiele 1972, München			
100 Meter Freistil | 50-Meter-Becken | Zeit: 51,22 Sekunden (Goldmedaille und Weltrekord)			
Bahnen	**Zugzahl***	**Zyklusdauer (s/Armzyklus)**	**Durchgangszeit**
1. 50 m	19	1,10–1,15	keine Information
2. 50 m	22,5	1,10–1,15	51,22 s

** Die Zugzahlen beziehen sich auf einen vollen Zugzyklus*

Daten der Start- und Wendephase
Zeit und Distanz während der Tauchphase nach dem Start: 2,5 s, 7 m
Zeit und Distanz während der Tauchphase nach den Wenden: 1,0 s, 3–4 m
Zeit bei der Wende (Hand-Fuß-Zeitpunkt): Keine Information

9 FAZIT: VON DEN TOPSCHWIMMERN LERNEN

Falls Sie sich nach dem Lesen dieses Buches fragen, ob es überhaupt möglich ist, die Technik der besten Schwimmer der Welt zu übernehmen, lautet meine Antwort: Ja, auf jeden Fall.

Die grundlegende Technik der Topschwimmer ist in ihrem Kern die gleiche Technik, die Trainer am Beckenrand auf der ganzen Welt lehren, unabhängig davon, ob es sich um eine Sommerschwimmschule für sechsjährige Nichtschwimmer oder einen Schwimmverein mit Altersklassenschwimmern, bestehend aus Anfängern und erfahrenen Schwimmern, handelt. Die besten Schwimmer der Welt sind unsere idealen Vorbilder, weil sie die technischen Grundlagen ziemlich gut beherrschen.

Damit will ich nicht sagen, dass es leicht sein wird, eine perfekte Technik zu erlernen. Beachten Sie ein paar Dinge, wenn Sie das Gelernte aus diesem Buch mit ins Becken nehmen:

- **Beweglichkeit.** Vielleicht haben Sie nicht die Beweglichkeit eines Topschwimmers, insbesondere wenn Sie spät mit dem Schwimmen begonnen haben oder sehr muskulös sind. Machen Sie sich keine Sorgen, wenn Sie nicht so beweglich sind, sondern trainieren Sie innerhalb Ihrer Möglichkeiten. Natürlich ist eine gute Beweglichkeit von Vorteil, doch können Sie trotzdem eine saubere Technik erlernen. Viele Topschwimmer integrieren Yoga oder Pilates in ihr Training, um Beweglichkeit und Kraft zu verbessern. Bauen Sie solche Kurse auch in Ihr Trainingsprogramm ein oder dehnen Sie sich zu Hause, falls Sie das Gefühl haben, etwas mehr Beweglichkeit könnte helfen, bestimmte Bewegungsabläufe besser zu beherrschen.

- **Einfache versus komplexe Bewegungsabläufe.** Einige Aspekte der Bewegungsabläufe im Wasser werden schwieriger anzueignen sein als andere. Achten Sie zunächst auf einfache technische Feinheiten wie eine gestreckte Rückholphase im Rückenschwimmen anstatt eines gebeugten Arms über Wasser. Kleine Veränderungen lassen sich leichter umsetzen und können schon nach wenigen Wochen abgespeichert werden. Komplexere Abläufe wie die Koordination der Arme, der Beine und des Rumpfes für das perfekte Timing, wie wir es bei den Topschwimmern beobachten konnten, sind hingegen eine andere Geschichte. Hierfür benötigt es mehr Zeit und Geduld. Geben Sie nicht gleich auf, falls die komplexeren Bewegungsabläufe nicht sofort klappen sollten. Bleiben Sie dran, Ihr Einsatz wird sich auszahlen.

→ **Längere Zyklusdauer bei technischen Übungen.** Bedenken Sie, dass Sie in jeder Lage für einen Zugzyklus 1,0 bis 2,5 Sekunden (1,0 Sekunden bei schnellem Tempo und 2,5 Sekunden bei lockerem Tempo) benötigen. Somit wird jede technische Änderung, die Sie vornehmen möchten, alle 1,0 bis 2,5 Sekunden verstärkt. Überfordern Sie sich nicht, sondern betrachten Sie es als Möglichkeit, alle ein, zwei Sekunden am Feinschliff zu arbeiten. Vergessen Sie außerdem nicht, dass technische Übungen dazu da sind, diesen Prozess zu ermöglichen. Viele technische Übungen lassen sich am besten bei einer Zyklusdauer von drei bis vier Sekunden pro Zyklus ausführen, manche auch langsamer, wenn es nötig ist, auf eine korrekte Bewegungsausführung zu achten.

→ **Voraussetzungen.** Manchmal ist es notwendig, zunächst eine Phase des Zugzyklus zu entwickeln, bevor man sich auf die nächste Phase konzentriert. Falls Sie mein erstes Buch *Kraulschwimmen wie die Profis* gelesen haben, wissen Sie, dass ich ein großer Fan davon bin, zuerst das Armzugmuster unter Wasser zu erarbeiten. Ich werde Ihnen jetzt nicht das ganze Armzugmuster erklären, doch denken Sie daran, wenn sich irgendetwas in Ihrem Zugverlauf nicht richtig anfühlt. Die eigentliche Ursache kann auch woanders liegen. (PS: Kontrollieren Sie Ihr Armzugmuster.)

→ **Ausgangsniveau von Kondition und Kraft.** Jeder, der dieses Buch liest, befindet sich an einem anderen Punkt seiner Schwimmkarriere und hat einen anderen allgemeinen Fitnesszustand. Falls Sie nach jahrelanger Abstinenz wieder zurück ins Becken springen wollen, sollten Sie sich eventuell erst eine Grundlage an Kondition und Kraft erarbeiten, bevor Sie Wunder im Wasser erwarten können. Selbst Olympionike Rowdy Gaines sagt, dass es für die Fähigkeit das Wasser zu halten, entscheidend ist, die Kraft beizubehalten. Er ist 54 Jahre alt und der Meinung, dass er mit ein paar Krafttrainingseinheiten von je 20 Minuten in der Woche eine ähnliche Form aufbauen kann wie zu seinen besten Jahren.

→ **Wille und Hingabe.** Ob Sie Ihre Technik verbessern werden, hängt auch von Ihrem Willen etwas zu verändern und Ihrer Konzentrationsfähigkeit während des Trainings ab. Seinen Stil technisch zu verändern, benötigt mehr mentale als physische Stärke. Bekommen Topschwimmer wertvolles Feedback von ihrem Trainer, halten sie es fest wie ein Hund, der einen leckeren Knochen nicht mehr hergibt. Sie achten auf die Feinheiten, ohne dass der Trainer sie ständig daran erinnern muss. Zudem wissen sie, dass gute Dinge nicht über Nacht geschehen, sondern sie geduldig sein und auch schwierige Phasen erleiden müssen, um am Ende die Früchte zu ernten. Mentale Stärke – und eine bewusste Denkweise – sind wichtiger als alles andere, um sich im Schwimmen zu verbessern.

Abschließend noch drei Worte, die zusammenfassen, was nötig ist, um sich im Wasser wie ein Champion zu bewegen: *Fokus, Kraft und innere Stärke.*

Wir müssen keine Superhelden sein, um die Technik eines Topschwimmers nachzuahmen. Jeder kann sie erlernen. Selbst wenn Sie nur aus Spaß schwimmen, um sich zu bewegen, ist es ratsam, sich die in diesem Buch beschriebene Technik anzueignen. Sie werden das dreidimensionale Schwimmen erfahren, von dem Sie vorher nicht einmal gewusst haben, dass es existiert. Vielleicht entdecken Sie Ihr Talent für eine Lage, die Sie bisher nie ausprobiert haben.

Ich hoffe, dass Sie sich inspiriert und informiert vom Schwimmstil der abgebildeten Topschwimmer in diesem Buch fühlen. Wenn Sie zielgerichtet und bewusst üben, um sich die richtige Technik anzueignen, sind Sie auf dem richtigen Weg, diesen komplexen Sport zu beherrschen.

ANHANG A ORIENTIERUNGS-TECHNIKEN IM FREIWASSER-SCHWIMMEN

Freiwasserschwimmer müssen sich über längere Distanzen in Seen, Flüssen oder im Meer orientieren, ohne dabei die Hilfe von Leinen oder Bodenmarkierungen wie im Schwimmbecken zu haben. Im offenen Gewässer ist man auf die großen leuchtenden Bojen angewiesen, die im Wettkampf den Schwimmkurs markieren oder auf andere Orientierungspunkte entlang des Ufers. Um Bojen oder andere Orientierungspunkte sehen zu können, müssen Schwimmer beim Schwimmen den Kopf anheben.

Ohne die richtige Technik kann das Anheben des Kopfes den Schwimmfluss unterbrechen. Viele Schwimmer verzichten dann darauf, sich zu orientieren, und verlassen sich ausschließlich auf die Blasen, die der Vordermann erzeugt, und gehen davon aus, dass sie einigermaßen geradeaus schwimmen. Dies kann böse Folgen haben, wenn man dadurch vom direkten Kurs abkommt und unnötige Meter zu viel schwimmt.

Um den direkten Weg von Boje zu Boje ohne Unterbrechung des Schwimmflusses zu schwimmen, sollten Sie zwei Dinge beachten:

- Orientieren Sie sich häufig (selbst wenn Sie im Wasserschatten eines anderen Athleten schwimmen).
- Orientieren Sie sich mit der richtigen Technik.

Topschwimmer orientieren sich alle vier bis sechs volle Armzugzyklen. Selbst Schwimmer mit einer guten Wasserlage und Rumpfstabilität, die im Becken mit Leichtigkeit geradeaus schwimmen, kommen aufgrund des Wellengangs und der Strömung im offenen Gewässer nach einigen Zügen vom direkten Kurs ab. Durch eine häufige Orientierung kann man kleine Kursänderungen anpassen, bevor man den falschen Weg einschlägt. Sogar im Wasserschatten eines anderen Schwimmers sollte man sich selbst orientieren, um sicherzugehen, dass die Spitze auch den direkten Weg schwimmt. Außerdem verursachen die Wasserbedingungen und Strudel der Mitstreiter einen „Waschmaschinen"-Effekt, der einen mit wenigen Zügen aus dem Wasserschatten befördern kann.

Topschwimmer können sich orientieren, ohne dass ihre Schwimmgeschwindigkeit negativ beeinflusst wird, da sie das Anheben des Kopfes nahtlos in die Atmung einbauen. Die richtige Technik beinhaltet das Anheben und die daran anschließende Drehung des Kopfes

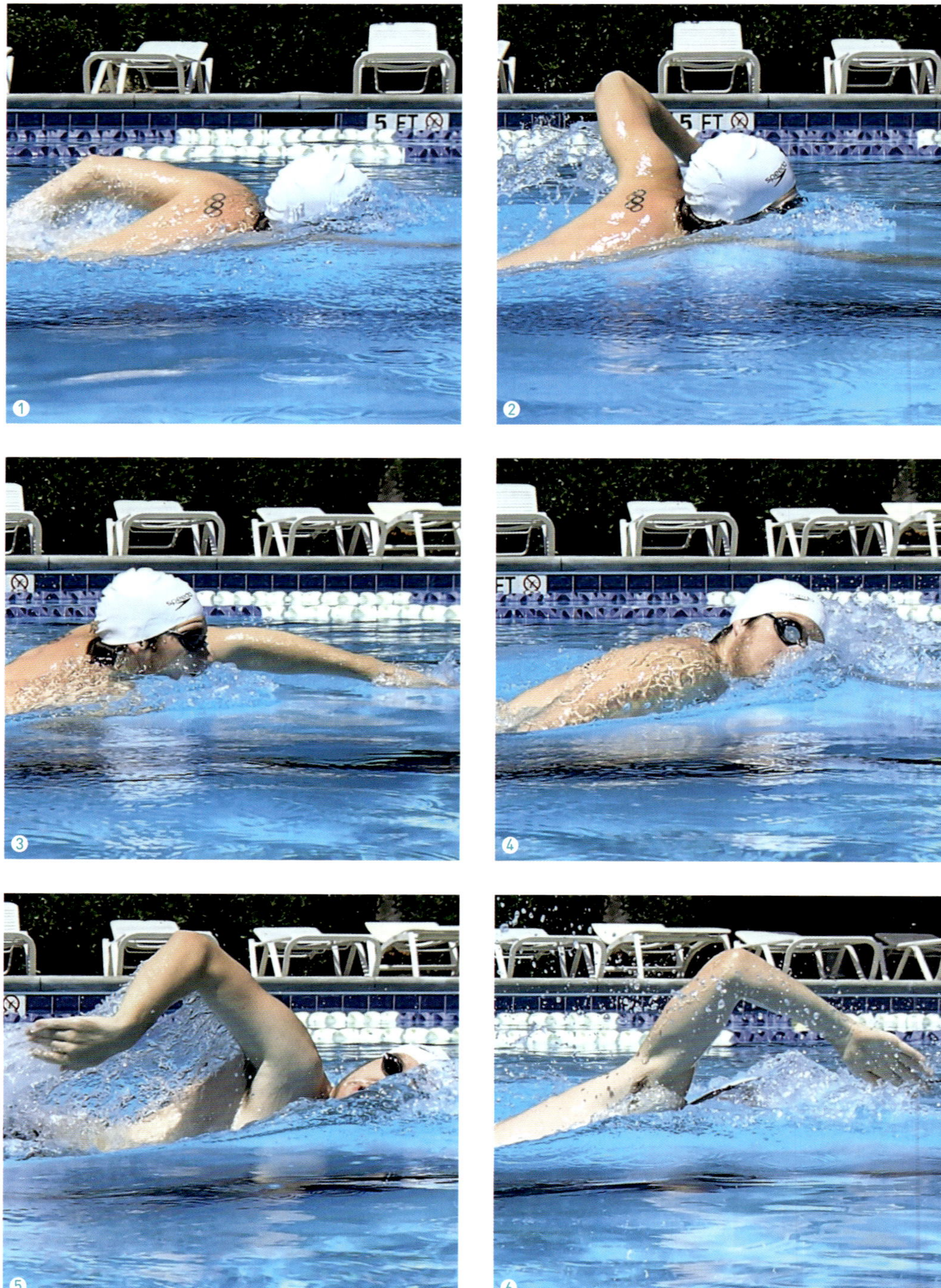

Abb. A.1 WM-Medaillengewinner und Olympionike im Freiwasserschwimmen Andrew Gemmell bei der Orientierung und anschließenden Drehung des Kopfes zur rechten Seite für die Atmung für die Atmung. Dabei sind Timing und Technik dieselben wie auch beim Kraulschwimmen im Becken. Die Orientierung erfolgt dabei direkt vor der Atmung.

Abbildung A.1 zeigt Andrew Gemmell bei der Orientierung und anschließenden Drehung des Kopfes zur rechten Seite für die Atmung. Die Aufnahmen wurden im Schwimmbecken gemacht, damit die Technik besser zu erkennen ist. Dieselbe Technik würde er im offenen Gewässer anwenden. Er befindet sich mit seinem rechten Arm in der Streckung und beim Wasserfassen (Fotos 1 bis 3) und hebt anschließend seinen Kopf an, um sich zu orientieren. Den Kopf hebt er so hoch, dass seine Augen aus dem Wasser herauskommen. Ein weiteres Anheben ist nicht nötig, da er in diesem Moment noch nicht atmet und die Hüfte absinken würde, wenn er den Kopf bis zum Kinn aus dem Wasser anheben würde.

Nach der Orientierung geht er in die Atmung über. Auf den Fotos 4 und 5 erkennt man, dass Andrew den Kopf direkt aus der angehobenen Haltung nach rechts dreht. Das Timing der Atmung ist dasselbe wie im Kapitel über die Atmung beim Kraulschwimmen im Becken erläutert. Andrew dreht seinen Kopf nach rechts, während er auf der Längsachse nach rechts rotiert und sein rechter Arm den Armzug beendet. Auf Foto 6 dreht er seinen Kopf genauso wie beim Beckenschwimmen zurück in das Wasser, während sich sein Arm in der Rückholphase über Wasser befindet.

In Abbildung A.2 ist dieselbe Technik bei Ashley Whitney zu beobachten. Sie blickt während der Streckung und des Wasserfassens ihres rechten Arms nach vorn (Fotos 1 und 2) und dreht ihren Kopf anschließend zur rechten Seite, um Luft zu holen (Fotos 3 und 4).

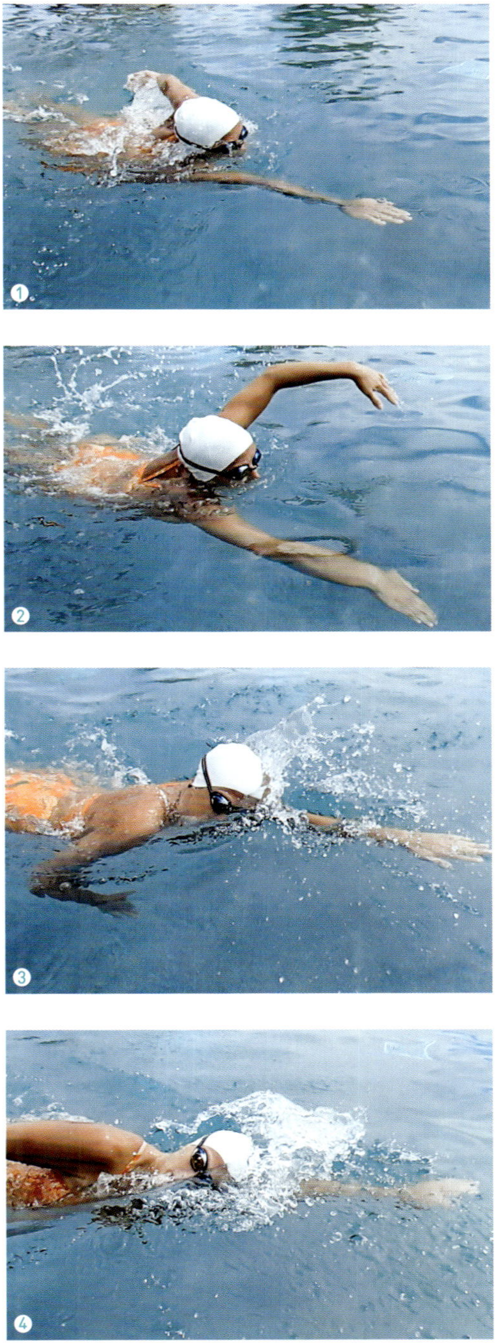

Abb. A.2 Ashley Whitney hebt ihren Kopf zur Orientierung nur bis zu den Augen aus dem Wasser (1 und 2) und dreht ihren Kopf im Anschluss nach rechts, um Luft zu holen (3 und 4).

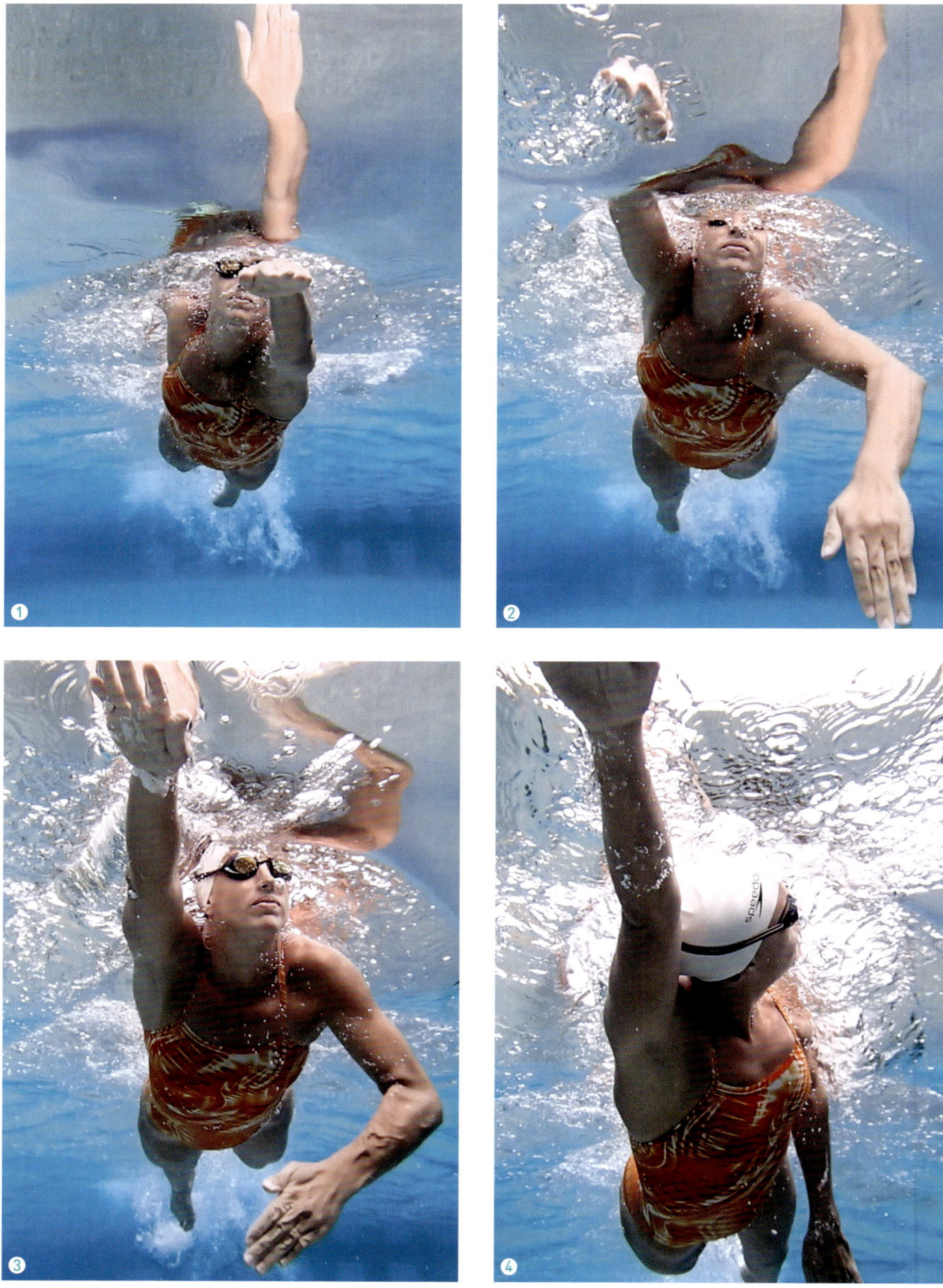

Abb. A.3 Ashley blickt nach vorn, wenn sich ihr linker Arm in der Streckung und beim Wasserfassen befindet (1 und 2), und dreht ihren Kopf anschließend nach links, um zu atmen, während sich ihr linker Arm in der Abschlussphase des Unterwasserarmzugs befindet (3 und 4).

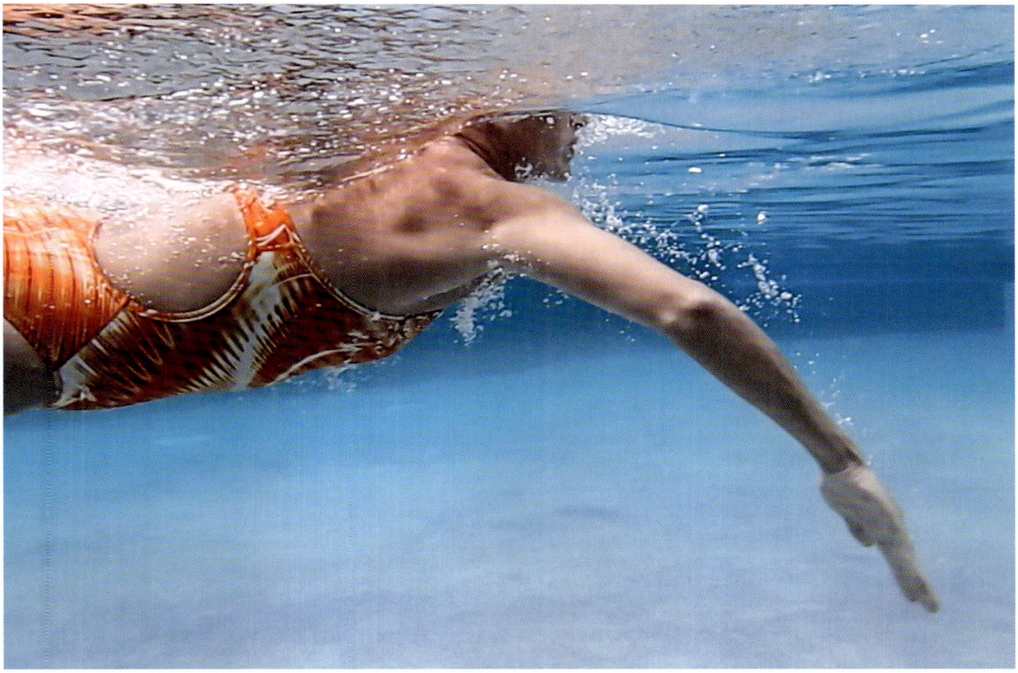

Abb. A.4 Auch bei der Orientierung führt Ashley das Wasserfassen mit einer sauberen Technik aus.

In Abbildung A.3 sieht man Ashley aus der Unterwasserperspektive, wie sie nach der Orientierung nach links atmet. Sie hebt nur die Augen aus dem Wasser, ihre Wasserlage wird durch das leichte Anheben nicht beeinflusst. Wie auf allen Fotos in dieser Abbildung zu erkennen, befindet sich ihre Hüfte dicht unterhalb der Wasseroberfläche.

In sehr unruhigem, welligem Gewässer kann es durchaus notwendig sein, den Kopf etwas höher aus dem Wasser anzuheben, um die Bojen oder andere Orientierungspunkte sehen zu können. Kontrollieren Sie dabei jedoch immer Ihre Hüftposition unterhalb der Wasseroberfläche. Ideal ist es, sich zu orientieren, wenn Sie sich gerade auf dem Kamm der Welle befinden. Es kann passieren, dass Sie zwei oder drei Mal hintereinander nach vorn schauen müssen, um den Kamm zu erreichen, dennoch werden Sie so schneller sein, als wenn Sie vom Kurs abkämen oder sogar anhalten müssten, um mithilfe eines Brustarmzugs nach der Boje Ausschau zu halten.

Achten Sie beim Orientieren auch weiterhin auf eine saubere Technik. In Abbildung A.4 ist Ashley während des Wasserfassens und gleichzeitigen Anhebens des Kopfes zu sehen.

Trainieren Sie die Orientierung für das Freiwasserschwimmen einmal in der Woche über eine Strecke von 500 bis 800 Metern, auf der Sie alle 25 Meter zweimal den Kopf anheben. So verbessern Sie Ihre Technik und stärken gleichzeitig Ihren Nacken für den Wettkampf.

ANHANG B KRAULSPRINT: DER GESTRECKTE ARM

In der 200-Yards-Freistil-Staffel bei den US-Collegemeisterschaften 2013 benötigte Vladimir Morozov über 50 Yards Kraul 17,86 Sekunden und ist damit als schnellster Mann aller Zeiten im Wasser in die Geschichte eingegangen. Diejenigen, die sein Staffelrennen und auch die 100 Yards Kraul (40,76 Sekunden im Einzel) verfolgten, berichteten später, es hätte ausgesehen, als wäre er auf dem und nicht im Wasser geschwommen.

Wie bewegt sich der schnellste Mann aller Zeiten im Wasser vorwärts, um eine solch hohe Geschwindigkeit zu erreichen? Vladimir Morozov benutzt im Kraulsprint eine Technik des gestreckten Arms. Im Verlauf dieses Buchs haben wir gelernt, dass Topschwimmer ihre Hand und ihren Unterarm wie ein großes Paddel benutzen, um die Oberfläche, auf die die Auftriebs- und Widerstandskräfte wirken, zu vergrößern. Was passiert, wenn man diese Oberfläche nochmals vergrößert und die Fläche des Oberarms hinzufügt? Wie groß wäre die Leistung, die ein Schwimmer bringen könnte? Die Antwort lautet: 17,86 Sekunden über 50 Yards Kraul.

Viele glauben, dass der Arm bei dieser Technik ausschließlich über Wasser gestreckt wird. Es ist durchaus korrekt, dass Topsprinter den Arm in der Rückholphase über Wasser strecken anstatt beugen, doch ist es die gestreckte Armhaltung unter Wasser während des Wasserfassens, die bei dieser speziellen Sprinttechnik den anspruchsvollen Aspekt darstellt.

Immer mehr Sprinter übernehmen diese Technik für den 50- Meter-Sprint, und einige sind sogar in der Lage, die Arme über die 100 Meter Kraul unter Wasser gestreckt nach hinten zu ziehen. Doch die körperlichen Anforderungen sind so hoch, dass die meisten die Arme in der Unterwasserphase nicht die vollen 100 Meter strecken können. Auf jeden Fall wird der gestreckte Arm ganz bestimmt *nicht* von Mittelstrecken- und Langstreckenschwimmern (200 Meter und länger) angewendet.

Auf den folgenden Seiten wird diese Technik genauer vorgestellt, doch ich möchte darauf hinweisen, dass die Belastung für die Schultern immens ist. Man kann diese Technik nicht einfach so übernehmen. Wer mit gestrecktem Arm schwimmen möchte, sollte umfassendes Krafttraining in sein Training integrieren und sich beim Schwimmen von einem erfahrenen Trainer beobachten lassen. Andernfalls ist die Gefahr, sich an der Schulter zu verletzen, zu groß.

DER KURVENFÖRMIGE ARMZUGWEG

Wie auch in allen anderen Lagen folgt der gestreckte Armzug unter Wasser einem kurvenförmigen Weg nach hinten. Obwohl Vladimir Morozovs Zyklusdauer bei 0,85 Sekunden für einen vollen Armzugzyklus über 50 Yards Kraul und bei 1,0 Sekunden über 100 Yards liegt, führt er seinen gestreckten Arm auf angrenzende Wasserebenen und auf einem kurvenförmigen Weg nach hinten, um den Vortriebsweg zu verlängern. Oder wie Ernie Maglischo sagen würde, er zieht „diagonal" durch das Wasser. Abbildung B.1 zeigt seinen Unterwasserarmzug von der Streckung bis zur Abschlussphase. Auf Foto 1 streckt Vladimir seinen Arm in Verlängerung der Schulter. Im Anschluss führt er den gestreckten Arm weiter als schulterbreit nach außen und dann nach unten, um das Wasser beim Wasserfassen nach hinten zu drücken (Fotos 2 und 3). Das Wasserfassen mit gestrecktem Arm ermöglicht es Vladimir, die Auftriebs- und Widerstandskräfte mit dem gesamten Arm – von den Fingerspitzen bis zur Schulter – zu fassen. Diesen Widerstand mit den Armen auszuhalten, erfordert viel Kraft und Stabilität in der Schulter.

Abbildung B.2 zeigt das anspruchsvolle Wasserfassen von der Seite. Man erkennt die Kraft in Vladimirs Oberarm, Schulter und oberem Rücken. Des Weiteren sind die Verwirbelungen – die weißen Luftblasen – um seinen langen Arm zu erkennen, die Hinweise darauf geben, dass sowohl an seinem Oberarm als auch an seinem Unterarm und der Hand Vortriebskräfte wirken. Durch die eingeschlossene Luft in seinem Armzug ist die Vortriebsenergie deutlich zu sehen.

Betrachten wir noch einmal die Fotos 4 und 5 in Abbildung B.1, auf denen zu erkennen ist, dass Sprinter mit dieser Technik ihren Arm nach dem Wasserfassen für die Diagonalphase unter Wasser beugen. Der Beugungswinkel ist jedoch kleiner als der 90-Grad-Winkel, den man bei Mittel- und Langstreckenschwimmern im Kraul und den anderen Lagen während dieser Phase beobachten kann. Der Arm wird gebeugt, um die Kraft wirkungsvoll einsetzen und um den Richtungswechsel auf den Fotos 5 und 6 und die Abschlussphase ausführen zu können. Vergleichen Sie Vladimirs Hand- und Unterarmstellung auf den Fotos 3 und 5. Er führt sie von einer Ebene weit von seinem Körper entfernt auf eine Ebene unterhalb seiner Hüfte.

Auch während des zweiten und letzten Richtungswechsels in der Abschlussphase des Unterwasserarmzugs auf den Fotos 5 und 6 ist sein Arm weiterhin gebeugt. Auf den Fotos 6 bis 8 drückt er die Hand in Richtung Hüfte nach hinten.

DAS RICHTIGE TIMING VON RUMPFBEWEGUNG UND BEINSCHLAG

Abbildung B1 stellt außerdem den Sechserbeinschlag und die Bewegung auf der Längsachse dar. Auf Foto 1 rotiert Vladimir Morozov nach rechts – sein rechter Arm hat soeben den Unterwasserarmzug abgeschlossen. Auf den Fotos 2 und 3 wird die Rumpfrotation zur linken Seite während des Wasserfassens mit dem linken Arm deutlich. Seine Rumpfrotation folgt dabei dem Impuls seines Armzugs bis zur Abschlussphase. Schwimmer, die unter Wasser mit gestrecktem Arm ziehen, müssen sehr kräftig im Rumpf sein, um die Körperbewegung über dem Arm während des gesamten Zugzyklus und insbesondere wäh-

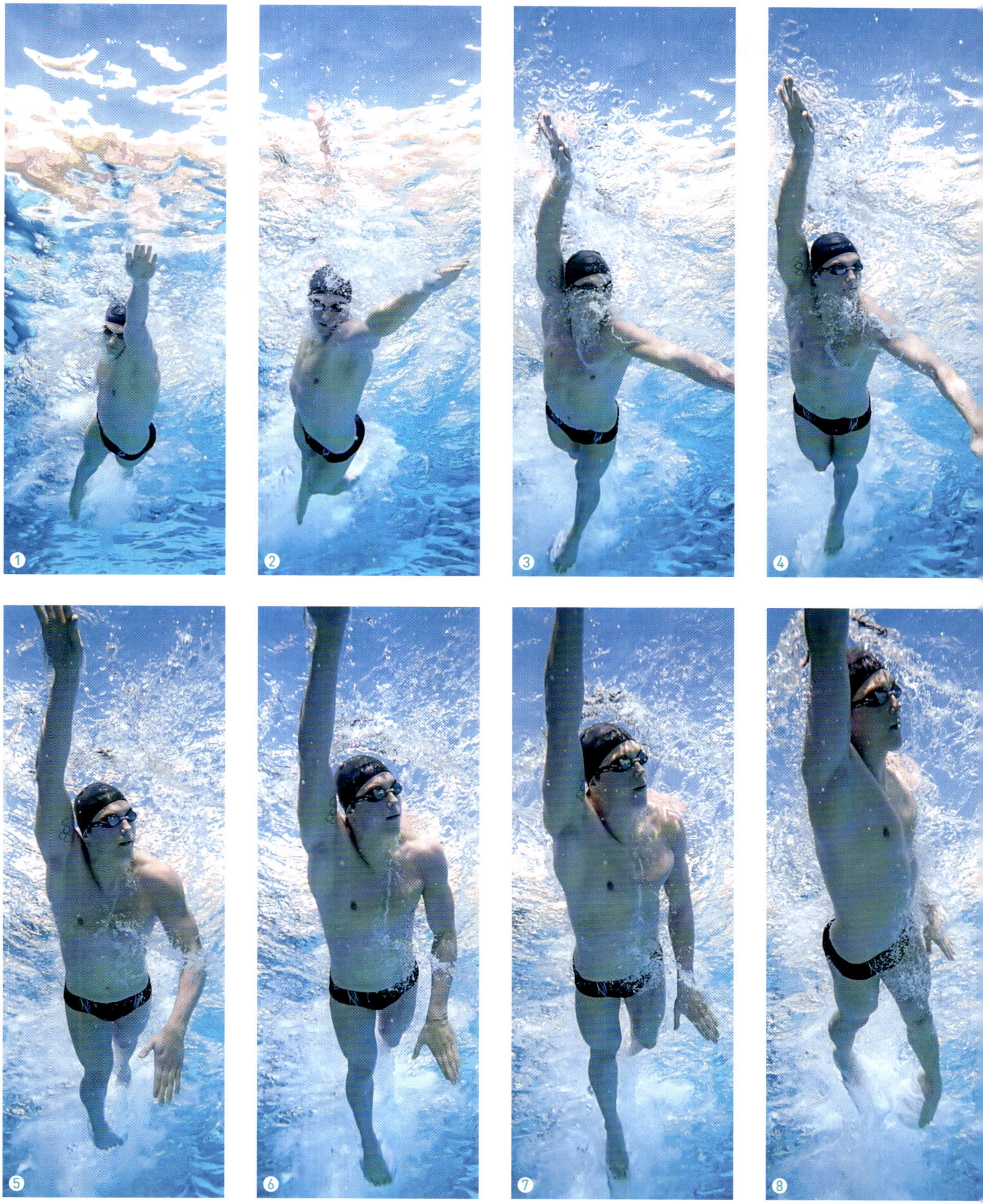

Abb. E.1 Vladimir Morozov schwimmt mit der Technik des gestreckten Arms, die einige Topschwimmer über die Sprintstrecken anwenden.

rend des Wasserfassens mit gestrecktem Arm auszuhalten.

Auch der Beinschlag hilft dabei, den Körper über den Arm zu bringen. Sogar beim Sprinten (seine Zyklusdauer ist 1,0 Sekunden und schneller pro Armzugzyklus) stimmt Vladimir den Sechserbeinschlag zeitlich perfekt auf seine Rumpfbewegung und den Armzug ab. Das Timing des Sechserbeinschlags bei gestrecktem Arm ist identisch mit dem Timing von Mittel- und Langstreckenschwimmern. Auf Foto 1 macht er mit seinem rechten Bein einen Beinschlag nach unten, während sich sein linker Arm in der Streckung befindet. Den zweiten Schlag mit dem linken Bein nach unten auf den Fotos 2 und 3 macht er während des

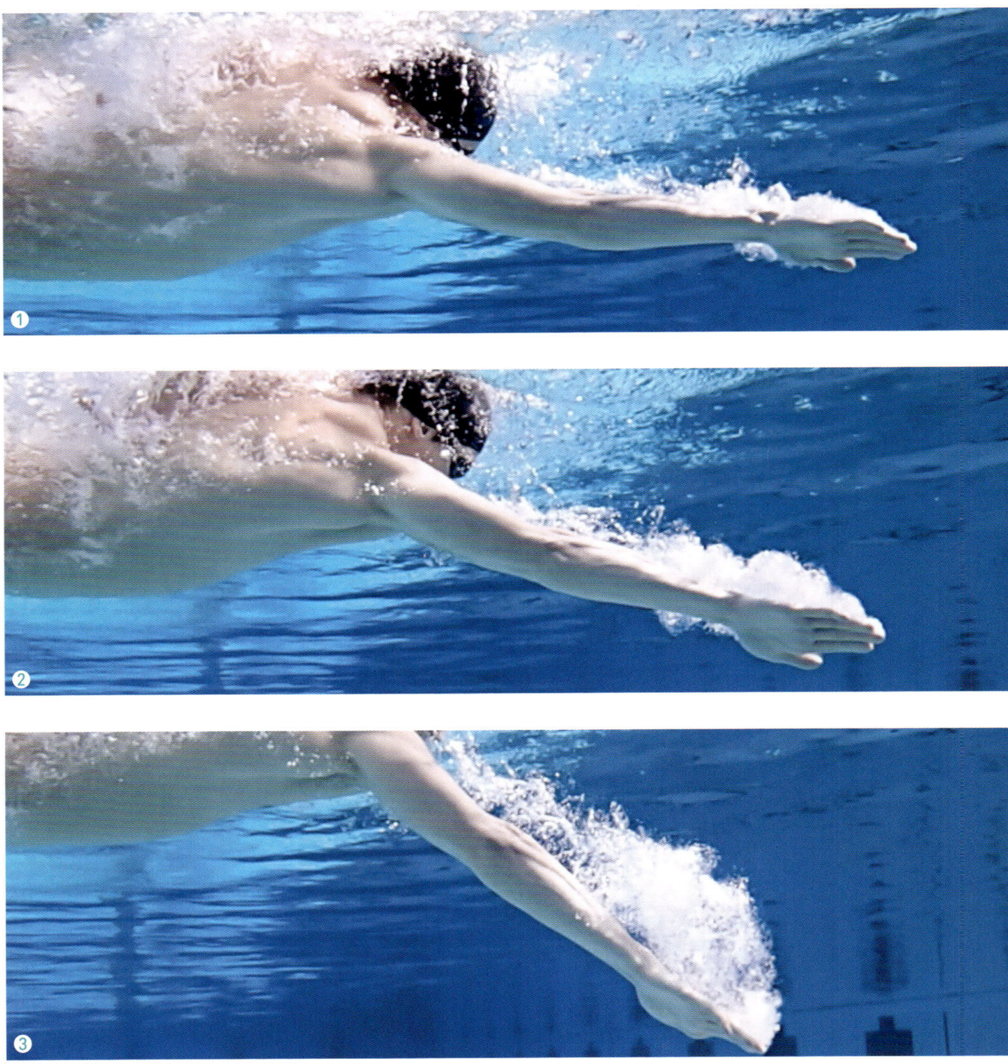

Abb. B.2 Das Wasserfassen mit gestrecktem Arm ist die körperlich anspruchsvollste Phase, bei der viel Kraft im Oberarm, in den Schultern und im oberen Rücken erforderlich ist.

Wasserfassens mit dem linken Arm. Auf den Fotos 4 und 5 schlägt das rechte Bein während der Diagonalphase (dritter Beinschlag) nach unten. Zum Abschluss macht er einen explosiven kraftvollen Kick, einen Schmetterschlag, der Vortrieb bringt, während das linke Bein nach unten schlägt und die linke Hand beziehungsweise der Unterarm den Armzug beenden (Fotos 6 bis 8). Die letzten zwei Beinschläge macht er während der Rückholphase des linken Arms über Wasser.

Vladimirs Beinschlag ist viel intensiver und kräftiger als der von Peter Vanderkaay auf den Abbildungen im Kapitel über das Kraulschwimmen. Sprinter müssen keine Energie aufsparen, sie können richtig Gas geben, sodass sie den Sechserbeinschlag mit voller Kraft zum Sprinten einsetzen können. Der wichtigste Faktor ist dabei das richtige Timing.

EINE RÜCKANSICHT VON VLADIMIR MOROZOVS KRAULSTIL

Betrachten wir Vladimirs Schwimmstil von hinten, um seinen Armzugweg unter Wasser und seine Rumpfrotation besser nachvollziehen zu können. Abbildung B.3 macht deutlich, dass er durch Propriozeption wahrnimmt, dass seine Hand und sein Unterarm während der Vortriebsphase des Armzugs nach hinten auf das Wasser gerichtet sind.

In jedem Foto ist zu erkennen, dass er die resultierenden Kräfte der Auftriebs- und Wider-

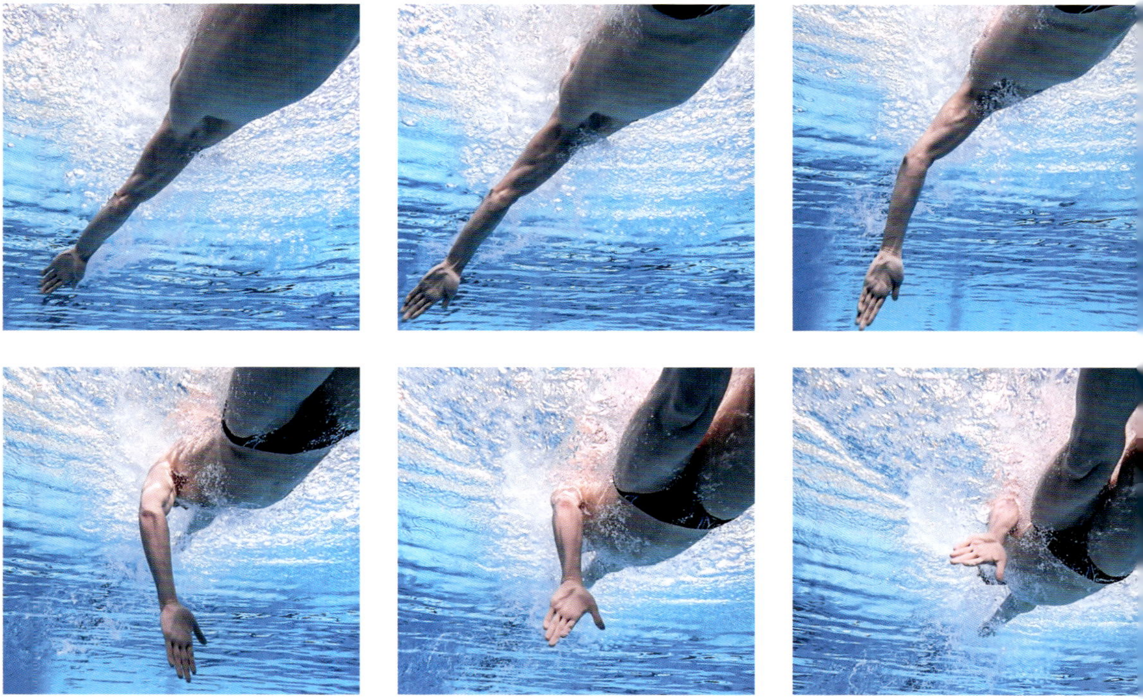

Abb. B.3 Vladimir Morozov nimmt deutlich wahr, dass seine Hand und sein Unterarm während der Vortriebsphase des Armzugs nach hinten auf das Wasser gerichtet sind.

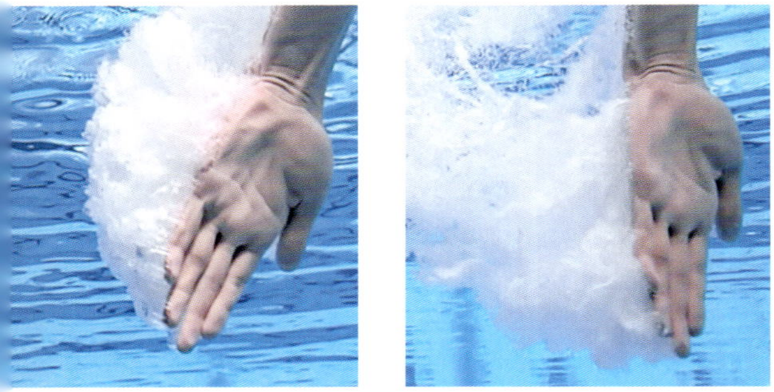

Abb. B.4 Während des Richtungswechsels hält Vladimir Morozov die Verbindung zu den Vortriebskräften.

standskräfte so einsetzt, dass er sich gegen den Widerstand vorwärts bewegen kann.

Beachten Sie außerdem seine Rumpfrotation auf der Längsachse. Auf Foto 1 rotiert er nach rechts, dreht sich jedoch beim Wasserfassen und weiteren Verlauf des Unterwasserzugs des linken Arms zur linken Seite. Sein Rumpf folgt dem Impuls der linken Seite und bewegt sich nicht willkürlich auf der Längsachse wie ein isoliertes Teil im Zugzyklus. Die Rumpfrotation erfolgt in Verbindung mit und zeitlich abgestimmt auf den Armzug und sorgt somit für eine Geschwindigkeitserhöhung.

Durch die Ansicht von hinten auf Vladimirs Armzug werden zwei weitere Merkmale deutlich, die alle Lagen gemeinsam haben: Vladimir hält die Hand flach und in einer Linie mit seinem Unterarm, um die Oberfläche zu vergrößern, die den Auftriebs- und Widerstandskräften entgegenwirkt. Außerdem hält er eine hohe Körperspannung (ohne dabei steif zu sein), um dem Widerstand entgegenwirken zu können. Die Körperspannung ist der Schlüssel zur kinästhetischen Fähigkeit, das Wasser zu „halten" oder zu fühlen.

Betrachten wir Vladimirs kinästhetische Fähigkeit etwas genauer. In Abbildung B.4 sehen wir seine Handinnenfläche sowie die Muskelspannung seiner Hand und seines Unterarms während des Richtungswechsels vom Wasserfassen in die Diagonalphase des Unterwasserarmzugs. Sein Handgelenk ist weder gebeugt, noch ändert sich die Form seiner Hand während des Armzugs. Die weißen Luftblasen entlang seines Arms auf beiden Fotos veranschaulichen die Verbindung zu den Vortriebskräften während der Druckphase. Schwimmer müssen diesen Widerstand im Wasser suchen, das Wasser halten und es in Bewegung setzen, um sich selbst vorwärts zu bewegen.

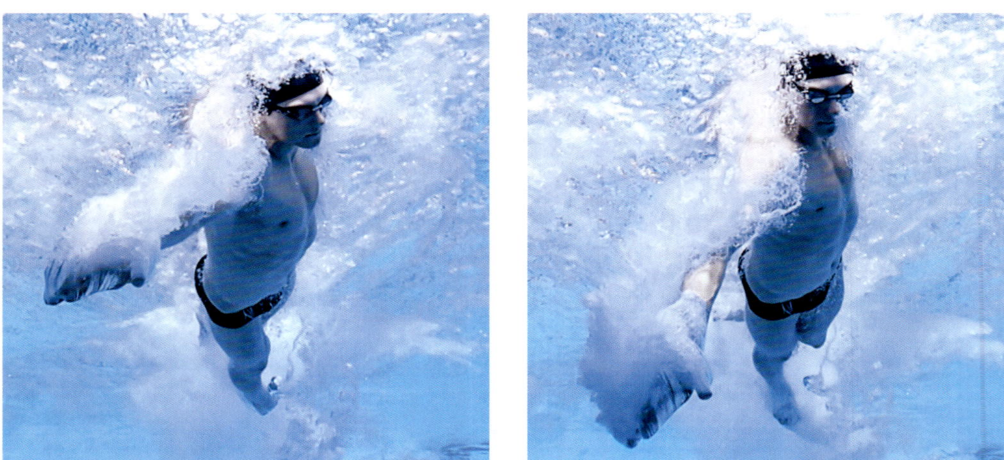

Abb. B.5 Vladimirs pure Vortriebskraft

PURE VORTRIEBSKRAFT

Nachdem wir die Technik und Merkmale des Schwimmens mit gestrecktem Arm kennengelernt haben, wollen wir am Ende den Anblick Vladimir Morozovs bloßer Vortriebskraft – seiner 17,86 Sekunden – noch einmal genießen. Als der Fotograf diese Aufnahmen gemacht hat, erzählte er, dass die Vortriebsenergie ihn regelrecht erschlagen hat, als Vladimir an ihm vorbeischwamm.

SCHWIMMDATEN

Vladimir Morozov, US-Collegemeisterschaften 2013

4 × 50 Yards Freistil (3. Schwimmer) | 25-Yard-Becken | Zeit: 17,86 Sekunden (schnellste Splitzeit in der Geschichte)

Bahnen	Zugzahl*	Zyklusdauer (s/Armzyklus)	Durchgangszeit
1. 25 yd	6,5	0,85	~8,25 s
2. 25 yd	9	0,85–0,90	17,86 s (~9,61 s für 2. Bahn)

** Die Zugzahlen beziehen sich auf einen vollen Zugzyklus*

Daten der Start- und Wendephase

Zeit und Distanz während der Tauchphase nach dem Start (Staffelwechsel): 2,3 s, 10–11 yd
Zeit und Distanz während der Tauchphase nach den Wenden: 2,1 s, 7 yd
Zeit bei der Wende (Hand-Fuß-Zeitpunkt): 0,9 s

Vladimir Morozov, US-Collegemeisterschaften 2013

100 Yards Freistil | 25-Yard-Becken | Zeit: 40,76 Sekunden (1. Platz und US-College-Rekord)

Bahnen	Zugzahl*	Zyklusdauer (s/Armzyklus)	Durchgangszeit
1. 25 yd	6	1,0	keine Information
2. 25 yd	7	1,0	19,14 s
3. 25 yd	8	1,0	keine Information
4. 25 yd	8,5	1,0	40,76 s (21,62 s für 3.+4. Bahn)

** Die Zugzahlen beziehen sich auf einen vollen Zugzyklus*

Daten der Start- und Wendephase

Zeit und Distanz während der Tauchphase nach dem Start: 2,9 s, 11 yd
Zeit und Distanz während der Tauchphase nach den Wenden: 2,3–2,4 s, 8 yd
Zeit bei der Wende (Hand-Fuß-Zeitpunkt): 0,75–0,90 s

ANHANG C

MITWIRKENDE

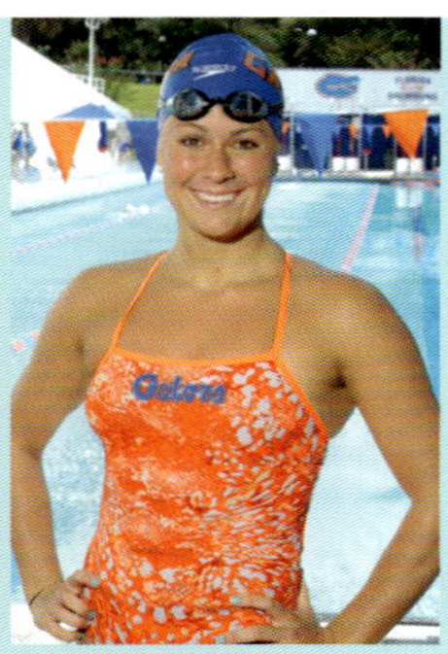

ELIZABETH BEISEL

- Silbermedaillengewinnerin über 400 Meter Lagen und Bronzemedaillengewinnerin über 200 Meter Rücken bei den Olympischen Spielen 2012
- US-Collegemeisterin über 200 Yards Rücken (2012), Weltmeisterin über 400 Meter Lagen (2011)
- **Bestzeiten**
  200 m Rücken (Langbahn): 2:06,18 min
  400 m Lagen (Langbahn): 4:31,27 min

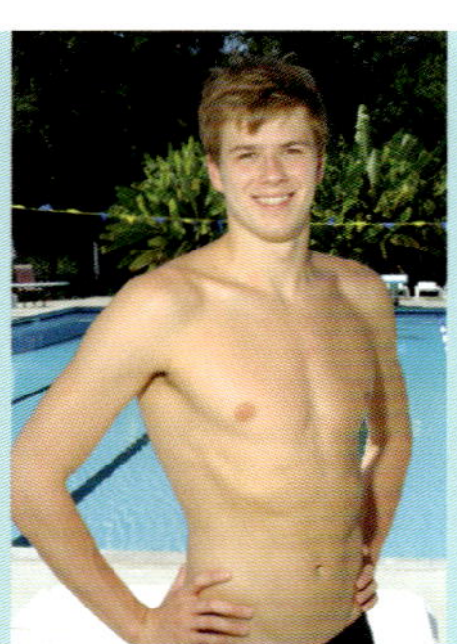

NICOLAS FINK

- WM-Finalist über 100 Meter Brust 2013
- 2. Platz über 100 Yards Brust bei den US-Collegemeisterschaften 2014
- **Bestzeiten**
  100 m Brust (Langbahn): 0:59,84 min
  200 m Brust (Langbahn): 2:08,94 min

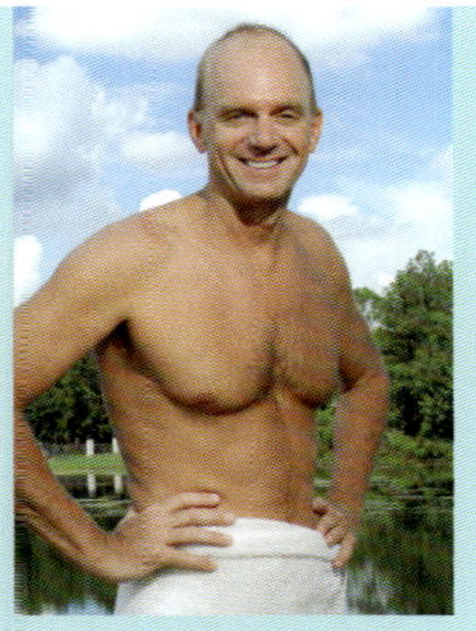

ROWDY GAINES

- Zehnfacher Weltrekordhalter zwischen 1978 und 1984
- Dreifacher Olympiasieger 1984
- Weltrekordhalter der Masters
- NBC-Schwimmkommentator für die Olympischen Spiele
- **Bestzeiten**
  50 m Freistil (Langbahn): 22,96 s (1980)
  100 m Freistil (Langbahn): 49,36 s (1981)
  200 m Freistil (Langbahn): 1:48,93 min (1982)

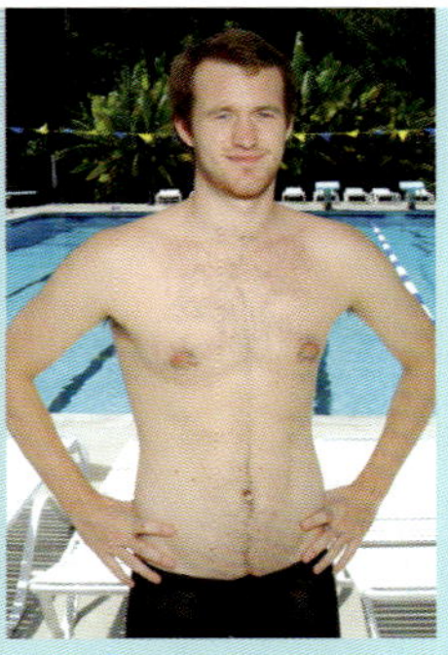

ANDREW GEMMELL

- Silbermedaillengewinner bei den Weltmeisterschaften 2009 über 10 Kilometer Freiwasserschwimmen
- US-Freiwasserschwimmer des Jahres 2009
- Sieger 1500 Meter Freistil US-Qualifikation für die Olympischen Spiele 2012
- Mitglied des Olympiateams von 2012
- **Bestzeiten**
  400 m Freistil (Langbahn): 3:52,24 min
  1.500 m Freistil (Langbahn): 14:52,19 min

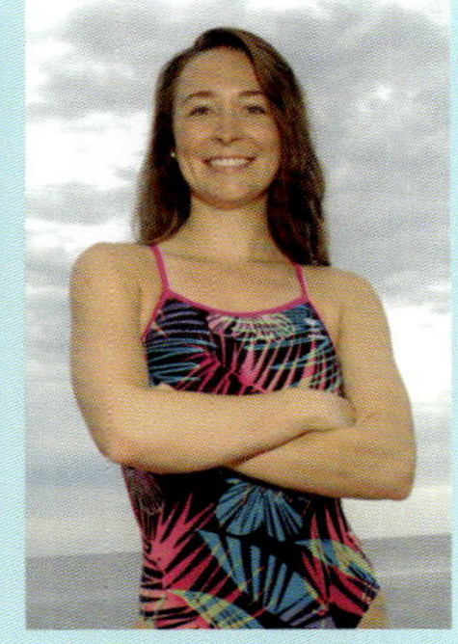

ARIANA KUKORS

- Weltrekordhalterin über 200 Meter Lagen (Langbahn)
- Olympiateilnehmerin und Weltmeisterin
- 2009 vom Swimming World Magazine zur US-Schwimmerin des Jahres 2009 gewählt
- **Bestzeiten**
  200 m Lagen (Langbahn): 2:06,15 min

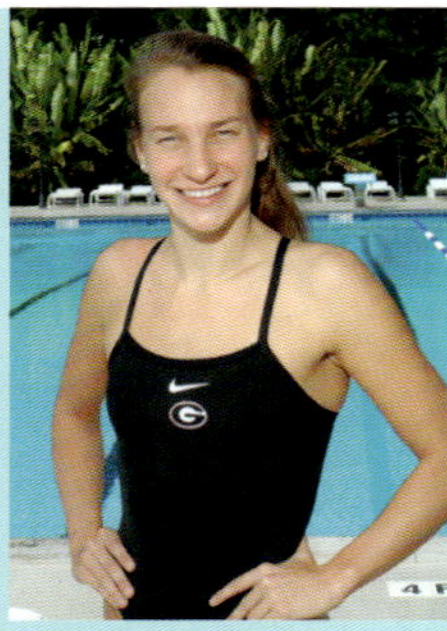

MELANIE MARGALIS

- Bronzemedaillengewinnerin bei der Studenten-WM 2013 über 200 Meter Lagen
- 2. Platz über 200 Yards Lagen bei den US-Collegemeisterschaften 2014
- **Bestzeiten**
  200 m Lagen: 2:10,20 min
  400 m Lagen: 4:37,84 min

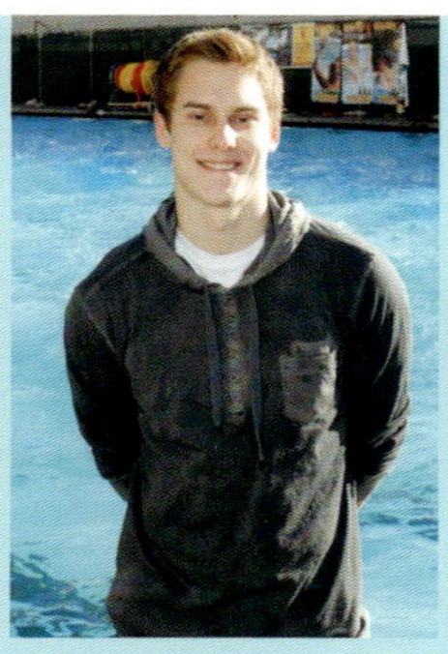

VLADIMIR MOROZOV

- US-Collegemeister und Weltmeister
- Bronzemedaillengewinner bei den Olympischen Spielen 2012
- US-College-Rekordhalter über 100 Yards Freistil
- Schnellste Splitzeit über 50 Yards in der Schwimmgeschichte, aufgestellt bei den US-Collegemeisterschaften 2013
- **Bestzeiten**
  50 m Freistil (Langbahn): 21,47 s
  100 m Freistil (Langbahn): 47,62 s

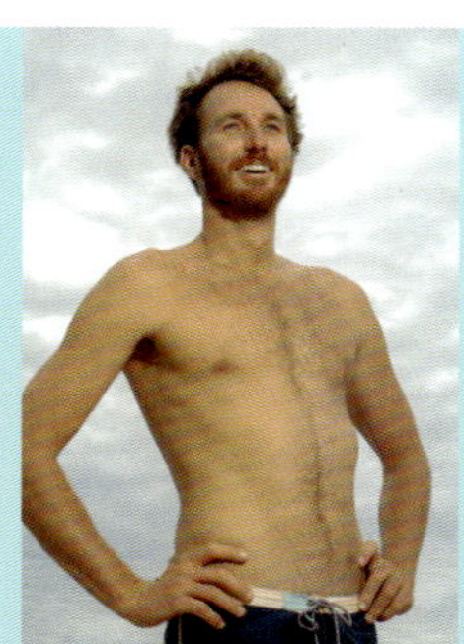

AARON PEIRSOL

- Weltrekordhalter über 100 Meter und 200 Meter Rücken (Langbahn)
- US-Olympiateilnehmer 2000, 2004 und 2008
- Fünffacher Olympiasieger, zweifacher Silbermedaillengewinner
- **Bestzeiten**
  100 m Rücken (Langbahn): 51,94 s
  200 m Rücken (Langbahn): 1:51,92 min

C

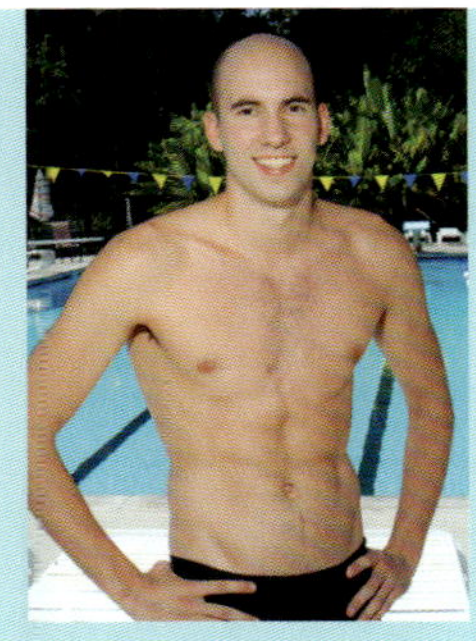

DOUG REYNOLDS

- All-American-College-Schwimmer
- Bekannt für seinen Delfinkick während der Tauchphase nach den Wenden
- **Bestzeiten**
  100 yds Schmetterling: 45,92 s

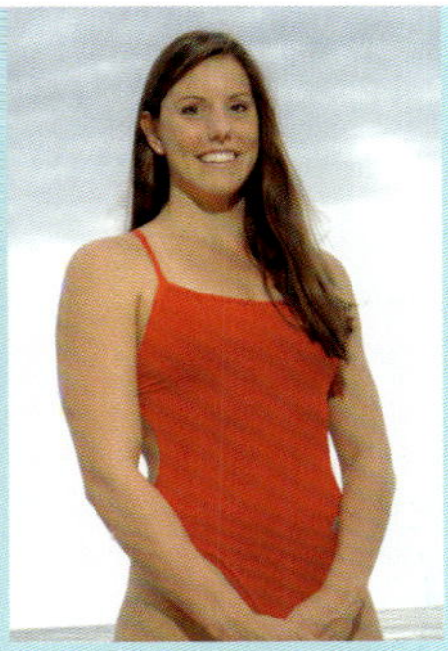

LAURA SOGAR

- US-Collegemeisterin 2013
- US-Open-Siegerin 2012
- WM-Silbermedaillengewinnerin 2012 über 200 Meter Brust (Kurzbahn)
- **Bestzeiten**
  100 m Brust: 1:07,57 s
  200 m Brust: 2:24,86 min

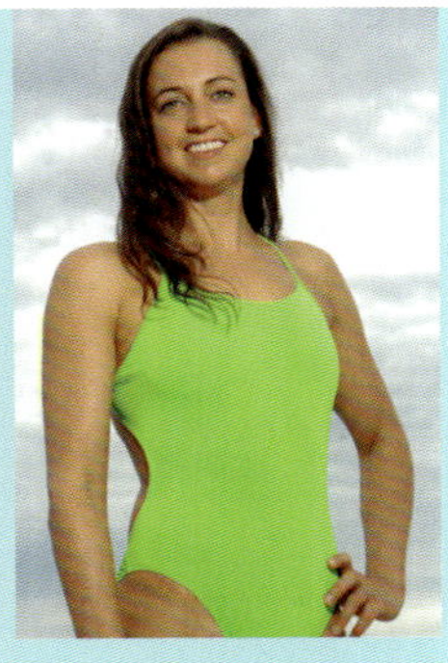

REBECCA SONI

- Einzige Frau in der Geschichte, die zweimal hintereinander Olympiasiegerin über 200 Meter Brust wurde
- Mehrfache Olympiasiegerin und Weltrekordhalterin 2008 und 2012
- Mehrfache Weltrekordhalterin über 100 Meter und 200 Meter Brust auf der Kurz- und Langbahn
- Sechsfache US-Collegemeisterin
- **Bestzeiten**
  100 m Brust (Langbahn): 1:04,84 min
  200 m Brust (Langbahn): 2:19,59 min

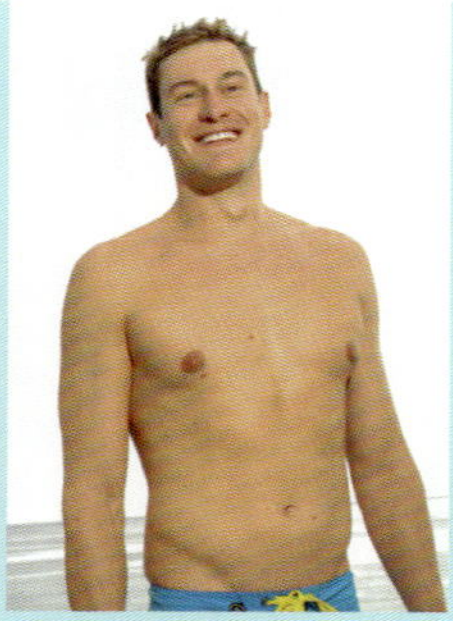

PETER VANDERKAAY

- Vierfacher Medaillengewinner bei Olympischen Spielen 2004, 2008, 2012
- Fünffacher US-Collegemeister
- Dreifacher Weltmeister
- US-Rekordhalter über 500 Yards Freistil
- **Bestzeiten**
  400 m Freistil (Langbahn): 3:44,69 min

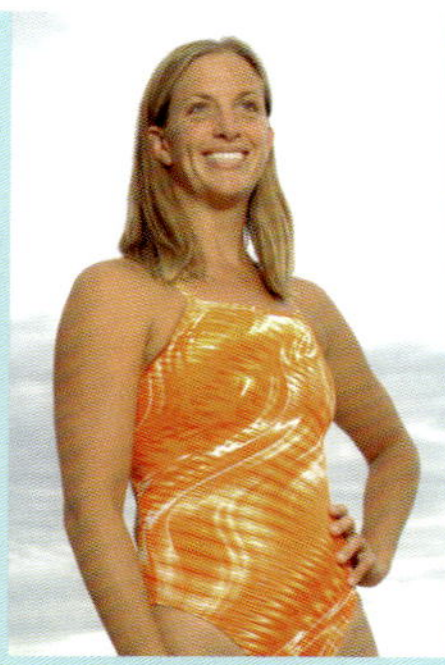

ASHLEY WHITNEY

- Olympiasiegerin 1996 über 4 × 200 Meter Freistil
- Ehemaliges Mitglied der US-Nationalmannschaft im Freiwasserschwimmen
- **Bestzeiten**
  200 yds Freistil: 1:47,10 min
  500 yds Freistil: 4:44,30 min

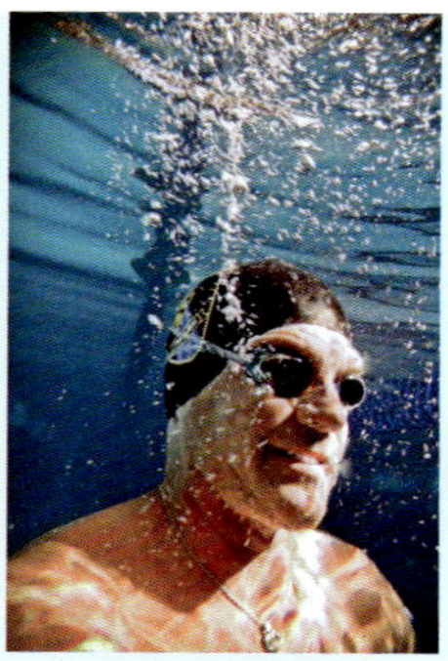

Der Fotograf

DANIEL SMITH

- Professioneller Fotograf aus Vermillion, Ohio
- Trainer für Schwimmen und Stabhochsprung an einer High School sowie US-zertifizierter Trainer für Triathlon und Masters-Schwimmen

ÜBER DIE AUTORIN

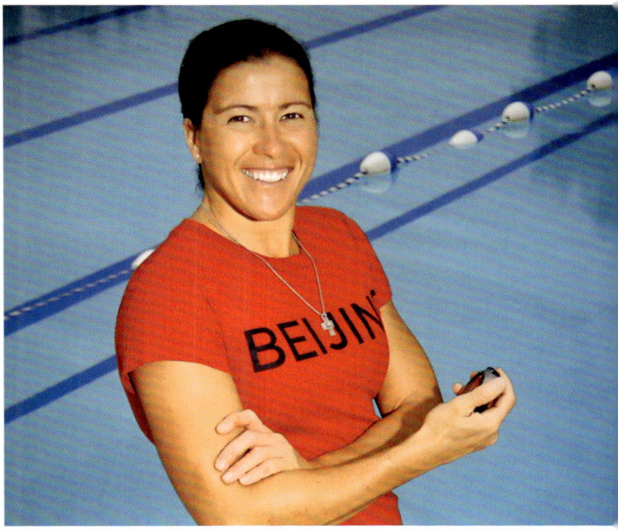

Mit einer Größe von nur 1,57 Meter und der ersten Olympiateilnahme mit erst 27 Jahren traut man es Sheila Taormina nicht gerade zu, dass sie es geschafft hat, an vier aufeinanderfolgenden Olympischen Sommerspielen in drei verschiedenen Sportarten teilzunehmen (1996 Schwimmen, 2000 und 2004 Triathlon, 2008 Moderner Fünfkampf). Ihre ersten zwei Versuche 1988 und 1992 – während ihrer eigentlichen Höchstform – sich im Schwimmen für Olympia zu qualifizieren, scheiterten. Danach konzentrierte sie sich zunächst auf ihre Ausbildung, beendete 1994 ihren Master of Business und begann einen Vollzeitjob in der Automobilindustrie in Detroit.

Mit der Aussicht, sich 1996 schließlich zu qualifizieren, trainierte sie vor und nach der Arbeit mit ihrem heimischen Schwimmteam in Livonia, Michigan. Sheila hatte keine zusätzliche Unterstützung, da waren nur ein Plan, viel harte Arbeit und ein Trainer, der an sie glaubte. In dieser Zeit lernte sie viel über Schwimmtechnik, Effizienz und den Schlüssel zum Erfolg. Über die Jahre wuchs sie so zu einer Sportlerin heran, die Olympiasiegerin in einer Sportart wurde, Weltmeisterin in einer zweiten und in einer dritten die Weltrangliste anführte.

Im Endeffekt probierte sich Sheila auf der olympischen Bühne in sechs verschiedenen Disziplinen aus: Schwimmen, Radfahren, Laufen, Schießen, Fechten und Springreiten. Ihre Olympischen Erfahrungen, ihr Potenzial und ihre Leistung sind unnachahmlich.

Heute reist Sheila sehr viel und lehrt die Erkenntnisse über Schwimmtechnik aus ihrem Buch überall auf der Welt zwischen San Francisco, Bangkok und Johannesburg. Außerdem hält sie Vorträge in Unternehmen auf der ganzen Welt, in denen sie ihre Hilfsmittel für Leistungsfähigkeit und Erfolg als Olympiateilnehmerin mit denen von Führungskräften in Beziehung setzt.

Weitere Informationen finden Sie auf ihrer Homepage: www.sheilat.com

LITERATUR

- „Doc Counsilman, 83, Coach and Innovator in Swimming" (Nachruf), *New York Times*, 5.1.2004.
- *FINA Handbook Rules and Laws Governing Swimming, Diving, and Water Polo*, 1937–1940. London: Hanbury, Tomsett & Co., 1937.
- Maglischo, Ernest. *Swimming Fastest.* Champaign, IL: Human Kinetics, 2003.
- Reese, Eddie. „Backstroke and Butterfly Sprint Training." In: *The Swim Coaching Bible.*
- Vol. I. Dick Hannula and Nort Thornton (Hrsg.). Champaign, IL: Human Kinetics, 2001.

DANK

Im Schwimmsport herrscht ein starker Zusammenhalt. Trainer und Athleten teilen ihr Wissen und ihre Zeit offen und großzügig. Ohne diese Einstellung hätte dieses Buch auch gar nicht zustande kommen können. Mein erster Dank gilt deswegen auch denjenigen, die an diesem Projekt mitgearbeitet haben und das mit großer Begeisterung getan haben. Ihr seid Champions, sowohl im als auch außerhalb des Schwimmbeckens.

Danke an die Schwimmerinnen und Schwimmer: Elizabeth Beisel, Nicolas Fink, Rowdy Gaines, Andrew Gemmell, Ariana Kukors, Melanie Margalis, Vladimir Morozov, Aaron Peirsol, Doug Reynolds, Laura Sogar, Rebecca Soni, Peter Vanderkaay und Ashley Whitney.

Danke den Trainern: Dave Salo, Jon Urbanchek und Catherine Vogt von der University of Southern California, Jack Bauerle und Harvey Humphries von der University of Georgia, Gregg Troy und Martyn Wilby von der University of Florida und Carol Capitani von der University of Texas.

Vielen Dank für die Interviews und wertvollen Einblicke in die Schwimmtechnik an folgende Athleten und Trainer: Maritza Correia, Annette Salmeen, Nelson Diebel, Kathy Coffin-Sheard, Matt Kredich von der University of Tennessee, Ray Looze von der Indiana University und Russell Mark von USA Swimming.

Danke an diejenigen, die dieses Projekt mit ihrer Zeit und ihren Ressourcen unterstützt haben: Ross Bohlken, Geschäftsführer des Heathrow Country Club in Lake Mary, Florida; Bob und Ian Thomsen vom Georgia Aquatic Center in Watkinsville, Georgia; Lizet Fiol vom Palmas de Cortez in Los Barriles, Mexico; Tom Rau und Craig Askins aus Hamburg, Michigan; Eva Solomon aus Ann Arbor, Michigan; Steve Flippen vom Sportinstitut der University of Georgia; Daniel Seigel vom Sportinstitut der University of Florida; Marissa Kleber, Sportleragentin; Pirie Humphries aus Athens, Georgia; John Bathurst und Jack Coffey von Speedo; Lisa Jayne aus Reno, Nevada und Jeff und Jill Cole aus San Diego, Kalifornien – für eure Zeit, eure Ressourcen und die Möglichkeit, eure Einrichtungen zu nutzen.

Danke an Bruce Wigo, Geschäftsführer der International Swimming Hall of Fame, und seine wundervollen Mitarbeiter Marion Washburn, Marcia Meiners, Ivonne Schmid, Laurie Marchwinski und Bob Duenkel – dafür, dass ihr die Geschichte des Schwimmsports bewahrt und mich sechs Wochen lang in eurer Bibliothek habt recherchieren und schreiben lassen.

Danke an Mike Unger von USA Swimming für deine Hilfe, dieses Projekt bei den US-Amerikanischen Meisterschaften 2013 in Indianapolis vorzustellen.

Vielen Dank an Dave Tanner von der Indiana University für deine Kompetenz und das Fotomaterial von Rowdy Gaines sowie an Jay Kinca für die Aufarbeitung des Materials für den Druck.

Außerdem an John Erdman aus Clovis, New Mexico für die Bearbeitung des Videomaterials.

Ein herzliches Dankeschön an zwei Trainer aus meiner Jugend: Frau Patricia Poirier, die schon als junge Trainerin das Prinzip von Bernoulli erklären konnte, und Herr Gordon Larson, dessen Mittwoch-Abend-Einheiten stets auf eine korrekte Technik ausgerichtet waren. Ich bin froh, schon früh in meiner Karriere als Schwimmerin unter Ihren Augen trainiert haben zu dürfen.

Danke an Daniel Smith, Fotograf dieses Projekts, dafür, dass du wieder viele Stunden unter Wasser verbracht hast, um die schönsten Bilder einzufangen – und dafür, dass jede Minute Spaß gemacht hat.

An Ernie Maglischo, dessen Arbeit ich mehr als jede andere bewundere. Ein herzliches Dankeschön geht auch an Jan Rendtorff für ihre Gastfreundschaft, während Ernie und ich stundenlang über Schwimmen gesprochen haben.

Zu guter Letzt vielen Dank an die Mitarbeiter von VeloPress – Ted Costantino, Casey Blaine, Renee Jardine, Haley Berry, Dave Trendler, Vicki Hopewell und Anita Koury – es wäre mir eine Ehre, ein drittes Buch mit euch machen zu können. Meine Bewunderung und Dankbarkeit wird mit jedem Buch größer. Ein besonderer Dank gilt Haley Berry für dein abenteuerliches Temperament auf dem Weg nach Baja sowie an Casey Blaine, meine Lektorin, dafür, dass du jeden Schritt mit Vertrauen und einer klaren Vision überwachst. Ich könnte mir nicht vorstellen, ein Wort ohne deinen Input zu schreiben. Großes Zusammenwirken kann man nicht künstlich gestalten, es passiert einfach.

Haftungsausschluss

Die Trainingshinweise, medizinischen Informationen und sonstigen Empfehlungen stellen die Meinungen und Erfahrungen der Autorin dar. Sie hat diese nach bestem Wissen und Gewissen überprüft. Die Anleitungen können jedoch eine Trainingsbetreuung und /oder eine individuelle medizinische Beratung nicht ersetzen. Weder die Autorin noch der Verlag oder sonstige beteiligte Firmen, Personen oder Institutionen können deshalb für eventuelle Schäden, die aus den im Buch gegebenen Hinweisen hervorgehen könnten, eine Haftung übernehmen.

Die spomedis-Philosophie

Richtig betriebener Ausdauersport ist gesund. Diese Tatsache hat nicht nur Bedeutung für den einzelnen Athleten, sondern auch für unsere gesamte Bevölkerung: Auf der einen Seite werden die Menschen immer älter, auf der anderen die Mittel für ihre Gesunderhaltung immer knapper. Wussten Sie, dass jeder Deutsche statistisch gesehen fast 20 Arzneimittelpackungen pro Jahr aufbraucht?

Nur eine wesentlich stärkere Betonung des Präventionsgedankens kann hier langfristig und nahezu kostenneutral Abhilfe schaffen. Das Team von spomedis möchte seinen eigenen kleinen Beitrag zum Ausweg aus diesem Dilemma leisten: Die Menschen zum Sport motivieren und Ihnen Tipps für das gesunde Sporttreiben mit auf den Weg geben – das ist unsere Auffassung einer modernen, aber anderen Medizin. Diesen Gedanken, der gleichermaßen im Gesundheits-, Breiten-, Leistungs- und Spitzensport gilt, verfolgen wir in unseren zahlreichen Buch- und Zeitschriftenprojekten.

Unser Motto lautet

Laufe nie in den Fußstapfen eines anderen! Wenn du immer nur die ausgetretenen Pfade anderer benutzt, dann lässt du erstens keine eigenen Spuren zurück. Zweitens wirst du deinen Vorgänger nie überholen. Und drittens kommst du immer nur dort an, wo andere längst waren.